汽车底盘构造与维修

主　编　何　君

副主编　颜圣耘

参　编　肖　军　苑春迎

　　　　鲁显睿　桂　莹

北京理工大学出版社

BEIJING INSTITUTE OF TECHNOLOGY PRESS

内 容 简 介

本书主要介绍汽车传动系统、行驶系统、转向系统、制动系统等的相关知识，比较系统地介绍汽车底盘各总成和部件的结构、工作原理及拆装与检修方法，且每章配有教学目标、小结与习题，并在必要章节配有实训项目，方便学生掌握所学的知识与技能。通过课程教学和技能实训，可使学生理解汽车底盘各系统、总成的工作原理及结构特点，基本具备汽车底盘拆解、装配能力及使用常用的维修工具、量具、设备进行底盘总成、部件检修的技能。

本书可作为高等院校汽车运用与维修、汽车营销与服务、汽车制造与装配技术、汽车检测与维修技术和新能源汽车运用与维修等专业的教学用书，也可作为汽车检测、汽车维修技术人员的参考用书。

图书在版编目（CIP）数据

汽车底盘构造与维修/何君主编. —北京：北京理工大学出版社，2020.5
ISBN 978-7-5682-8121-8

Ⅰ．①汽…　Ⅱ．①何…　Ⅲ．①汽车－底盘－结构－高等职业教育－教材　②汽车－底盘－车辆修理－高等职业教育－教材　Ⅳ．①U463.104②U472.41

中国版本图书馆 CIP 数据核字（2020）第 021578 号

出版发行 / 北京理工大学出版社有限责任公司

社　　　址 / 北京市海淀区中关村南大街 5 号
邮　　　编 / 100081
电　　　话 / （010）68914775（总编室）
　　　　　　（010）82562903（教材售后服务热线）
　　　　　　（010）68948351（其他图书服务热线）
网　　　址 / http://www.bitpress.com.cn
经　　　销 / 全国各地新华书店
印　　　刷 / 三河市天利华印刷装订有限公司
开　　　本 / 787 毫米×1092 毫米　1/16
印　　　张 / 18.5　　　　　　　　　　　　　责任编辑 / 高雪梅
字　　　数 / 434 千字　　　　　　　　　　　文案编辑 / 高雪梅
版　　　次 / 2020 年 5 月第 1 版　2020 年 5 月第 1 次印刷　　责任校对 / 周瑞红
定　　　价 / 73.00 元　　　　　　　　　　　责任印制 / 李志强

前　言

Qianyan

随着我国汽车行业的迅猛发展，今后汽车产量与汽车保有量仍将持续高速增长。高等职业教育汽车运用与维修专业被确定为技能型紧缺人才培养专业。本书是为适应我国高等职业教育发展的需要，强化职业能力的培养而编写的。

本书的编写紧紧围绕职业教育的需要，以就业为导向，以技能训练为中心，以校企合作为背景，以"更加实用、更加科学、更加新颖"为编写原则，旨在探索课堂与实训的一体化。

本书根据汽车运用与维修专业技术要求和岗位任职要求，设置内容和结构，简化烦琐的理论分析，突出职业能力培养目标，有较强的岗位针对性和实用性；配有丰富的插图，通俗易懂，使汽车各部件的构造、检测和维修保养一目了然。

本书系统地介绍了汽车底盘各总成和零件的作用、组成、构造和工作原理，各总成和零件的检修、调整、润滑和密封；汽车底盘常见故障的诊断方法、维修工艺，以及维修技能要求及相关实训指导等。

本书由何君担任主编，颜圣耘担任副主编，参与编写的人员有肖军、苑春迎、鲁显睿、桂莹。

由于编者水平所限，疏漏之处在所难免，恳请读者批评指正。

编　者

2019 年 9 月

Contents

目 录

目 录

Contents

目 录

目 录

Contents

Contents 目　录

目 录

Contents 目 录

目 录

Contents　　　　　　　　　　　　　　　　　　　目　录

绪　　论

1．了解汽车及底盘技术的发展概况。
2．掌握汽车底盘的基本组成、作用及电子技术在底盘上的运用。
3．了解本课程的性质及主要任务。

汽车底盘是汽车的重要组成部分，是汽车的基础。汽车底盘质量和科学技术应用状况，直接影响汽车使用的经济性和环保性，关系到汽车行驶的安全性和乘坐舒适性。

0.1　汽车工业发展概况

汽车是最重要的现代化交通运输工具，是科学技术发展水平的重要标志。汽车工业是资金密集、技术密集、人才密集、综合性强、经济效益高的产业，世界各工业发达国家几乎都把它作为国民经济的支柱产业。汽车工业的发展可以带动机械制造、电子技术、橡胶工业和城市道路交通等相关行业的发展，对社会经济建设和科学技术进步有着重要的推动作用。现代汽车上采用了大量的新材料、新工艺和新结构，特别是现代化的微电子控制技术的应用，大大提高了汽车的性能。

（1）世界汽车工业发展概况

1885 年，德国工程师卡尔·本茨设计制造出了世界上第一辆装有 0.85hp（1hp≈735.5W）汽油机的三轮汽车。1886 年 1 月 29 日，他获得了汽车发明专利认证。后来人们将这一天作为世界上第一辆汽车的诞生日。1986 年，戴姆勒与迈巴赫制成了 810W 的四行程汽油机，并装到四轮汽车上。

19 世纪末到第一次世界大战爆发的 20 多年间，是发达国家汽车工业的初步形成时期，其中具有代表性的是德国和美国。

1908 年，美国人亨利·福特推出了著名的 T 型轿车，其上装有一台 20hp 的四缸汽油机。

1913 年，汽车行业率先采用了具有划时代意义的流水线作业方式，汽车生产效率迅速提高，成本大幅下降。

1967 年，德国的博世（Bosch）公司研制出用进气歧管真空度控制进气量的 D 型叶特朗尼克电子控制燃油喷射系统，装在大众公司 VW1600 轿车上，它开创了汽油喷射系统电子控制的新时代。

1973 年又开发了 L 型电子控制燃油喷射系统（使用空气流量计来测量进气量）。

1979 年，发动机电子控制技术已发展得相当完善。随着世界汽车保有量的迅猛增加，各国对汽车排放法规要求日益严格化，同时对节能和安全性能提出了更高的要求。而电子技术的迅速发展为汽车技术的改善提供了条件。近年来，车用电子控制装置越来越多，如电控燃油喷射装置、电控点火装置、电控自动变速器装置、电控制动防抱死装置、电控雷达防碰撞装置等，电子控制装置已渗透到汽车的每一个系统。

（2）我国汽车工业发展概况

1956 年 10 月 15 日，第一汽车制造厂建成投产，生产解放牌 CA10 型 4t 载货汽车，结束了我国不能批量生产汽车的历史。

1958 年 9 月 28 日，上海汽车装配厂（上海汽车装修厂）试制成功第一辆凤凰牌轿车，开创了上海汽车工业生产轿车的历史。这期间，我国的一批汽车修配企业，如南京汽车制配厂、济南汽车配件厂、北京汽车制配厂等，相继发展成汽车制造厂，生产各种不同类型的汽车。

1975 年 7 月 1 日，第二汽车制造厂建成投产，生产东风牌 EQ240 型 2.5t 越野汽车。经过 20 多年的努力，我国汽车的年产量从 1978 年的 14.9 万量，发展到 1992 年的超过 100 万量。

2003 年，我国汽车的年产量达到了 444 万辆，其中轿车产量为 201 万辆。我国已超过法国，成为继美国、日本和德国之后的世界第四大汽车生产国。

2018 年，我国汽车的产量为 2780.9 万辆，连续 10 年蝉联全球第一。

0.2　汽车底盘发展概况

20 世纪 50 年代，汽车设计主要考虑人体工学和外形美观。

20 世纪 60 年代，随着汽车保有量和行驶速度的提高，交通事故成了比较严重的社会问题。为了防止交通事故的发生，除制定新的交通法规加以限制外，还改造了制动装置和添加了许多安全装置。

20 世纪 70 年代，能源危机和环境保护是汽车行业的重大问题。汽车设计强调轻量化、低油耗，底盘方面强调减小行驶阻力，此时的汽车以机械控制系统或液压控制系统为主。

20 世纪 80 年代，随着电子技术的发展，电子控制成为汽车上的主要控制形式。

进入 21 世纪，汽车设计主要解决的是环保和安全问题。电子技术的发展，为汽车向电子化、智能化、网络化、多媒体化的方向发展创造了条件。据专家预测，未来 3～5 年内汽车上装有的电子装置成本将占整车成本的 25% 以上，汽车将由单纯的机械产品向高级的机电一体化产品方向发展。

0.3　汽车底盘的作用及组成

　　汽车底盘的作用是接受发动机的动力，使汽车产生运动，并保证其正常行驶；同时，支承和安装汽车其他各部件、总成。汽车底盘由传动系统、行驶系统、转向系统和制动系统四大系统组成。

　　（1）传动系统

　　传动系统的作用是将发动机的动力传递给驱动轮。一般传动系统由离合器、变速器、万向传动装置、驱动桥等部分组成。现代汽车普遍采用液力变速器取代机械式传动系统中的离合器和变速器。

　　（2）行驶系统

　　行驶系统的作用是使汽车各总成部件安装在合适的位置，传递和承受发动机与地面传来的力和力矩，对全车起支撑作用，保证汽车的正常行驶。行驶系统由车架、车桥、悬架和车轮等部分组成。现代汽车普遍采用电子控制悬架系统。

　　（3）转向系统

　　转向系统的作用是控制汽车转向行驶，适时改变方向。转向系统由转向操纵机构、转向器、转向传动机构等部分组成。现代汽车普遍采用动力转向装置。

　　（4）制动系统

　　制动系统的作用是根据驾驶员的需求使汽车减速、停车或驻车，确保行车安全和停放可靠。制动系统由制动装置中的制动器、制动传动装置等部分组成。现代汽车制动装置还增设了防抱死制动系统（ABS）、驱动防滑控制系统（ASR）、车身电子稳定系统（ESP）等。

0.4　电子技术在底盘上的应用

　　（1）电控自动变速器（ECAT）

　　ECAT 可以根据发动机的载荷、转速、车速、制动器工作状态及驾驶员所控制的各种参数，经过计算机的计算、判断后自动地改变变速器挡位，从而实现变速比的最佳控制，即可得到最佳挡位和最佳换挡时间。它的优点是加速性能好、灵敏度高、能准确地反映行驶负荷和道路条件等。传动系统的电子控制装置能自动适应瞬时工况变化，使发动机以尽可能低的转速工作。电子气动换挡装置利用电子装置取代机械变速杆及其与变速机构间的连接，并通过电磁阀及气动伺服阀气缸来执行。它不仅能明显地简化汽车操纵，而且能实现最佳的行驶动力性和安全性。

　　（2）ABS

　　ABS 是一种开发时间最长、推广应用最为迅速的重要的安全性部件。它通过防止汽车制动时车轮的抱死来保证车轮与地面达到最佳滑动率（15%～20%），从而使汽车在各种路面上制动时，车轮与地面都能达到纵向的峰值附着系数和较大的侧向附着系数，以保证制动时不发生抱死拖滑、失去转向能力等不安全工况，提高汽车的操纵稳定性和安全性，减小制动距离。ASR 是 ABS 的完善和补充，它可以防止起动和加速时的驱动轮打滑，既有助于提高汽车加速时的牵引性能，又能改善其操纵稳定性。

（3）电子转向助力系统

电子转向助力系统用一部直流电动机代替传统的液压助力缸，用蓄电池和电动机提供动力。这种微型计算机控制的转向助力系统和传统的液压助力系统相比具有部件少、体积小、质量小的特点，提供优化的转向作用力、转向回正特性，提高了汽车的转向能力和转向响应特性，增加了汽车低速时的机动性和行驶时的稳定性。

（4）适时调节的自适应悬架系统

自适应悬架系统能根据悬架装置的瞬时负荷，自动、适时地调节悬架弹簧的刚度和减振器的阻尼特性，以适应当前负荷，保持悬架的既定高度。这样就能够极大地改善汽车行驶的稳定性、操纵性和乘坐的舒适性。

（5）巡航控制系统（CCS）

在高速长途行驶时，使用 CCS，汽车将根据行车阻力自动调整节气门开度，驾驶员不必经常踩下加速踏板以调整车速。若遇爬坡，车速有下降趋势，CCS 自动加大节气门开度；在下坡时，又自动关小节气门开度，以调节发动机功率。当驾驶员换低速挡或制动时，CCS会自动断开控制。随着世界各大汽车生产商对汽车安全问题的日益重视，安全气囊系统、车辆动态控制系统（FDR 或 VDC）、防碰撞系统、安全带控制系统等方面已大量采用了电子新技术。

0.5　课程性质

"汽车底盘构造与维修"是汽车运用与维修专业的主干专业课，是一门理论性和实践性都很强的课程。

0.6　课程任务

本课程的主要任务就是学习现代汽车底盘的构造和工作原理、底盘常见故障的诊断与排除、底盘的维护与维修等知识，系统掌握汽车底盘各总成的作用、结构和基本工作原理，了解汽车底盘的新技术、新工艺，初步具备底盘拆装、故障诊断与排除、合理维护与修理的基本技能，培养分析问题、解决问题的能力及从事汽车运用与维修岗位的职业能力，增强适应职业变化和创新的能力，为成长为新型汽车行业的专业人才打下良好基础。

本 章 小 结

　　本章对汽车工业及汽车底盘发展概况、汽车底盘的作用与组成、电子技术在底盘上的应用，以及"汽车底盘构造与维修"课程的性质和任务做了简要介绍。

复习思考题

1）汽车底盘的作用是什么？
2）汽车底盘由哪些部分组成？

实训项目　汽车底盘的认识

一、实训内容

1）相关工具的作用及安全规则。
2）认识汽车底盘的构造。

二、实训目的与要求

1）掌握汽车维修的安全知识。
2）了解常用汽车维修工具的基本使用方法。
3）掌握常见轿车、货车底盘的具体组成和构造。

三、实训设备及工具、量具

1）轿车，每辆4～6人。
2）常用汽车维修工具若干套。
3）双柱举升器一台。

四、学时及分组人数

2学时，各种车辆轮换进行。具体分组视学生人数和设备情况确定。

五、实训步骤及操作方法

（1）安全规则和工具使用
1）学习汽车维修单位和实习单位的安全规则。掌握工具安全使用规则、安全用电规则、

车底工作时的安全规则、维修作业的安全要求，了解汽车安全使用规则、维修废料的处理规则等。

2）学习常用和专用汽车维修工具使用的基本知识。学习并掌握呆扳手、梅花扳手、套筒扳手、活扳手、滤清器扳手、轮胎套筒扳手、火花塞套筒、螺钉旋具、锤子的使用方法和注意事项。

学习并掌握千斤顶、双柱举升器等举升设备的使用方法和注意事项，螺栓拆装机具、拆装紧配合零件工具（压床和各种拉器）的使用方法和注意事项。

（2）汽车底盘构造的认识

1）了解驾驶室内仪表和操纵装置。参观并记录仪表上汽车速度表（里程表）、发动机转速表、机油压力表、燃油消耗表、各种指示灯或警告灯等；了解驾驶室内的照明、空调、音响与其他装置的使用方法；了解转向盘、安全气囊、变速杆、离合器踏板、加速踏板、制动踏板、驻车制动装置和点火开关的位置及使用方法。

2）了解汽车发动机舱的相关部件。认识散热器、发动机、蓄电池、水泵、燃料混合与供给装置、空气供给装置。

3）了解转向系统、前制动和前钢板弹簧。认识转向机构、传动机构、前制动器、前悬架装置、变速器等，掌握各系统的分类、总成的名称、组成、动力传递过程等。

4）了解汽车后部、后制动、传动轴、主减速器。认识后悬架装置、后轮制动器、传动轴与主减速器、备胎的位置与轮胎的种类，掌握各系统的分类、总成的名称、组成、动力传递过程等。

5）了解汽车的外部附件。认识转向灯、前照灯、示宽灯、雾灯、制动灯、倒车灯、保险杠、拖钩、刮水器、后视镜、油箱等，了解其用途。

思考：

1）轿车与货车底盘由哪些部分组成？轿车与货车底盘的主要区别有哪些？

2）绘制轿车或货车底盘的基本组成和汽车的动力传递路线。

第1章　汽车传动系统

1. 了解汽车传动系统的基本原理。
2. 掌握传动系统的作用。
3. 掌握传动系统的组成。
4. 了解传动系统的布置形式,重点掌握各种布置形式的特点。

1.1　驱 动 条 件

汽车必须具有足够的驱动力,以克服各种行驶阻力。行驶阻力主要包括滚动阻力、空气阻力、坡度阻力和加速阻力。

1.1.1　行驶阻力

汽车在水平路面上等速行驶时,会受到来自地面的滚动阻力 F_f 和来自空气的空气阻力 F_w;当汽车加速行驶时需要克服加速阻力 F_j;当汽车在坡道上上坡行驶时,还须克服重力沿坡道的分力——坡度阻力 F_i。汽车在行驶过程中须克服的总阻力为

$$\sum F = F_f + F_w + F_j + F_i$$

滚动阻力 F_f:车轮滚动时轮胎与路面变形而产生的阻力,其大小与路面的结构和状况、轮胎的结构和气压、汽车总质量等有关。

空气阻力 F_w:汽车行驶时车身与周围空气相互作用而产生的阻力,其大小与汽车的正投影面积、车身曲线和车速等有关。

加速阻力 F_j:汽车在起步和加速时,由于惯性作用所引起的阻力,其大小与汽车的加速度和汽车的惯性质量有关。汽车静止或匀速行驶时, $F_j = 0$。

坡度阻力 F_i:汽车上坡时其重力沿坡道的分力,其大小取决于坡道的坡度和汽车总质量。

1.1.2　驱动力

汽车要行驶,必须由外界对汽车施加一个推动力 F_t ,这个力称为汽车的牵引力(驱动力)。汽车行驶的原理如图 1-1 所示。当汽车行驶时,发动机输出转矩,并通过传动系统传给驱动轮,使驱动车轮得到一个转矩 T_t ;由于汽车轮胎与地面接触,形成一个接触面,在转矩 T_t 作用下,接触面上的轮胎边缘对地面产生一个圆周力 F_0 ,它的方向与汽车行驶方向相反,其大小由下式表示。

$$F_0 = \frac{T_t}{r}$$

式中　　T_t ——驱动轮上的转矩;

　　　　r ——驱动轮的滚动半径。

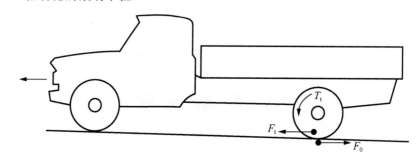

图 1-1　汽车行驶的原理

根据作用力与反作用力的关系,路面必然对轮胎边缘施加一个反作用力 F_t ,其大小与 F_0 相等,方向相反。F_t 就是外界对汽车施加的一个推动力,即牵引力。当牵引力增大到能克服汽车静止状态的最大阻力时,汽车便开始起步。

汽车牵引力的大小,不仅取决于发动机输出转矩和传动装置的结构,还取决于轮胎与路面的附着性能。附着力的大小与轮胎和地面的性质、作用在车轮上的附着重力有关。

1.1.3　汽车行驶的基本条件

汽车正常情况下的状态有以下几种:

当 $\sum F = F_t$ 时,剩余驱动力为 0,汽车将匀速行驶。

当 $\sum F < F_t$ 时,汽车将加速行驶。

当 $\sum F > F_t$ 时,汽车将减速直至停车。

汽车在泥泞路面或冰雪地面上行驶,轮胎与路面间的圆周力存在,但小于汽车行驶阻力时,即 $F_t < \sum F$,汽车将打滑。可见,路面与轮胎间的附着性能决定了路面所能提供的反作用力(即附着力)的最大值。

附着力是阻止车轮打滑的路面阻力,为使车轮在路面上不打滑,附着力必须大于或等于汽车牵引力。

1.2 汽车传动系统的作用、分类与组成

汽车发动机与驱动轮之间的动力装置称为汽车传动系统。

1.2.1 传动系统的作用

汽车传动系统的基本作用是将发动机发出的动力按照需要传递给驱动轮，并保证汽车正常行驶。归纳为以下几个方面：

1）减速增矩。
2）实现汽车倒车。
3）需要时中断动力传递。
4）差速作用。

1.2.2 传动系统的分类

按照结构和传动介质的不同，汽车传动系统的形式可分为机械式、液力机械式、静液式、电力式等。

1.2.3 传动系统的组成

虽然现代汽车传动系统的结构和布置形式较多，但构成传动系统的各组成部分基本相同。根据传动系统的作用和要求，其结构通常由离合器、变速器（分动器）、驱动桥（主减速器、差速器、万向传动装置、半轴）等组件和零件组成，如图1-2所示。

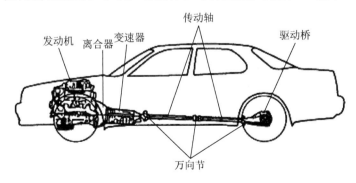

图1-2 传动系统的组成

各总成的基本作用分别如下：

1）离合器：在起动、换挡时，切断或接合发动机与传动系统之间的动力传递。

2）变速器：传递发动机动力，改变输出轴转速的高低、转矩的大小及旋转方向，也可以切断动力。

3）万向传动装置：在变速器输出轴与主减速器之间距离较大和轴线夹角变化的条件下，将变速器输出的动力传递给主减速器。

4）主减速器：降低传动轴输入的转速，增大转矩，改变方向，将动力传递给差速器。

5）差速器：将主减速器传来的动力分配给左右两半轴，并允许左右两半轴以不同角速度旋转，在汽车转弯时实现左右两驱动轮的差速行驶。

6）半轴：将差速器传来的动力传给驱动轮，使驱动轮获得旋转的动力。

1.3 传动系统的类型及总体布置形式

传动系统的布置形式主要取决于传动系统与发动机在汽车上的相对位置。就目前常见的汽车而言，大致可分为以下5种类型：发动机前置后轮驱动（FR）、发动机前置前轮驱动（FF）、发动机后置后轮驱动（RR）、发动机中置后轮驱动（MR）、发动机前置全轮驱动（nWD）。

其中，汽车的驱动形式通常用汽车全部车轮数乘以驱动轮数表示，如BJ212的4×4，表示4个车轮全部为驱动轮。另外，还可用全部车桥数乘以驱动桥数表示，如BJ2020的2×2，表示2个车桥全部为驱动桥。下面简要介绍常用的几种布置形状。

1.3.1 发动机前置后轮驱动

发动机前置后轮驱动方案简称前置后轮驱动，主要用于货车、部分客车和部分高级轿车，如图1-3所示。发动机布置在汽车前部，动力经过离合器、变速器、万向传动装置、驱动桥，最后传到后驱动车轮，使汽车行驶。该方案的优点是结构简单、工作可靠，前后轮的质量分配比较理想；其缺点是需要一根较长的传动轴，这不仅增加了车重，而且影响了传动系统的效率。

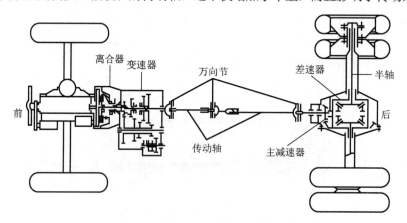

图1-3 发动机前置后轮驱动系统示意图

1.3.2 发动机前置前轮驱动

发动机前置前轮驱动简称前置前轮驱动。发动机、离合器、变速器与主减速器、差速器等装配成十分紧凑的整体，布置在汽车的前面，前轮为驱动轮，如图1-4所示。这种布置形式在变速器与驱动桥之间省去了万向传动装置，使结构简单紧凑，整车质量小。由于前轮是驱动轮，有助于提高汽车高速行驶时的操作稳定性。目前，这种布置形式用于微型和中型轿车上，但这种布置形式的爬坡性能差，高级轿车应用较少。

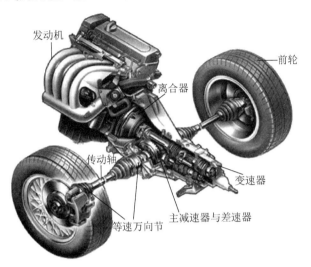

图 1-4　大众桑塔纳 2000 发动机前置前轮驱动结构图

1.3.3　发动机后置后轮驱动

汽车发动机后置后轮驱动简称后置后轮驱动。如图 1-5 所示，汽车发动机和传动系统都横置于驱动桥之后。主减速器和变速器之间的距离较大，其相对位置经常变化。因此，必须设置万向传动装置和角传动装置。这种布置形式更容易做到汽车总质量在前后轴之间的合理分配，而且便于车身内部的布置，空间利用率高，车厢内的噪声低，因此它是大、中型客车的主要布置方案。

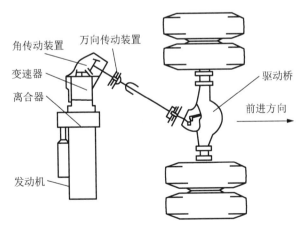

图 1-5　发动机后置后轮驱动的大型客车传动系统示意图

1.3.4 发动机前置全轮驱动

发动机前置全轮驱动简称全轮驱动，表示传动系统为全轮驱动。对于要求在坏路或无路地区行驶的越野汽车，为了充分利用所有车轮与地面之间的附着条件，以获得尽可能大的驱动力，总是将全部车轮作为驱动轮，故传动系统采用 nWD 布置方案。图 1-6 所示为轿车发动机前置全轮驱动的汽车传动示意图。前后车桥都是驱动桥，其特点是传动系统增加了分动器，动力可以同时传给前后轮。前驱动桥可根据需要，用换挡拨叉操纵分动器接通或断开。所有车轮都是驱动车轮，提高了汽车的越野通过性能，因此主要用于越野车及重型货车。

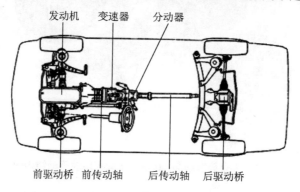

图 1-6　轿车发动机前置全轮驱动汽车传动示意图

本 章 小 结

本章对汽车行驶的基本原理，传动系统的作用、分类、整体组成，几种不同传动系统布置形式做了简单介绍。其中，学习重点是传动系统的作用和应用较多的几种传动系统布置形式：FR、RR、FF 和 nWD。

复习思考题

1）简述汽车传动系统的基本作用。

2）汽车传动系统一般由哪些总成组成？

3）汽车传动系统有哪几种布置形式？各有什么特点？

第2章 离合器

1．掌握离合器的作用，了解离合器的分类。

2．掌握摩擦式离合器的基本组成和工作原理，掌握膜片弹簧式离合器的构造、拆装和检修。

3．了解离合器的主要操纵机构。

4．掌握离合器常见故障现象、原因及诊断排除方法。

2.1 离合器概述

离合器位于发动机与变速器之间，是汽车传动系统中直接与发动机相联系的总成，用来切断和实现发动机对传动系统的动力传递。在汽车机械式传动系统中，广泛采用的是摩擦式离合器。

2.1.1 离合器的作用

1．保证汽车平稳起步

这是离合器的首要功能。在汽车起步前，自然要先起动发动机。而汽车起步时，汽车是从完全静止的状态逐步加速的。如果传动系统（它联系着整个汽车）与发动机刚性地联系，则变速器一挂上挡，汽车将突然向前冲一下，但并不能起步。这是因为汽车从静止到前冲时具有很大的惯性，对发动机造成很大的阻力矩。在惯性阻力矩作用下，发动机转速急剧下降到最低稳定转速（一般为300～500r/min）以下，发动机熄火而不能工作，当然汽车也不能起步。因此，我们就需要离合器的帮助了。在发动机起动后，汽车起步之前，驾驶员先踩下离合器踏板，将离合器分离，使发动机和传动系统脱开，再将变速器挂上挡，然后逐渐抬起离合器踏板，使离合器逐渐接合。在接合过程中，发动机所受阻力矩逐渐增大，故应同时逐渐踩下加速踏板，即逐步增加对发动机的燃料供给量，使发动机的转速始终保持在最低稳定转速，而不致熄火。同时，由于离合器的接合紧密程度逐渐增大，发动

机经传动系统传给驱动车轮的转矩便逐渐增加，到牵引力足以克服起步阻力时，汽车即从静止开始运动并逐步加速。

2．实现平顺换挡

在汽车行驶过程中，为适应不断变化的行驶条件，传动系统经常要更换不同挡位工作。实现齿轮式变速器换挡的方法一般是拨动齿轮或其他挂挡机构，使原挡位的某一齿轮副退出传动，再使另一挡位的齿轮副进入工作。在换挡前必须踩下离合器踏板，中断动力传递，便于使原挡位的啮合副脱开，同时使新挡位啮合副的啮合部位的速度逐步趋向同步，这样进入啮合时的冲击可以大大减小，实现平顺换挡。

3．防止传动系统过负荷

当汽车进行紧急制动时，若没有离合器，发动机将因和传动系统刚性连接而急剧降低转速，因而其中所有运动件将产生很大的惯性力矩（其数值可能大大超过发动机正常工作时所发出的最大转矩），对传动系统造成超过其承载能力的载荷，而使机件损坏。有了离合器，便可以依靠离合器主动部分和从动部分之间可能产生的相对运动消除这一危险。因此，我们需要离合器来限制传动系统所承受的最大转矩，保证安全。

2.1.2　离合器的性能要求

为了保证离合器的上述作用，要求离合器具有以下性能：
1）有足够的作用力，能可靠地传递发动机的最大转矩，而不打滑。
2）具有良好的热稳定性和耐磨性，工作可靠，使用寿命长。
3）保证发动机与传动系统分离迅速、彻底。
4）保证发动机与传动系统接合平顺、柔和。
5）从动部分转动惯量较小，换挡时齿轮冲击小。
6）操纵机构结构简单、操作轻便、检修方便。

2.1.3　离合器的类型

根据不同的分类标准，离合器有不同的类型。按照结构原理不同，离合器可分为摩擦式离合器和液力式离合器。

2.2　离合器的构造

摩擦式离合器结构简单、性能可靠、维修方便，目前应用最广泛。膜片弹簧式离合器具有操作轻便、零件数目少的特点，在轿车和轻型、中型货车中应用越来越广泛。

2.2.1 摩擦式离合器

1. 摩擦式离合器的分类

摩擦式离合器利用主、从动元件间的摩擦力传递转矩，所能传递的最大转矩取决于摩擦面间的压紧力、摩擦系数、摩擦面的数目和尺寸等因素。常用摩擦式离合器之间，因摩擦面数目（从动盘的数目）、压紧弹簧的形式和操纵机构的不同，其总体结构有较大的差异。

1）按从动盘的数目分为单片式和双片式。

2）按压紧弹簧的形式分为周布弹簧式、中央弹簧式和膜片弹簧式。

3）按操纵方式分为机械式、液压式和气压式。

2. 摩擦式离合器的基本组成

图 2-1 所示为摩擦式离合器的构造，其结构由主动部分、从动部分、压紧机构、分离机构和操纵机构五部分组成。

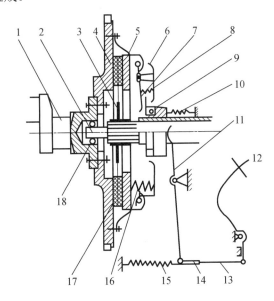

图 2-1 摩擦式离合器的构造

1—曲轴；2—变速器第一轴；3—从动盘；4—飞轮；5—压盘；6—离合器盖；7—分离杠杆；8—弹簧；9—分离轴承；10、15—回位弹簧；11—分离叉；12—踏板；13—拉杆；14—拉杆调节叉；16—压紧弹簧；17—从动盘摩擦衬片；18—轴承

主动部分由飞轮 4、压盘 5 和离合器盖 6 组成。飞轮 4 与曲轴 1 固定在一起，离合器盖 6 用螺钉固定于飞轮 4 的后端面，压盘 5 通过传动片与离合器盖 6 相连，可做轴向移动。曲轴 1 旋转，发动机动力通过飞轮 4、离合器盖 6 带动压盘 5 一起转动。

从动部分由从动盘 3 和变速器第一轴 2 组成。双面带有摩擦衬片的从动盘 3 安装于飞轮 4 与压盘 5 之间，通过滑动花键套装在变速器第一轴 2 上。

压紧机构由若干个沿圆周分布的压紧弹簧 16 组成。压紧弹簧 16 安装于压盘 5 与离合盖 6 之间，把压盘 5、从动盘 3 压向飞轮 4。

滑动花键套装在变速器第一轴 2 上，变速器第一轴 2 通过轴承 18 支承于曲轴 1 后端中心孔内。

分离杠杆 7 到分离叉 11 是分离机构，踏板 12 到拉杆调节叉 14 是操纵机构，两者也合称操纵机构。因此，操纵机构由分离杠杆 7，弹簧 8，踏板 12，拉杆 13，拉杆调节叉 14，回位弹簧 10、15，分离叉 11，分离轴承 9 等组成。

分离杠杆 7 内端铰接于压盘 5 上，中部铰接于离合器盖 6 的支架上，弹簧 8 的作用是消除因分离杠杆与分离轴承之间间隙变化而产生的噪声，分离轴承 9 压紧在分离套筒上，分离套筒松套在变速器第一轴轴套上，分离叉 11 是中部带支点的杠杆。

3. 摩擦式离合器的工作过程

（1）接合状态

发动机工作，飞轮 4 旋转，并带动离合器盖 6 和压盘 5 旋转。在压紧弹簧 16 的作用下，压盘 5 和从动盘 3 被紧压在飞轮 4 上，在从动盘 3 与飞轮 4、压盘 5 的接合面产生摩擦力矩，并通过从动盘 3 带动变速器第一轴 2 一起旋转，发动机的动力传递给变速器。

当从动盘 3 与飞轮 4、压盘 5 间的摩擦力矩 M_f 大于发动机的输出转矩 M_e（$M_f > M_e$）时，从动盘 3 与飞轮 4 等速转动，输出转矩为 M_e；当 $M_f < M_e$ 时，从动盘 3 与飞轮 4 间产生滑转，且两者不等速，输出转矩为 M_f。

（2）分离过程

当驾驶员踩下踏板 12 时，通过联动件，向右拉动分离叉 11 下端，其上端向左移动，使分离轴承 9 前移，压在分离杠杆 7 上，分离杠杆 7 内端向左，外端向后拉动压盘 5，使压盘 5 产生一个向后的拉力。当拉力大于压紧弹簧 16 的张力时，从动盘 3 与飞轮 4、压盘 5 脱离接触，发动机继续旋转，但不能向变速器输出动力。

（3）接合过程

当需要恢复动力传递时，缓慢抬起踏板 12，分离轴承 9 减少对分离杠杆 7 的压力，从而逐渐减少作用在压盘 5 上的拉力。在压紧弹簧 16 的作用下，从动盘 3 与飞轮 4、压盘 5 逐渐接合，摩擦力矩 M_f 逐渐增大，当 M_f 大于汽车通过传动系统作用在从动盘 3 上的阻力转矩时，离合器完成接合，从动盘 3 与飞轮 4 等速转动，汽车起步。

2.2.2 膜片弹簧式离合器

膜片弹簧式离合器采用膜片弹簧作压紧弹簧，省略了分离杠杆。例如，大众桑塔纳 2000 型轿车采用的是膜片弹簧压紧的单片摩擦式离合器。其结构如图 2-2 所示，由主动部分、从动部分、压紧和操纵机构组成。主动部分由飞轮、压盘、离合器盖等组成；从动部分由从动盘本体、摩擦衬片、花键毂和扭转减振器等组成；压紧及分离机构由膜片弹簧、支承圈等组成；其操纵机构如图 2-3 所示，由离合器踏板 8、主缸 10、工作缸 3、储液罐 4、分离板 2 和分离轴承 11 等组成。

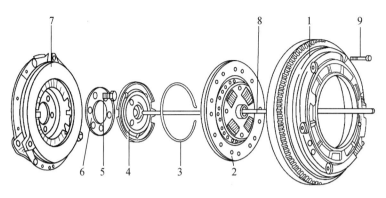

图 2-2　膜片弹簧式离合器

1—离合器总成；2—离合器从动盘；3—卡环；4—压板；5、9—螺栓；6—中间板；7—离合器盖总成；8—离合器分离推杆

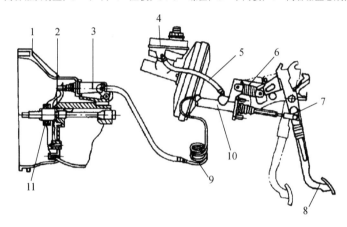

图 2-3　大众桑塔纳 2000 型轿车离合器操纵机构

1—变速器壳体；2—分离板；3—工作缸；4—储液罐；5—进油软管；6—踏板助力器销轴；

7—销轴；8—离合器踏板；9—油管总成；10—主缸；11—分离轴承

1．离合器盖和压盘总成

膜片弹簧式离合器的离合器盖和压盘分解图如图 2-4 所示。膜片弹簧如图 2-5 所示，它是一个用薄弹簧钢板制成的碟形膜片弹簧，靠中心部分开有 18 个径向切口，形成弹性分离指端。膜片弹簧式离合器的离合器盖和压盘示意图如图 2-6 所示。膜片弹簧 4 两侧有支承环 3，支承环 3 通过九个支承铆钉 5 安装在离合器盖 7 上，成为膜片弹簧 4 的工作支点。压盘的三组（每组两片）传动片是连接压盘与离合器盖的弹性钢带，其一端用铆钉铆接在离合器盖上，另一端用铆钉连同分离拉钩一起铆接在压盘 6 上，且在压盘 6 的外缘沿切向布置。其主要作用是将来自发动机飞轮的转矩经过离合器盖传递到离合器压盘上，使飞轮、离合器盖和压盘、膜片弹簧构成一个整体，保证离合器盖、压盘与飞轮同步旋转。膜片弹簧式离合器的工作过程如下：

1）离合器盖 1 未固定在飞轮上时，如图 2-7（a）所示，离合器盖与飞轮的安装面间有一个距离 l，膜片弹簧 3 不受力，处于自由状态。

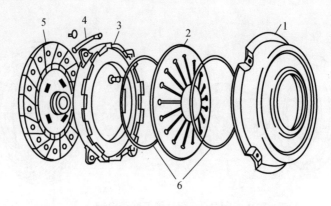

图2-4　膜片弹簧式离合器的离合器盖和压盘分解图

1—离合器盖；2—膜片弹簧；3—压盘；4—传动片；5—从动盘；6—支承环

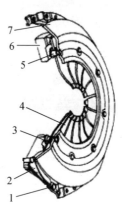

图2-6　膜片弹簧式离合器的离合器盖和压盘示意图

1—铆钉；2—传动片；3—支承环；4—膜片弹簧；5—支承铆钉；
6—压盘；7—离合器盖

图2-5　膜片弹簧

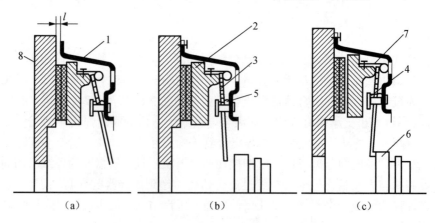

图2-7　膜片弹簧式离合器工作原理示意图

（a）安装前位置；（b）安装后；（c）分离位置

1—离合器盖；2—压盘；3—膜片弹簧；4—固定铆钉；5—支承环；6—分离轴承；7—分离拉杆；8—飞轮

2）离合器盖 1 被螺钉固定到飞轮 8 上时，如图 2-7（b）所示，离合器盖紧压在飞轮的后端面，此时支承环 5 压膜片弹簧，并使之发生弹性变形，进而使膜片弹簧外缘压紧压盘 2。这样，从动盘被夹紧在压盘与飞轮之间，离合器接合，发动机的动力依次经飞轮、离合器盖、传动片、压盘传递给夹在压盘与飞轮之间的从动盘，再由从动盘花键毂传给变速器输入轴，将动力传给变速器，向变速器传递转矩。

3）分离离合器时，如图 2-7（c）所示，操纵机构使分离轴承 6 左移，推动膜片弹簧的分离指端左移，膜片弹簧以支承环为支点转动，其外端右移，在传动片工作时拉力所产生的向后分力及膜片通过分离拉钩作用在压盘上的向后拉力的共同作用下，将压盘拉离飞轮。于是从动盘被松开，使离合器分离。

2．从动盘和扭转减振器

发动机传到汽车传动系统中的转矩是周期地不断变化着的，这就使传动系统中产生扭转振动。如果这一振动的频率与传动系统的固有频率相重合，就会发生共振，这对传动系统零件寿命有很大影响。此外，在不分离离合器的情况下进行紧急制动或猛烈接合离合器时，瞬时将造成对传动系统极大的冲击载荷，从而缩短零件的使用寿命。为了避免共振，缓和传动系统所受的冲击载荷，在很多汽车传动系统中装设了扭转减振器。有些汽车上将扭转减振器制成单独的部件，但更多的是将扭转减振器附装在离合器从动盘中。

因此，从动盘有不带扭转减振器的和带扭转减振器的两种。不带扭转减振器的多用在双片离合器中，而带扭转减振器的多用在单片离合器中，特别是轿车离合器中。

（1）从动盘的结构和组成

图 2-8 所示为离合器从动盘，由摩擦片（前摩擦片、后摩擦片）、从动盘本体和从动盘毂三个基本部分组成。

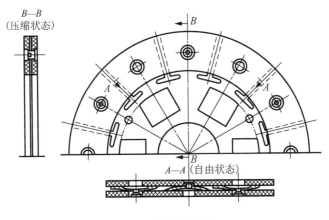

图 2-8　离合器从动盘

为了使单片离合器接合柔和、起步平稳，从动盘一般应具有轴向弹性。具有轴向弹性的从动盘一般有整体式、分开式和组合式几种。

双片离合器是逐片逐渐接合的，接合比较平稳，一般不采用具有轴向弹性的从动盘，否则会使离合器踏板行程大大增加或缩小分离杠杆比而增加踏板操纵力。

（2）扭转减振器的构造和工作原理

图2-9所示为带扭转减振器的从动盘（东风EQ1090E型汽车）。从动盘本体、从动盘毂和减振器盘都开有六个矩形窗孔，在每个窗孔内都装有减振器弹簧，以实现从动盘本体与从动盘毂在圆周方向上的弹性联系。三个从动盘隔套铆钉穿过毂上相对的三个缺口，把从动盘本体和减振器盘铆紧，并将从动盘毂及两侧的减振阻尼片夹在中间。从动盘本体上的窗孔有翻边，使六个减振器弹簧不会脱出。从动盘毂与铆钉并不直接相连，它们之间留有间隙，以使从动盘毂和从动盘本体之间有相对转动的可能。从动盘工作时，两侧摩擦片所受的摩擦力矩首先传到从动盘和减振器盘上，再经六个减振器弹簧传给从动盘毂，这时弹簧被压缩，如图2-10所示，借此吸收传动系统所受的冲击。

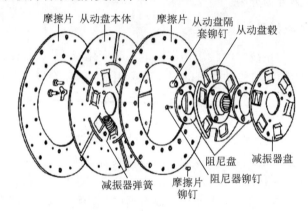

图2-9　带扭转减振器的从动盘（东风EQ1090型汽车）

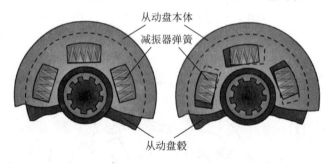

图2-10　带扭转减振器的离合器从动盘

有些离合器从动盘中采用两组或多组刚度不同的减振器弹簧，装弹簧的窗口长度不一，利用弹簧先后起作用的办法获得变刚度特性。这种变刚度特性可以避免传动系统共振，降低传动系统噪声。在减振器中也有采用橡胶弹性元件的，其形状有空心圆柱形、星形等多种，也可具有变刚度特性。

阻尼片吸收振动能量，使振动衰减。传动的扭转振动会导致从动盘本体、减振器盘、从动盘毂之间产生相对运动，两个阻尼片与上述三者的摩擦则可消除扭转振动的能量。

3．离合器压盘的传动方式和离合器踏板的自由行程

（1）离合器压盘的传动方式

压盘是离合器的主动部分，在传递发动机转矩时，它和飞轮一起带动从动盘转动，所以

它必须和飞轮连接在一起，但这种连接应允许压盘在离合器分离过程中自由地做轴向移动。压盘的几种传动方式如图 2-11 所示。

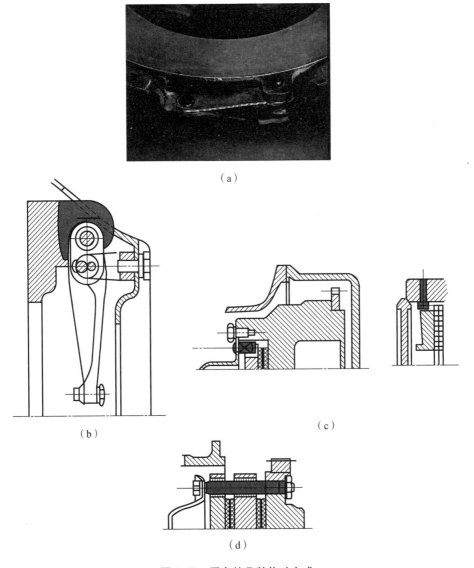

（a）

（b）　　　　　　　　（c）

（d）

图 2-11　压盘的几种传动方式

（a）传动片压盘与离合器盖的连接方式；（b）凸台传动；（c）键传动；（d）销传动

图 2-11（a）为传动片压盘与离合器盖的连接方式。离合器盖之间通过周向均布的三组或四组传动片来传递转矩。传动片用弹簧钢片制成，每组两片，一端用铆钉铆在离合器盖上，另一端用螺钉连接在压盘上。单片膜片弹簧式离合器压盘绝大部分采用这种连接方式。
图 2-11（b）为在单片周布弹簧式离合器中常采用的凸台传动方式，离合器盖固定在飞轮上，在盖上开有长方形的窗口，压盘上铸有相应的凸台，凸台伸进窗口以传递转矩。在设计时，考虑到磨损后压盘将向前移，因此使凸台高出窗口，以保证转矩的可靠传递。这种结构在原

BJ2021 汽车上采用。单片离合器也有的采用键传动方式,如图 2-11（c）所示。

在双片离合器中一般采用综合式连接方法,即中间压盘通过键,压盘则通过凸台。双片离合器也有采用销传动的,如图 2-11（d）所示,通过传动销将飞轮与中间压盘、压盘连接在一起。离合器压盘的驱动装置起着传动、导向和定心作用。

（2）离合器踏板的自由行程

从离合器的工作原理可知,从动盘摩擦片在使用过程中磨损变薄后,在压紧弹簧作用下,压盘要向前移动,分离杠杆内端则相应地要向后移动,才能保证离合器完全接合。如果未磨损前分离杠杆内端与分离轴承之间没有预留一定间隙,则在摩擦片磨损后,分离杠杆内端因抵住分离轴承而不能后移,使分离杠杆外端牵制压盘不能前移,从而不能将从动盘压紧,离合器难以完全接合,传动时会出现打滑现象。这不仅会降低离合器所能传递的最大转矩,而且会加速摩擦片和分离轴承的磨损。因此,当离合器处于正常接合状态时,在分离杠杆内端与分离轴承之间必须预留一定量的间隙,即离合器的自由间隙。大众桑塔纳轿车离合器的自由间隙为 1.5mm,东风 EQ1090E 型汽车为 3～4mm。

由于自由间隙的存在,踩下离合器踏板时,首先要消除这一间隙,然后才能开始分离离合器。为消除这一间隙所需的离合器踏板行程,称为离合器踏板的自由行程。大众桑塔纳轿车离合器踏板的自由行程设计值为 15～20mm,东风 EQ1090E 型汽车为 30～40mm。第二汽车制造厂（现为东风汽车集团有限公司）规定 EQ1090E 型汽车每行驶 1000km 左右,要检查调整离合器踏板的自由行程。

为使离合器分离彻底,须使压盘向后移动足够的距离,这一距离通过一系列杠杆的放大,反映到踏板上就是踏板的有效行程。

离合器踏板的自由行程和有效行程之和即为踏板的总行程。

2.3　离合器的操纵机构

离合器的操纵机构是驾驶员借以实现离合器分离和柔和接合的一套机构,它起始于离合器踏板,终止于分离杠杆。

按照离合器分离时所需操纵形式的不同,离合器操纵机构分为人力式和助力式。人力式又可以分为机械式和液压式;助力式又可以分为气压助力式和弹簧助力式。人力式操纵机构以驾驶员作用在踏板上的力作为唯一的操纵能源。助力式操纵机构除了驾驶员的力以外,一般主要以其他形式的能源实现操纵,其中液压式操纵机构运用最多。

2.3.1　机械式操纵机构

机械式操纵机构有杆系传动和拉索传动两种形式。杆系传动机构如图 2-12 所示,其结构简单、工作可靠,广泛运用于各型汽车上。例如,东风 EQ1090E 型汽车离合器即为杆系传动机构。但杆系传动中杆件间铰接较多,摩擦损失大,车架或车身变形及发动机位移时都会影响其正常工作。

在平头车、后置发动机汽车上，离合器需要远距离操纵，合理布置杆系比较困难。拉索传动机构如图 2-13 所示，可消除杆系传动机构的一些缺点，并能采用便于驾驶员操纵的吊挂式踏板。但拉索寿命较短，拉伸刚度较小，故只适用于轻型、微型汽车和某些轿车。例如，大众桑塔纳、捷达轿车离合器的操纵机构中就采用了拉索传动机构。

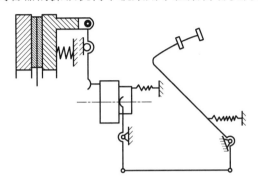

图 2-12　杆系传动机构

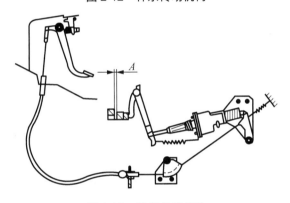

图 2-13　拉索传动机构

2.3.2　液压式操纵机构

液压式操纵机构利用液体传递操纵力矩，具有摩擦阻力小、质量小、操纵轻便、接合柔和、布置方便、不受车身车架变形的影响等优点，采用吊挂式踏板，提高了车身内的密封性，因此应用日益广泛。

大众桑塔纳 2000 型轿车、奥迪系列轿车的操纵机构均采用液压式操纵机构。其中，大众桑塔纳 2000 型轿车液压式操纵机构如图 2-3 所示。

1. 主缸

如图 2-14 所示，主缸由壳体 2、活塞（未标）、推杆 10、回位弹簧（未标）、皮碗 4 等组成，主缸上部是储液室。主缸借助补偿孔 A、进油孔 B 通过软管与制动系统储液罐相通。活塞为铝质结构，中部轻细，为十字形断面，活塞空隙部分与工作缸之间的内腔形成环形油室，活塞两端装有密封圈和皮碗 4，活塞中部装有单向阀，经小孔与活塞右方主缸内腔相通。

当踏板未踩下时，活塞被推向最右端，使皮碗 4 位于补偿孔 A 与进油孔 B 之间，两孔均开放。通过转动推杆头可改变活塞与补偿孔的距离（即调整主缸活塞的自由行程）。

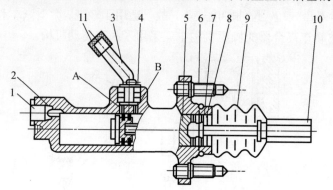

图 2-14　离合器主缸

1—保护塞；2—壳体；3—管接头；4—皮碗；5—阀芯；6—固定螺栓；7—卡簧；
8—挡圈；9—防尘罩；10—推杆；11—保护套；A—补偿孔；B—进油孔

2．工作缸

如图 2-15 所示，工作缸由活塞 2、皮碗 4、油管接头 3、推杆 7 等组成。推杆除带动离合器分离叉运动外，同时可调整离合器膜片弹簧分离指端与分离轴承的间隙。缸体设有放气螺塞，当管路有空气存在而影响操纵时，可拧出放气螺塞进行放气。

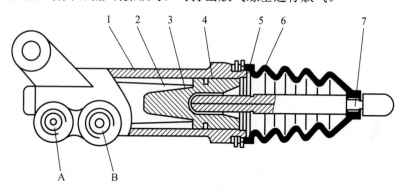

图 2-15　离合器工作缸

1—壳体；2—活塞；3—油管接头；4—皮碗；5—挡圈；6—保护套；7—推杆

如图 2-3 所示，当踩下离合器踏板 8 时，通过推杆带动主缸 10 内的活塞左移，单向阀关闭，皮碗关闭补偿孔 A，密封容积减小，主缸和管路中的油压升高。在油压作用下，工作缸中的活塞被推向左移，工作缸推杆头部直接推动分离板 2 的一端，使其绕支点（分离板座）摆动，从而推动分离轴承 11 向左移动，压向膜片弹簧的分离指端，从而达到分离离合器的目的。

当缓慢抬起踏板时，作用在踏板上的力逐渐减少，油压下降。在回位弹簧作用下，膜片弹簧、工作缸和主缸内的活塞逐渐回位，离合器逐渐接合。当压盘与从动盘接合后迅速放松踏板,由于油液有黏性,产生流动阻力,油液流动慢,工作缸活塞回位速度小于主缸活塞回位速度,在主缸活塞左腔形成一定的真空,低于储液室液体压力。在压力差的作用下,单向阀开启,工作液经进油口、环形油室、单向阀进入主缸左腔,补偿真空,主缸活塞迅速回位。而此时工作缸活塞继续右移,多余的油液经补偿孔 A 回到与制动系统共用的储液罐内。

为了操纵轻便,该操纵机构还装有助力器。如图 2-3 所示,当驾驶员踩下踏板 8 时,销轴 7 围绕踏板轴转动,当销轴 7 与踏板助力器销轴 6、离合器踏板轴在同一直线上时,转动力矩为零,踏板助力器不起作用;而当助力器销轴 6 位于该直线上方时,踏板助力器内的助力弹簧推动踏板绕踏板轴顺时针转动,给踏板一个附加作用力矩,与驾驶员作用在踏板上的力矩方向一致,减小驾驶员对踏板的操纵阻力;反之,当踏板助力器销轴 6 位于该直线下方时,踏板助力器内的助力弹簧又推动踏板绕踏板轴逆时针转动,促进踏板迅速自动回位。

2.3.3　弹簧助力式操纵机构

在离合器分离过程中,需要克服压盘弹簧或膜片弹簧、各回位弹簧的弹力,推动分离套筒、分离轴承、压盘、从动盘运动,增大了作用于离合器踏板上的力,增加了驾驶员的操纵阻力,因此,在一些车型的离合器操纵机构中采用弹簧助力式操纵机构,使驾驶员的操作更加轻便。

如图 2-16 所示,将助力弹簧的两端分别挂在固定于支架和三角板上的两支承销上,三角板绕其销轴转动。

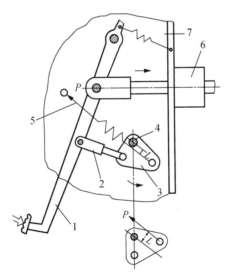

图 2-16　离合器操纵机构弹簧助力装置示意图

1—离合器踏板;2—长度可调推杆;3—可转三角板;4—销轴;5—助力弹簧;6—主缸;7—支架板

当离合器踏板完全抬起,离合器处于接合位置时,助力弹簧的轴线位于三角板销轴的下方。

当踩下踏板时,通过可调推杆推动三角板绕其销轴逆时针转动。这时,助力弹簧伸长,其拉力对销轴产生顺时针力矩，阻碍踏板和三角板运动逆时针转动，随着离合器踏板下移，弹簧反力矩减小。当三角板转到使弹簧轴线通过轴销中心时，弹簧反力矩为零。踏板继续下移，助力弹簧拉力对三角板轴销产生逆时针力矩，与踏板力对踏板轴的力矩方向一致，起到助力作用。在踏板处于最低位置时，这一助力作用达到最大。

在踏板的前一段行程中，要消除自由间隙，离合器压紧弹簧的压缩力还不大，加上助力弹簧助力后的总阻力在允许范围内。在踏板后段行程中，压紧弹簧的压缩量和相应的作用力继续增大到最大值。在离合器彻底分离以后，为了变速器换挡或制动，踏板需要在最低位置保持一段时间，容易导致驾驶员疲劳，此时最需要助力作用，助力弹簧发挥作用。

2.4 离合器的拆装及调整

1．离合器的拆卸

1）拆卸离合器时，首先要拆下变速器。

2）用专用工具将飞轮固定，然后将离合器的固定螺栓对角拧松。取下压盘总成、离合器从动盘。

3）用内拉头拉出分离轴承。

4）拆下分离轴承的分离套筒、橡胶防尘套和回位弹簧。

5）用尖嘴钳取出卡簧及衬套座，并取出分离叉轴。

2．从动盘（离合器片）的检验与修理

1）检查从动盘摩擦衬片的磨损。如图 2-17 所示，当铆钉头沉入摩擦表面的深度小于0.3mm 时，应更换从动盘。

2）将从动盘置于配套的符合标准的压盘上，并用塞尺测量从动盘与压盘间的间隙。间隙应不大于 0.08mm。

3．检查飞轮摆振

将磁力表座吸附在发动机机体上，用百分表的表针抵在飞轮的最外圈，如图 2-18 所示，最大摆振应小于 0.1mm。若摆振超差，应修理或更换飞轮。

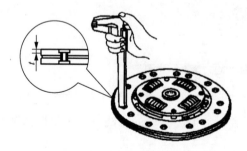

图 2-17　用游标卡尺测铆钉孔深度

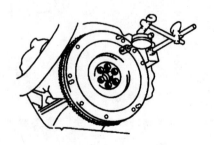

图 2-18　用百分表测量飞轮的摆振

4．压盘的检验与修理

1）压盘翘曲变形的检验。将压盘摩擦面扣合在平板上，并用塞尺在其缝隙处测量。压盘表面的不平度不得超过 0.12mm。

2）压盘表面粗糙度检验。压盘表面不能有明显的沟槽，准确地说沟槽深度应小于 0.3mm。

3）压盘的翘曲或沟槽可用平面磨床磨平或车床车平，但加工后的厚度应不小于标准厚度 2mm。

5．膜片弹簧式离合器膜片弹簧的检查

1）膜片弹簧磨损的检查。使用游标卡尺，测量膜片弹簧与分离轴承接触部位的磨损深度和宽度，如图 2-19 所示。深度应小于 0.6mm，宽度应小于 5.0mm，否则应予更换。

2）膜片弹簧变形的检查。如图 2-20 所示，用维修工具盖住弹簧片的小端，用塞尺测量每个弹簧片的小端与维修工具的平面间隙。弹簧片的小端应在同一平面上，且弯曲变形不得超过 0.5mm。否则，应用维修工具将弯曲变形过大的弹簧片小端撬起来进行调整。

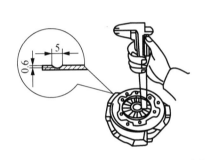

图 2-19　用游标卡尺测量膜片弹簧的磨损

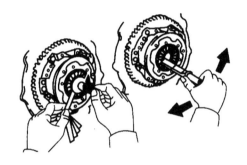

图 2-20　膜片弹簧变形的检查

6．分离轴承的检查

如图 2-21 所示，用手固定分离轴承的内缘，并转动外缘，同时在轴向施加压力。若有阻滞或有明显的间隙感，应更换分离轴承。

7．飞轮上导向轴承的检查

如图 2-22 所示，用手转动导向轴承，并在轴向加力。若导向轴承有阻滞或有明显的间隙感，应更换导向轴承。

图 2-21　分离轴承的检查

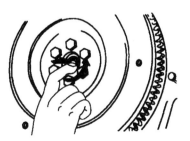

图 2-22　飞轮上导向轴承的检查

8. 涂润滑油

在装配离合器前，应在轴承关键位置涂润滑油。

9. 装复

1）将从动盘装在发动机的飞轮上，并用定芯棒定位。从动盘上的减振弹簧凸出的一面应朝外。

2）装上压盘组件，并用扭力扳手间隔螺栓。扭紧力矩为25N·m。

3）用专用工具将分离叉轴套压入变速器壳。

4）在分离叉轴的左端装上回位弹簧。如图2-23所示，先将分离叉轴穿入变速器壳左边的孔，再将分离叉轴的右边装入右边的衬套和分离衬套座，如图2-24所示。将衬垫及导向套涂上密封胶，并装到变速器壳前面，旋紧螺栓。旋紧力矩为15N·m。

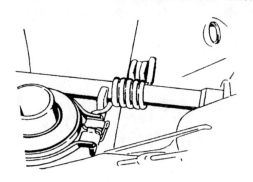

图2-23 分离叉轴回位弹簧的安装

图2-24 分离叉轴的安装

10. 调整

（1）调整分离杠杆的高度

所有分离杠杆内端的后端面必须调整到飞轮端面相平行的同一平面内。若分离杠杆调整不平行，会分离不彻底，从而导致汽车起步时抖动，严重时发动机熄火。

（2）调整方法

调整分离杠杆内端的调整螺钉；调整分离杠杆支承螺柱上的调整螺母。

（3）测量和调整离合器踏板的自由行程

1）检查。离合器踏板的自由行程可用普通直尺在踏板处测量。先测出踏板在最高位置时的高度，再测出按下踏板并感到稍有阻力时的高度。两者之差即为离合器踏板的自由行程数值。若数值不合要求，应及时调整。

2）调整。在调整踏板的自由行程之前，必须先将四个分离杠杠内端的后端面调整到与飞轮端面平行的同一平面内。否则，在分离器的分离和接合过程中，压盘的位置会歪斜，致使分离不彻底，并且在汽车起步时会发生抖动现象。调整方法是拧动支承螺柱上的调整螺母。

对于机械操纵的离合器，可通过改变踏板拉杆的长度来调整自由行程。若拧紧踏板拉杆上的调整螺母，则自由行程减小；反之，则增大。调整合适后，用锁紧螺母锁紧。

对于液压操纵的离合器，自由行程的调整主要在两个部位进行：一是改变离合器分泵推杆的长度，以使分离叉的端部与推杆有 3~4mm 的松旷量；二是转动连接离合器总泵推杆的偏心螺栓，以使总泵推杆与活塞之间有一定的间隙，并且这间隙反映在踏板上有 3~6mm 的移动量。这样就能使离合器的踏板行程符合要求（32~40mm）。

2.5 常见离合器的故障与排除

2.5.1 离合器打滑

1．故障现象

1）汽车以低挡起步时，抬起离合器踏板后，汽车不能灵敏起步或起步困难。

2）汽车加速时，特别是上坡加速时，发动机转速上升，车速不能随之提高。

3）当载重在长坡和泥泞路行驶时，打滑较明显，严重时会从离合器内发出焦臭味。

4）起动，挂低挡，拉紧驻车制动器，缓慢抬起离合器踏板，汽车不抖动，不熄火。

5）停车熄火，挂挡，拉紧驻车制动器，在离合器完全接合状态，用摇把盘车，摇把动，但车不动。

2．故障原因

1）离合器踏板的自由行程太小或没有，分离轴承经常压迫分离杠杆内端，使离合器处于半分离状态。

2）摩擦片磨损变薄、硬化，铆钉外露或粘有油污。

从动盘每磨薄 1mm，分离杠杆内端就向上翘 4mm，分离杠杆内端越高，压紧弹簧就被释放得越多，压紧弹簧过软是离合器打滑的另一重要原因。

3）离合器和飞轮连接螺栓松动。

4）分离杠杆调整不当。

3．故障诊断与排除

1）拉紧驻车制动器，挂低挡，缓慢抬起离合器踏板，逐渐踩下加速踏板，若汽车不动，发动机仍继续运转而不熄火，说明离合器打滑。

2）检查离合器踏板的自由行程，如不符合规定应予以调整。

3）若自由行程正常，应拆下变速器罩壳，检查离合器与飞轮连接螺栓是否松动，如松动应予以拧紧。

4）若经上述检查排除后仍然打滑，应拆下离合器检查摩擦片的状况。若有油污，一般应用汽油清洗并烘干，然后找出油污来源，并设法排除。若摩擦片磨损严重或多数铆钉头外露，应更换摩擦片。

5）若摩擦片完好，应分解离合器，检查压盘膜片弹簧，若弹簧过软应予更换。

2.5.2 离合器分离不彻底

1．故障现象

1）离合器踏板踩到底后，主动部分和从动部分不能彻底分离，发动机和传动系统仍有动力联系。

2）发动机起动后，踩下离合器踏板，挂挡时有齿轮撞击声，且难以挂入；强行挂入后，还没有放松离合器踏板，汽车就向前驱动或造成发动机熄火。

3）挂挡困难或挂不进挡，并从变速器端发出齿轮撞击声。

2．故障原因

1）离合器踏板的自由行程过大。

2）膜片弹簧分离指不处在同一平面上。

3）离合器从动盘翘曲，从动盘铆钉松脱或新换的摩擦片过厚。

4）离合器工作缸的工作行程过小。离合器工作缸的工作行程过小会造成离合器分离不彻底。离合器工作缸的工作行程应大于15mm，否则说明液压操纵系统有故障。例如，离合器踏板的自由行程过大，液压系统有空气，主缸内复位弹簧过软，主缸工作皮碗密封不良等。

5）分离杠杆调整不当或分离杠杆弯曲、变形。

3．故障诊断与排除

1）将变速杆置于空挡位置，踩下离合器踏板，用旋具推动离合器从动盘，若能轻松推动，说明能分离；反之，则分离不彻底。

2）检查、调整离合器踏板的自由行程。若新换摩擦片过厚，可在离合器盖与飞轮间增加适当厚度的垫片予以调整，但各垫片厚度应一致。若上述检查调整仍无效，应将离合器拆下分解和检查，必要时予以修理或换件。

2.5.3 离合器踏板发响

1．故障现象

行驶中操纵离合器时有不正常的响声。

2．故障原因

1）分离轴承磨损严重或缺少润滑油，轴承回位弹簧过软、折断或脱落。

2）从动盘铆钉松动或减振弹簧折断。

3）踏板回位弹簧过软、脱落或折断。

3．故障诊断与排除

1）稍稍踩下离合器踏板，膜片弹簧与分离轴承接触，有"沙沙"响声，为分离轴承响。若加油后仍响，为轴承磨损松旷或损坏，应予以更换。

2）踩下、抬起离合器踏板时，如出现间断的碰撞声，为分离轴承前后滑动响（分离轴支承弹簧失效），应更换支承弹簧。

3）发动机一起动就有响声，踏板提起后响声消失，为踏板弹簧失效，应更换踏板弹簧。

4）连踩踏板，在离合器刚接触或分开时有响声，为从动盘铆钉松动和摩擦片铆钉外露，应修复铆钉。

2.5.4 起步时抖动

1．故障现象

汽车用低速挡起步时，按操纵规程逐渐放松离合器踏板并徐徐踩下加速踏板，离合器不能平稳接合且产生抖振，严重时甚至整车产生抖振现象。

2．故障原因

1）压盘和从动盘发生翘曲，或从动盘铆钉松动。

2）变速器与飞轮壳或离合器盖与飞轮固定螺栓松动。

3）膜片弹簧弹力不均。

3．故障诊断与排除

1）让发动机怠速运转，挂上低速挡，缓慢抬起离合器踏板并深踩加速踏板起步，如车身有明显抖振现象，则为离合器抖动。

2）检查变速器与飞轮壳、离合器盖与飞轮固定螺钉是否松动，检查膜片弹簧的高度。

3）拆开离合器盖，测量膜片弹簧的高度是否一致。

4）若上述各项均符合要求，则拆下离合器，分别检查压盘、从动盘是否变形，铆钉是否松动，膜片弹簧的弹力是否在允许范围内。

本 章 小 结

1）本章重点学习了离合器的功能、组成和工作原理，具体介绍了周布弹簧式离合器、膜片弹簧式离合器的具体机构和典型特点。

2）离合器操纵机构有机械式和液压式两种，机械式又可分为杆式和拉索式，拉索式应用比较广泛。液压式操纵机构具有阻力小、质量小、布置方便、接合柔和的特点，且具有增力作用。

3）离合器调整主要包括踏板的自由行程调整、分离杠杆高度调整、主缸活塞与推杆间隙调整。

4）离合器维护、检修方法。

5）离合器常见故障诊断与排除方法。

复习思考题

1）离合器的作用是什么？
2）离合器踏板的自由行程指的是什么？分析离合器踏板的自由行程太小有什么危害。
3）分析离合器分离不彻底的故障原因。
4）简述液压式操纵机构的调整方法。
5）为了使离合器接合柔和常采用什么措施？

实训项目　离合器及操纵机构的拆装

一、实训内容

1）离合器的拆装。
2）操纵机构的拆装。

二、实训目的与要求

1）掌握离合器及其操纵机构的拆装方法。
2）掌握离合器主要零部件的名称、作用。
3）熟悉离合器各主要零部件的相互装配关系和技术要求。

三、实训设备及工具、量具

1）设备及工具：扭力扳手、中心冲子、离合器导向工具、百分表、游标卡尺、跳动检查仪、弹簧测试器。
2）材料：发动机（带离合器）、砂纸、离合器盖总成、离合器片。

四、学时及分组人数

2学时，每组以一种离合器为重点拆装，然后轮换进行。具体分组根据学习人数和设备情况确定。

五、实训步骤及操作方法

本实训以大众桑塔纳轿车离合器及操纵机构的拆装为例，其他各车型的拆装可参考相关资料。

（1）在离合器盖及飞轮上做装配记号

为了保证离合器与飞轮整体的动平衡，确保安装时的位置准确，需在飞轮和离合器盖上用冲头等工具凿上标记，如图2-25所示。

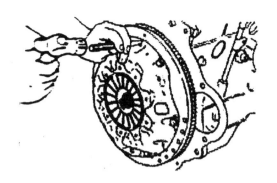

图 2-25　用冲头在离合器上錾标记

（2）拆卸离合器盖总成

1）在导向轴承内插入离合器导向专用工具，如图 2-26 所示。

2）使用工具按对角方向逐渐拧松并拆下紧固螺栓。

3）取出离合器压盘总成，如图 2-27 所示。

注意： 不要将润滑油或润滑脂粘到压盘的摩擦表面。

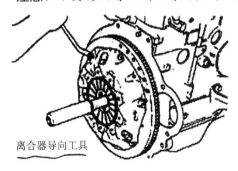

离合器导向工具

图 2-26　插入离合器导向专用工具

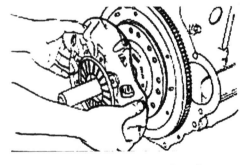

图 2-27　取出离合器压盘总成

4）取出离合器从动盘，如图 2-28 所示。

注意： 不要将润滑油或润滑脂粘到从动盘摩擦片的摩擦表面。

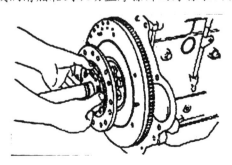

图 2-28　取出离合器从动盘

（3）安装离合器从动盘

1）使用砂纸和清洁剂清洁飞轮和从动盘摩擦片的摩擦表面，如图 2-29 所示。

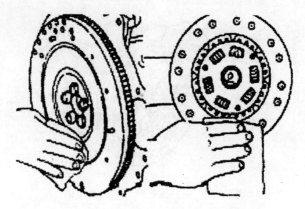

图 2-29　清洁飞轮和从动盘摩擦片的摩擦表面

2）在花键毂内薄薄地涂上一层专用润滑脂，如图 2-30 所示。

3）使用离合器导向工具使飞轮与离合器摩擦片对中，如图 2-31 所示，以便于变速器一轴的安装。

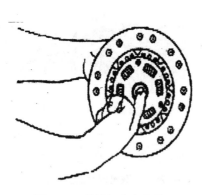

图 2-30　花键毂内涂润滑脂

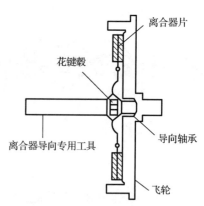

图 2-31　飞轮与离合器摩擦片对中

（4）安装离合器压盘总成

1）使用砂纸和清洁剂清洁压盘的摩擦表面，如图 2-32 所示。

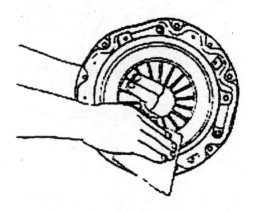

图 2-32　清洁压盘的摩擦表面

2）对齐飞轮和离合器盖上的标记，然后按对角方向逐渐拧紧螺栓，分 2～3 次拧紧，如图 2-33 所示。

3）使用力矩扳手按规定的力矩拧紧螺栓（15N·m），如图 2-34 所示。

图 2-33　装离合器

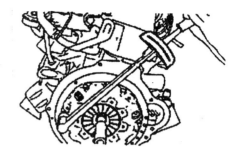

图 2-34　拧紧螺栓

（5）离合器的调整

离合器踏板上保留的自由行程，可以避免因从动盘磨损导致离合器不能充分接合而造成的打滑。自由行程过小会导致离合器打滑，自由行程过大会导致离合器分离不彻底。

离合器安装以后，为保证其正常工作，还必须调整踏板的自由行程。踏板的自由行程是分离杠杆与分离轴承之间的间隙在踏板上的反映。不同型号的汽车，离合器踏板的自由行程的大小往往是不同的（见表 2-1）。将有刻度的钢直尺支在驾驶室地板上，测量出踏板在自由状态下和刚刚消除间隙时两个位置间的距离，该距离就是踏板的自由行程。若不符合规定，应进行调整。

表 2-1　离合器踏板的自由行程表

车型	自由行程（mm）	车型	自由行程（mm）	车型	自由行程（mm）
红旗 7220	26～40	大众桑塔纳	15～20	夏利 TJ7100	15～30
一汽奥迪 100	15	神龙富康	5～15	上汽奇瑞	5～15
大众捷达	15～20	广州标致	15	丰田花冠	20～25

1）调整踏板高度。

首先通过转动踏板限位螺栓来调整高度。如图 2-35 所示，钢直尺一端抵在地板，测出踏板在自由状态的高度值，应在 150mm 左右。

2）调整踏板的自由行程。

方法一：通过转动推杆调整推杆与离合器主缸活塞的间隙。

a. 用手推踏板感到有阻力。

b. 读取踏板的自由行程数值。

方法二：

a. 通过转动轮缸的推杆来调节离合器分离轴承与膜片弹簧的间隙，如图 2-36 所示。此间隙也反映在踏板的行程数值上。

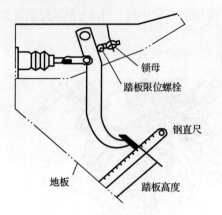

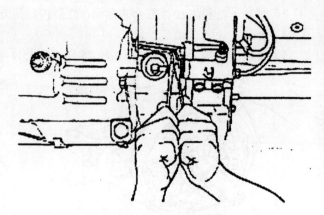

图 2-35 调整踏板高度   图 2-36 调整离合器间隙

b. 通过推离合器踏板来检查自由行程。

c. 反映在离合器踏板上的自由行程，是由以上两部分综合成的，如图 2-37 所示。

注意： 每个推杆调整完毕都要将锁母锁紧。

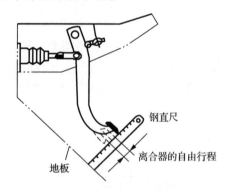

图 2-37 离合器踏板的自由行程

第3章　手动变速器

1．熟悉手动变速器的作用、结构和工作原理。
2．掌握二轴、三轴变速器各挡动力传递路线。
3．掌握手动变速器操纵机构的结构和工作原理。
4．掌握手动变速器检修的内容和方法。

3.1　变速器概述

3.1.1　变速器的作用

目前，汽车上广泛采用的动力装置是汽油发动机和柴油发动机，它们的转矩与转速变化范围都较小，而汽车的行驶条件非常复杂，行驶速度和行驶阻力的变化范围很大。为了解决这一矛盾，在汽车传动系统中设置了变速器。其作用如下：

1）实现变速变矩。变速器通过改变传动比，扩大驱动轮转矩和转速的变化范围，以适应频繁变化的行驶条件，同时使发动机在有利的工况下工作。

2）实现汽车倒驶。由于内燃机是不能反向旋转的，利用变速器的倒挡，可以实现汽车的倒向行驶。

3）必要时中断传动。利用变速器的空挡，中断动力传递，使发动机能够起动和怠速运转，满足汽车暂时停车或滑行的需要。

4）实现动力输出，驱动其他机构。如有需要，可将变速器作为动力输出器，驱动其他机构，如自卸车的液压举升装置等。

3.1.2　变速器的类型

变速器可以按照传动比变化方式或操纵方式来分类。

1．按传动比变化方式分类

1）有级变速器。其是目前使用最广的一种。它采用齿轮传动，具有若干个定值传动比，传动比成阶梯式变化（也就是挡位）。轿车和轻型、中型货车变速器通常有 3～5 个前进挡和一个倒挡，重型货车的组合式变速器则有更多挡位。

2）无级变速器。其传动比在一定范围内可连续地变化，有电力式和液力式两种，常见的是液力式。

3）综合式变速器。它是由液力变矩器和齿轮式有级变速器组成的液力机械式变速器，目前应用较多。

2. 按操纵方式分类

1）手动变速器。这种变速器靠驾驶员直接操纵变速杆进行换挡。其换挡机构简单、工作可靠且节能。

2）自动变速器。其传动比的选择和换挡是自动进行的。所谓"自动"，是指机械变速器每个挡位的变换是借助反映发动机负荷和车速的信号系统来控制换挡系统的执行元件来实现的。驾驶员只需操纵加速踏板和制动装置来控制车速即可。此种方式因操作简便，目前运用较多。

3）半自动变速器。这种变速器有两种形式：一种是几个常用挡位可自动操纵，其余几个挡位由驾驶员操纵；另一种是预选式，即驾驶员先用按钮选定挡位，在踩下离合器踏板或抬起加速踏板时，接通自动控制和执行机构进行自动换挡。

3.1.3 手动变速器的工作原理

普通齿轮式变速器是利用不同齿数的齿轮啮合传动来实现转速和转矩改变的。

齿轮传动的基本原理如图 3-1 所示，一对齿数不同的齿轮啮合传动时可以实现变速，而且两齿轮的转速比与其齿数成反比。设主动齿轮转速为 n_1，齿数为 z_1，从动齿轮的转速为 n_2，齿数为 z_2。主动齿轮（即输入轴）转速与从动齿轮（即输出轴）转速之比称为传动比，用 i_{12} 表示，即

$$i_{12} = \frac{n_1}{n_2} = \frac{z_2}{z_1}$$

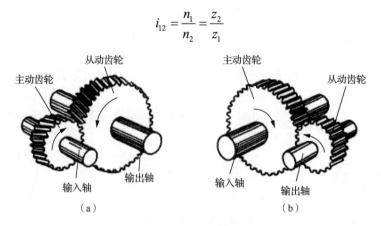

图 3-1 齿轮传动的基本原理

（a）减速传动；（b）增速传动

当小齿轮为主动齿轮，带动大齿轮转动时，输出转速降低，即 $n_2 < n_1$，称为减速传动，此时传动比 $i > 1$，如图 3-1（a）所示；当大齿轮驱动小齿轮时，输出转速升高，即 $n_2 > n_1$，称为增速传动，此时传动比 $i < 1$，如图 3-1（b）所示。这就是齿轮传动的变速原理。汽车变速器就是根据这一原理利用若干大小不同的齿轮副传动来实现变速的。

图 3-2 所示为两级齿轮传动示意图，齿轮 1 为主动齿轮，驱动齿轮 2 转动，齿轮 3 与齿轮 2 固连在一起，再驱动齿轮 4 转动并输出动力，此时由 1 传到 4 的传动比为

$$i_{14} = \frac{n_1}{n_4} = \frac{z_2 z_4}{z_1 z_3} = i_{12} i_{34}$$

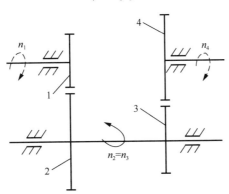

图 3-2　两级齿轮传动示意图

1、3—主动齿轮；2、4—从动齿轮

因此，可以总结多级齿轮传动的传动比为 $i =$ 所有从动齿轮齿数的乘积/所有主动齿轮齿数的乘积=各级齿轮传动比的乘积。

对于变速器，各挡的传动比 i 就是变速器输入轴转速与输出轴转速之比，即

$$i = \frac{n_{输入}}{n_{输出}} = \frac{T_{输出}}{T_{输入}}$$

当 $i > 1$ 时，$n_{输出} < n_{输入}$，$T_{输出} > T_{输入}$，此时实现降速增矩，为变速器的低挡位，且 i 越大，挡位越低；当 $i = 1$ 时，$n_{输出} = n_{输入}$，$T_{输出} = T_{输入}$，为变速器的直接挡；当 $i < 1$ 时，$n_{输出} > n_{输入}$，$T_{输出} < T_{输入}$，此时实现升速降矩，为变速器的超速挡。汽车变速器就是利用这一关系通过改变速比来适应汽车行驶阻力变化需要的。

3.2　手动变速器

手动变速器（manual transmission，MT）又称机械式变速器，只有用手拨动变速杆（俗称"挡把"），才能改变变速器内的齿轮啮合位置，以改变传动比，从而达到变速的目的。由于轿车手动变速器多为四挡或五挡有级式齿轮传动变速器，并且通常带同步器，因此换挡方便，噪声小。在操纵手动变速器时必须踩下离合器踏板，方可拨动变速杆。

手动变速器包括变速传动机构和操纵机构两大部分。变速传动机构的主要作用是改变转速和转矩的大小、方向；操纵机构的作用是实现换挡。变速传动机构是变速器的主体，并且手动变速器按工作轴的数量（不包括倒挡轴）可分为二轴式变速器和三轴式变速器。

3.2.1 二轴式变速器的传动机构

二轴式变速器用于发动机前置前驱动的汽车，并且一般与驱动桥（前桥）合称为手动变速驱动桥。目前，我国常见的轿车多采用这种变速器。

前置发动机有纵向布置和横向布置两种形式，因此与其配用的两轴式变速器也有两种不同的结构形式。当发动机纵向布置时，主减速器为一对圆锥齿轮，如图3-3所示；当发动机横向布置时，主减速器采用一对圆柱齿轮，如大众捷达轿车，如图3-4所示。

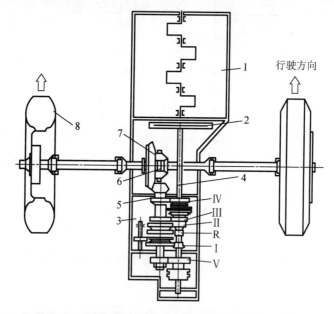

图 3-3 发动机纵向布置的二轴式变速器传动示意图

1—纵置发动机；2—离合器；3—变速器；4—变速器输入轴；5—变速器输出轴（主减速器主动锥齿轮）；6—差速器；
7—主减速器从动锥齿轮；8—前轮；I、II、III、IV、V—一、二、三、四、五挡齿轮；R—倒挡齿轮

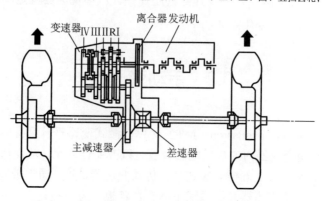

图 3-4 发动机横向布置的二轴式变速器传动示意图

1. 发动机横向布置的二轴式变速器

发动机横向布置的二轴式变速器结构如图 3-5 所示，所有前进挡齿轮和倒挡齿轮都采用常啮合斜齿轮，并采用锁环式同步器换挡。其各挡位的动力传递路线分析如下。

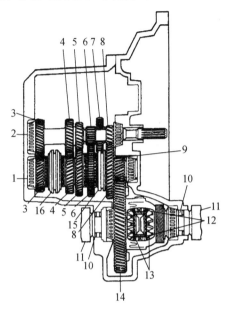

图 3-5　发动机横向布置的二轴式变速器结构

1—输出轴；2—输入轴；3—四挡齿轮；4—三挡齿轮；5—二挡齿轮；6—倒挡齿轮；7—倒挡中间齿轮；8——挡齿轮；
9—主减速器主动齿轮；10—差速器油封；11—等速万向节轴；12—差速器行星齿轮；13—差速器半轴齿轮；
14—主减速器从动齿轮；15——、二挡同步器；16—三、四挡同步器

1）一挡。如图 3-6 所示，一、二挡同步器使一挡齿轮与主减速器主动齿轮轴接合，将变速齿轮锁定到主减速器主动齿轮轴上。输入轴齿轮的一挡主动齿轮顺时针转动，逆时针地驱动一挡从动齿轮和主减速器主动齿轮轴，顺时针地驱动主减速器从动齿轮。

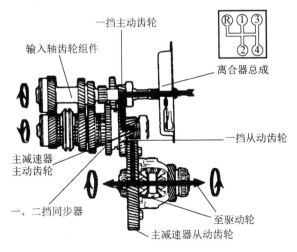

图 3-6　一挡动力传递路线

2）二挡。从一挡向二挡换挡时，一、二挡同步器分离一挡从动齿轮，并接合二挡从动齿轮，其动力传递路线如图3-7所示。

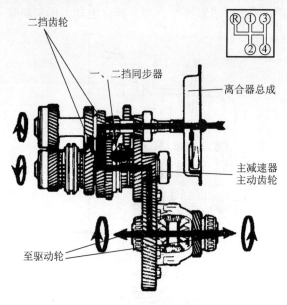

图 3-7　二挡动力传递路线

3）三挡。当二挡同步器接合套返回空挡后，将三、四挡同步器锁定到主减速器主动齿轮轴的三挡齿轮上。其动力传递路线如图3-8所示。

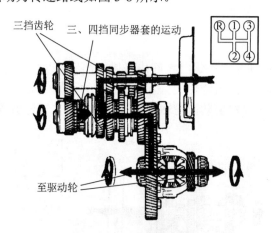

图 3-8　三挡动力传递路线

4）四挡。将三、四挡同步器接合套从三挡齿轮移开，移向四挡齿轮，将其锁定在主减速器主动齿轮轴上。其动力传递路线如图3-9所示。

5）倒挡。变速杆位于倒挡时，倒挡惰轮换入与倒挡主动齿轮和倒挡从动齿轮啮合。倒挡从动齿轮同时又是一、二挡同步器接合套，同步器接合套带有沿其外缘加工的直齿。倒挡惰轮改变变速齿轮的转动方向，汽车就可以倒向行驶。其动力传递路线如图3-10所示。

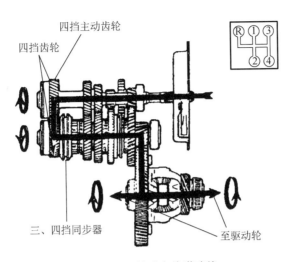

图 3-9　四挡动力传递路线

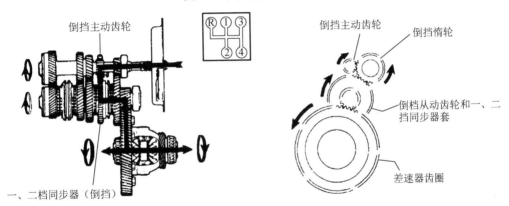

图 3-10　倒挡动力传递路线

2. 发动机纵向布置的二轴式变速器

图 3-11 和图 3-12 所示分别为大众桑塔纳 2000 轿车二轴式变速器传动机构的结构示意图和结构简图。该变速器的变速传动机构有输入轴和输出轴，且两轴平行布置。输入轴也是离合器的从动轴；输出轴也是主减速器的主动锥齿轮轴。该变速器具有五个前进挡和一个倒挡，并且全部采用锁环式惯性同步器换挡。在输入轴上，有一挡至五挡的主动齿轮。其中，一、二挡主动齿轮与轴制成一体，三、四、五挡主动齿轮通过滚针轴承空套在轴上。在输入轴上还有倒挡主动齿轮，它与轴制成一体。三、四挡同步器和五挡同步器也装在输入轴上。在输出轴上有一挡至五挡从动齿轮，其中，一、二挡从动齿轮通过滚针轴承空套在轴上，三、四、五挡齿轮通过花键套装在轴上。一、二挡同步器也装在输出轴上。在变速器壳体的右端还有倒挡轴，在上面通过滚针轴承套装有倒挡中间齿轮。大众桑塔纳 2000 轿车变速器动力传递路线见表 3-1。

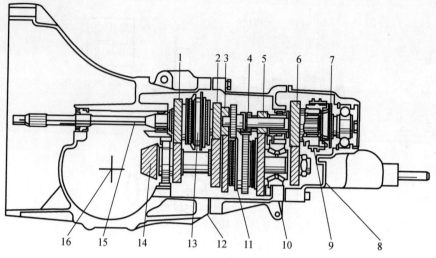

图 3-11　大众桑塔纳 2000 轿车二轴式变速器传动机构的结构示意图

1—四挡齿轮；2—三挡齿轮；3—二挡齿轮；4—倒挡齿轮；5—一挡齿轮；6—五挡齿轮；7—五挡运行齿环；
8—换挡机构壳体；9—五挡同步器；10—齿轮箱体；11—一、二挡同步器；12—变速器壳体；13—三四挡同步器；
14—输出轴；15—输入轴；16—主减速器差速器

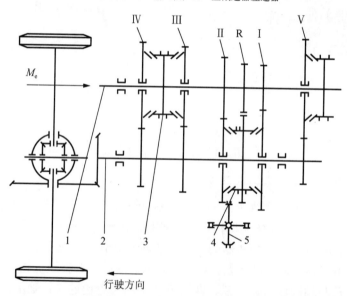

图 3-12　大众桑塔纳 2000 轿车二轴式变速器传动机构的结构简图

1—输入轴；2—输出轴；3—三、四挡同步器；4—一、二挡同步器；5—倒挡中间齿轮；Ⅰ—一挡齿轮；
Ⅱ—二挡齿轮；Ⅲ—三挡齿轮；Ⅳ—四挡齿轮；Ⅴ—五挡齿轮；R—倒挡齿轮

表 3-1　大众桑塔纳 2000 轿车变速器动力传递路线

挡位	动力传递路线
一	变速器操纵杆从空挡向左、向前移动，实现： 动力→输入轴→输入轴一挡齿轮→输出轴上一、二挡同步器→输出轴→动力输出

续表

挡位	动力传递路线
二	变速器操纵杆从空挡向左、向后移动，实现： 动力→输入轴→输入轴二挡齿轮→输出轴二挡齿轮→输出轴上一、二挡同步器→输出轴→动力输出
三	变速器操纵杆从空挡向前移动，实现： 动力→输入轴→输入轴三、四挡同步器→输入轴三挡齿轮→输出轴三挡齿轮→输出轴→动力输出
四	变速器操纵杆从空挡向后移动，实现： 动力→输入轴→输入轴三、四挡同步器→输入轴四挡齿轮→输出轴四挡齿轮→输出轴→动力输出
五	变速器操纵杆从空挡向右、向前移动，实现： 动力→输入轴→输入轴五挡同步器→输入轴五挡齿轮→输出轴五挡齿轮→输出轴→动力输出
倒挡	变速器操纵杆从空挡向右、向后移动，实现： 动力→输入轴→输入轴倒挡齿轮→倒挡轴倒挡齿轮→输出轴倒挡齿轮→输出轴→动力反向输出

3.2.2 三轴式变速器的传动机构

　　三轴式变速器用于发动机前置后轮驱动的汽车。下面以东风 EQ1092 中型货车的变速器为例进行介绍，其结构简图如图 3-13 所示。它由第一轴（输入轴）、第二轴（输出轴）、中间轴、齿轮变速机构、壳体等组成，所以称为三轴式变速器。另外，其还有倒挡轴。三轴式五挡变速器有五个前进挡和一个倒挡，在该变速器上，各轴上倒挡齿轮均为直齿圆柱齿轮，采用移动齿轮换挡方式。其余各齿轮全部为斜齿圆柱齿轮，具有传动平稳的特点，并且全部采用同步器换挡。

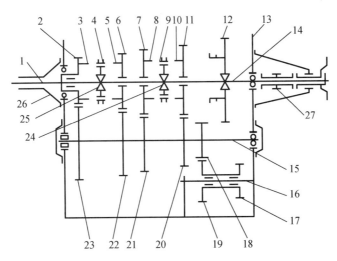

图 3-13　东风 EQ1092 中型货车三轴式变速器的结构简图

1—一轴；2—一轴常啮合齿轮；3—一轴常啮合齿轮接合齿圈；4、9—接合套；5—四挡齿轮接合齿圈；6—二轴四挡齿轮；7—二轴三挡齿轮；8—三挡齿轮接合齿圈；10—二挡齿轮接合齿圈；11—二轴二挡齿轮；12—二轴一、倒挡直齿滑动齿轮；13—变速器壳体；14—二轴；15—中间轴；16—倒挡轴；17、19—倒挡中间齿轮；18—中间轴一、倒挡齿轮；20—中间轴二挡齿轮；21—中间轴三挡齿轮；22—中间轴四挡齿轮；23—中间轴常啮合齿轮；24、25—花键毂；26—一轴轴承盖；27—回油螺塞

各挡传动情况如下。

1）空挡：二轴上的各接合套、传动齿轮均处于中间空转位置，动力不传给第二轴。

2）一挡：前移二轴一、倒挡直齿滑动齿轮 12 与中间轴一、倒挡齿轮 18 啮合。动力经一轴常啮合齿轮 2，中间轴常啮合齿轮 23，中间轴一、倒挡齿轮 18，二轴一、倒挡直齿滑动齿轮 12，传到第二轴使其顺时针旋转（与第一轴同向）。

3）二挡：后移接合套 9 与二轴二挡齿轮 11 的接合齿圈 10 啮合。动力经 2、23、20、11、10、9、24，传到二轴使其顺时针旋转。

4）三挡：前移接合套 9 与二轴三挡齿轮 7 的接合齿圈 8 啮合。动力经 2、23、21、7、8、9、24，传到二轴使其顺时针转动。

5）四挡：后移接合套 4 与二轴四挡齿轮 6 的接合齿圈 5 啮合。动力经 2、23、22、6、5、4、25，传到二轴使其顺时针旋转。

6）五挡：前移接合套 4 与一轴常啮合齿轮 2 的接合齿圈 3 啮合。动力直接由一轴及 2、3、4、25，传到二轴，传动比为 1。二轴的转速与一轴相同，故此挡称为直接挡。

7）倒挡：后移二轴一、倒挡直齿滑动齿轮 12 与倒挡中间齿轮 17 啮合。动力经 2、23、18、19、17、12，传给二轴使其逆时针旋转，汽车倒向行驶。倒挡动力传递路线与其他挡位相比较，多了倒挡中间齿轮的传动，所以改变了二轴的旋转方向。

3.3 同 步 器

3.3.1 同步器概述

1. 同步器的作用

同步器是手动变速器用于换挡的常用部件，目前绝大多数变速器采用同步器换挡。它的作用是使接合套与待啮合的齿圈迅速同步，缩短换挡时间，且防止在同步前啮合而产生换挡冲击。

2. 无同步器的换挡过程

下面以无同步器五挡变速器的四、五挡互换为例进行介绍，图 3-14 为其结构简图。

1）低挡换高挡（四挡换五挡）。变速器在四挡工作时，接合套 3 与二轴四挡齿轮 4 上的接合齿圈啮合，两者接合齿的圆周速度相同，即 $v_3 = v_4$。若要换入五挡，驾驶员先踩下离合器踏板，使离合器分离，再通过变速器操纵机构将接合套 3 左移，处于空挡位置。此时仍是 $v_3 = v_4$，因二轴四挡齿轮 4 的转速低于一轴常啮合齿轮 2 的转速，即 $v_4 < v_2$，为避免齿轮冲击，不应立即换入五挡，应先在空挡停留片刻。在空挡位置时，变速器输入轴各零件已与发动机中断了动力传递且转动惯量较小，再加上中间轴齿轮有搅油阻力，所以 v_2 下降较快，如图 3-15（a）所示；而整个汽车的转动惯量大，导致接合套 3 的圆周速度 v_3 下降慢，所以在空挡等待片刻就会出现同步点（v_3 和 v_2 相交点），即 $v_3 = v_2$。此时将接合套左移与一轴常啮合齿轮 2 上的齿圈啮合挂入五挡，不会产生冲击。为了使换挡过程加快，可以在摘下四挡后

立即抬起离合器踏板，利用发动机怠速工况迫使一轴更快地减速，v_2 下降较快，如图 3-15（a）中虚线所示，同步点出现得早，缩短了换挡时间。

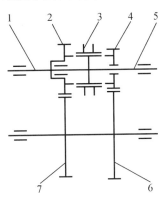

图 3-14 无同步器五挡变速器的四、五挡结构简图

1——轴；2——轴常啮合齿轮；3—接合套；4—二轴四挡齿轮；5—二轴；6—中间轴四挡齿轮；7—中间轴常啮合齿轮

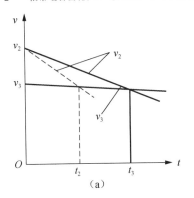
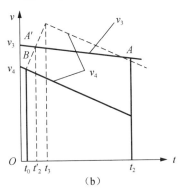

图 3-15 无同步器的换挡过程

（a）低挡换高挡；（b）高挡换低挡

2）高挡换低挡（五挡换四挡）。变速器在五挡工作时以及由五挡换入空挡的瞬间，接合套 3 与一轴常啮合齿轮 2 接合齿圈圆周速度相同，即 $v_3 = v_2$，因 $v_2 > v_4$，故 $v_3 > v_4$，如图 3-15（b）所示。但在空挡时 v_4 下降得比 v_3 快，即 v_4 与 v_3 不会出现相交点，不可能达到自然同步状态。所以，驾驶员应在变速器退回空挡后立即抬起离合器踏板，同时踩下加速踏板，使发动机连同离合器从动盘和一轴都从 B 点开始升速，让 $v_4 > v_3$，如图 3-15（b）中虚线所示。再踩下离合器踏板稍等片刻，当 $v_3 = v_4$（同步器点 A）时，即可换入四挡。

理论上，在图 3-15（b）中还有一次同步时刻 A'，利用这一点可以缩短换挡时间。由于此点是踩加速踏板过程中出现的，要求驾驶员操作熟练。

由此可见，若要使无同步器变速器换挡时不产生换挡冲击，需采取较复杂的操作，驾驶员容易产生疲劳。

同步器是在接合套的基础上发展起来的，下面介绍同步器结构和工作原理，进一步了解同步器的作用。

3.3.2 同步器的结构和工作原理

目前常用的同步器多是摩擦式惯性同步器。按锁止装置不同,同步器可分为锁环式惯性同步器和锁销式惯性同步器。

1. 锁环式惯性同步器

(1) 构造

锁环式惯性同步器的构造如图 3-16 所示。花键毂 7 内花键套装在二轴的外花键上,并用垫圈、卡环轴向定位。花键毂 7 两端与齿轮 1 和齿轮 4 之间,各有一个铜合金制成的锁环(即同步环)5 和 9。锁环上有短花键齿圈,且花键的尺寸和齿数与花键毂、齿轮 1 和齿轮 4 的外花键齿相同。两个齿轮和锁环上的花键齿,在靠近接合套 8 的一端都有倒角(锁止角),并与接合套齿端的倒角相同。锁环有内锥面,并与齿轮 1 和齿轮 4 的外锥面的锥角相同。在环锁内锥面上制有细密的螺纹(或直槽)。当锥面接触后,螺纹能及时破坏油膜,并增加锥面间的摩擦力。锁环内锥面摩擦副称为摩擦件,而外沿带倒角的接合齿圈是锁止件。在锁环上还有三个均布的缺口 12。三个滑块 2 分别装在花键毂 7 上三个均布的轴向槽 11 内,并沿槽可以轴向移动。滑块 2 被两个弹簧圈 6 的径向力压向接合套,并且滑块中部的凸起部位压嵌在接合套中部的环槽 10 内。滑块和弹簧圈是推动件。滑块两端伸入锁环 5 的缺口 12 中。滑块窄,缺口宽,并且两者之差等于锁环的花键齿宽。锁环相对滑块顺转和逆转都只能转动半个齿宽,且只有当滑块位于锁环缺口的中央时,接合套与锁环才能接合。

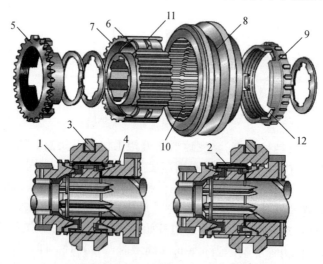

图 3-16 锁环式惯性同步器的构造

1——轴待啮合齿轮(接合齿圈);2—滑块;3—拨叉;4—二轴齿轮;5、9—锁环(同步环);6—弹簧胀圈;
7—花键毂;8—接合套;10—环槽;11—轴向槽;12—缺口

(2) 工作原理

以二挡换三挡为例,说明同步器的工作原理,如图 3-17 所示。

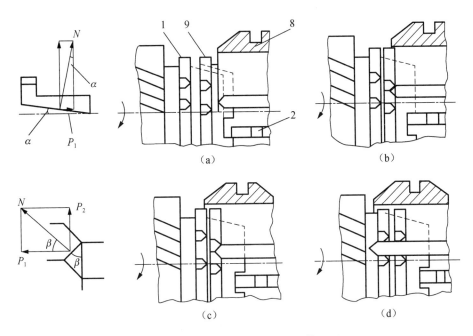

图 3-17　锁环式惯性同步器的工作原理

1—待啮合齿轮（接合齿圈）；2—滑块；8—接合套；9—锁环（同步环）

1）在空挡位置。当接合套 8 刚从二挡退入空挡时，如图 3-17（a）所示，三挡齿轮 1、接合套 8、锁环 9 及与其有关联的运动件，因惯性作用而沿原方向继续旋转（图示箭头方向）。因为齿轮 1 是高挡齿轮（相对于二挡齿轮来说），所以接合套 8、锁环 9 的转速低于齿轮 1 的转速。

2）挂挡。若要换入三挡，驾驶员通过变速杆使拨叉 3 推动接合套 8 连同滑块 2 一起向左移动，如图 3-17（b）所示，滑块又推动锁环移向齿轮 1，使锥面接触。驾驶员作用在接合套上的轴向推力，使两锥面有正压力 N，又因两者有转速差，所以产生摩擦力矩。通过摩擦作用，齿轮 1 带动锁环相对于接合套向前移动一个角度，直至锁环缺口靠在滑块的另一侧（上侧）为止。此时，接合套的内齿与锁环错开了约半个齿宽，接合套的齿端倒角面与锁环的齿端倒角面互相抵住。

3）锁止。驾驶员的轴向推力使接合套的齿端倒角面与锁环的齿端倒角面之间产生正压力，并形成一个试图推动锁环相对于接合套反转的力矩，称为拨环力矩。这样，在锁环上同时作用方向相反的摩擦力矩和拨环力矩，并且同步器的结构参数可以保证在同步前（存在摩擦力矩）拨环力矩始终小于摩擦力矩，所以在同步之前无论驾驶员施加多大的操纵力，都不会挂上挡，即产生锁止作用，如图 3-17（b）所示。

4）同步啮合。随着驾驶员施加于接合套上的推力加大，摩擦力矩也不断增加，这使齿轮 1 的转速迅速降低。当齿轮 1、接合套 8 和锁环 9 达到同步时，作用在锁环上的摩擦力矩消失。此时，在拨环力矩的作用下，锁环 9、齿轮 1 及与之相连的各个零件都相对于接合套反转一个角度，并且滑块 2 处于锁环缺口的中央，如图 3-17（c）所示。键齿不再抵触，并且锁环的锁止作用消除。接合套压下弹簧继续左移（滑块因脱离接合套的内环槽而不能左移），并与锁环的花键齿圈进行啮合，进而与齿轮 1 进行啮合，如图 3-17（d）所示，换入三挡。

锁环式惯性同步器尺寸小、结构紧凑、摩擦力矩小，因而多用于轿车和轻型货车。

2．锁销式惯性同步器

大、中型货车普遍采用锁销式惯性同步器。下面以东风 EQ1092 汽车五挡变速器的四挡和五挡同步器为例进行介绍。

四、五挡锁销式惯性同步器的结构如图 3-18 所示。

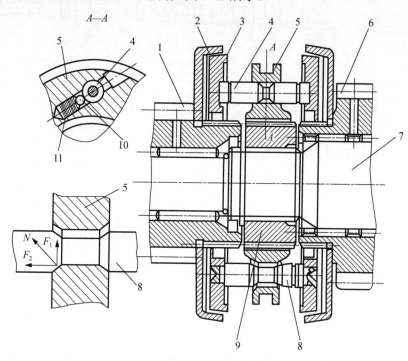

图 3-18　四、五挡锁销式惯性同步器的结构

1—斜齿轮；2—摩擦锥盘；3—摩擦锥环；4—定位销；5—接合套；6—二轴四挡齿轮；7—二轴

8—锁销；9—花键毂；10—钢球；11—弹簧

两个带有内锥面的摩擦锥盘 2，依靠内花键分别固装在带有接合齿圈的斜齿轮 1 和 6 上，并随齿轮一起转动。两个有外锥面的摩擦锥环 3 上有圆周均布的三个锁销 8。三个定位销 4 与接合套 5 装在一起。定位销与接合套的相应孔是滑动配合的。在定位销中部切有一小段环槽，且接合套钻有斜孔，内装弹簧 11，以把钢球 10 顶向定位销中部的环槽，并使接合套处于空挡位置。定位销能随接合套轴向移动。定位销两端伸入两摩擦锥环 3 内侧面的弧线形浅坑，定位销与浅坑有周向间隙，且锥环相对接合套在一定范围内做周向摆动。锁销中部环槽的两端和接合套相应孔两端切有相同的倒角。锁销与孔对中时，接合套才能沿锁销轴向移动。锁销两端铆接在锥环相应孔中。两个锥环、三个锁销、三个定位销和接合套构成一个部件，套在花键毂 9 的齿圈上。

锁销式惯性同步器的工作原理与锁环式惯性同步器类似。

换挡时，接合套受到拨叉的轴向推力作用，通过钢球 10、定位销 4 推动摩擦锥环 3 向前移动。摩擦锥环与摩擦锥盘有转速差，故接触后的摩擦作用使锥环和锁销相对于接合套转

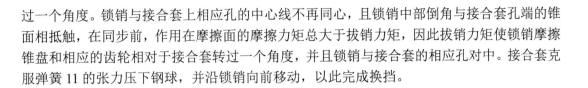

过一个角度。锁销与接合套上相应孔的中心线不再同心，且锁销中部倒角与接合套孔端的锥面相抵触，在同步前，作用在摩擦面的摩擦力矩总大于拔销力矩，因此拔销力矩使锁销摩擦锥盘和相应的齿轮相对于接合套转过一个角度，并且锁销与接合套的相应孔对中。接合套克服弹簧 11 的张力压下钢球，并沿锁销向前移动，以此完成换挡。

3.4　手动变速器的操纵机构

手动变速器操纵机构的作用是保证驾驶员准确可靠地将变速器挂入所需要的挡位，并随时退至空挡。

变速器操纵机构按照变速操纵机构（变速杆）位置的不同，可分为直接操纵式和远距离操纵式两种类型。

3.4.1　直接操纵式

直接操纵式变速器布置在驾驶员座位附近，并且变速杆由驾驶室底板伸出，因此驾驶员可以直接操纵。如图 3-19 所示，解放 CA1091 中型货车六挡变速器操纵机构就采用这种形式，并多用于发动机前置后轮驱动的汽车。

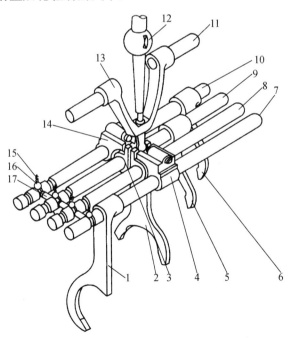

图 3-19　解放 CA1091 中型货车六挡变速器的直接操纵机构

1—五、六挡拨叉；2—三、四挡拨叉；3—一、二挡拨块；4—五、六挡拨块；5—一、二挡拨叉；6—倒挡拨叉；
7—五、六挡拨叉轴；8—三、四挡拨叉轴；9—一、二挡拨叉轴；10—倒挡拨叉轴；11—换挡轴；12—变速杆；
13—叉形拨杆；14—倒挡拨块；15—自锁弹簧；16—自锁钢球；17—互锁销

拨叉轴 7、8、9 和 10 的两端均支承于变速器盖和相应孔中，并可以轴向滑动。所有拨叉和拨块都以弹性销固定于相应的拨叉轴上。三、四挡拨叉 2 的上端具有拨块。拨叉 2 和拨块 3、4、14 的顶部制有凹槽。当变速器处于空挡时，各凹槽在横向平面内对齐，叉形拨杆 13 下端的球头即可伸入这些凹槽。选挡时，可使变速杆绕其中部球形支点横向摆动，其下端推动叉形拨杆 13 绕换挡轴 11 的轴线摆动，从而使叉形拨杆下端球头对准所选挡位所对应的拨块凹槽。然后，若再使其纵向摆动，则带动拨叉轴及拨叉向前或向后移动，即可实现挂挡。例如，横向摆动变速杆，并使叉形拨杆下端球头伸入拨块 3 顶部凹槽中；拨块 3 连同拨叉轴 9 和拨叉 5 若沿纵向向前移动一定距离，便可挂入二挡；若向后移动一段距离，则挂入一挡。当使叉形拨杆下端球头伸入拨块 14 的凹槽中，并将拨叉轴向前移动一段距离时，便挂入倒挡。

各种变速器由于挡位数及挡位排列位置不同，拨叉和拨叉轴的数量及排列位置也不相同。例如，上述六挡变速器的六个前进挡用了三根拨叉轴，且倒挡独立使用了一根拨叉轴，共有四根拨叉轴；东风 EQ1092 的五挡变速器具有三根拨叉轴，其中二、三挡和四、五挡各占一根拨叉轴，而一挡和倒挡共用一根拨叉轴。

3.4.2 远距离操纵式

在有些汽车上，变速器离驾驶员座位较远，需要在变速杆与拨叉之间加装一些辅助杠杆或一套传动机构，以构成远距离操纵机构。这种操纵机构多用于发动机前置前轮驱动的轿车，如大众桑塔纳 2000 轿车的五挡手动变速器。变速器安装在前驱动桥处，并远离驾驶员座椅，因此需要采用这种操纵方式，如图 3-20 所示。

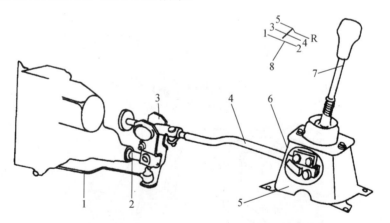

图 3-20　大众桑塔纳 2000 轿车五挡手动变速器的远距离操纵机构

1—支撑杆；2—内变速杆；3—变速杆接合器；4—外变速杆；5—倒挡保险挡块；
6—换挡手柄座；7—变速杆；8—换挡标记

在变速器壳体上具有类似于直接操纵式的内换挡机构，如图 3-21 所示。

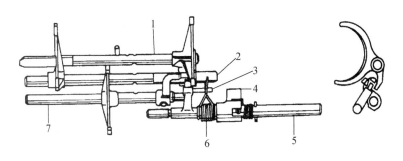

图 3-21   大众桑塔纳 2000 轿车五挡手动变速器的内换挡机构

1—五、倒挡拨叉轴；2—三、四挡拨叉轴；3—定位拨销；4—倒挡保险挡块；5—内变速杆；6—定位弹簧；7—一、二挡拨叉轴

另外，有些轿车和轻型货车的变速器，变速杆安装在转向管柱上，如图 3-22 所示。因此，在变速杆与变速器之间也是通过一系列的传动件进行传动的，这也是远距离操纵方式。它具有变速杆占据驾驶室空间小、乘坐方便等优点。

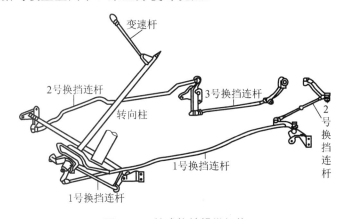

图 3-22   柱式换挡操纵机构

3.4.3   换挡锁装置

为了保证变速器在任何情况下都能准确、安全、可靠地工作，变速器操纵机构一般具有换挡锁装置。换挡锁装置包括自锁装置、互锁装置和倒挡锁装置。

1. 自锁装置

自锁装置用于防止变速器自动脱挡或挂挡，并保证轮齿以全齿宽啮合。大多数变速器的自锁装置采用自锁钢球对拨叉轴进行定位锁止。如图 3-23 所示，在变速器盖中，钻有三个深孔，孔中装入自锁钢球和自锁弹簧，且位置处于拨叉轴的正上方。每根拨叉轴对着钢球的表面沿轴向设有三个凹槽，且槽的深度小于钢球的半径。当中间的凹槽对正钢球时，为空挡位置；当前边或后边的凹槽对正钢球时，处于某一工作挡位置。相邻凹槽之间的距离保证齿轮处于全齿长啮合，或完全退出啮合。凹槽对正钢球时，钢球便在自锁弹簧的压力作用下嵌入该凹槽，此时拨叉轴的轴向位置被固定，且不能自行挂挡或自行脱挡。当需要换挡时，驾驶员通过变速杆对拨叉轴施加一定的轴向力，并克服自锁弹簧的压力，而将自锁钢球从拨叉轴的凹槽中挤出，并推回孔中。拨叉轴便可滑过钢球而进行轴向移动，并带动拨叉及相应的接合套或滑动齿轮轴向移动。当拨叉轴移至另一个凹槽并与钢球相对正时，钢球又被压入凹槽。驾驶员具有清晰的手感，此时拨叉所带动的接合套或滑动齿轮便被拨入空挡，或被拨入另一个工作挡位。

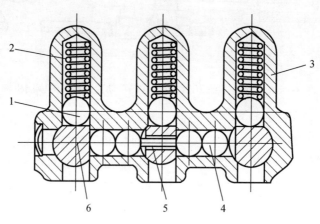

图 3-23　自锁装置

1—自锁钢球；2—自锁弹簧；3—变速器盖；4—互锁钢球；5—互锁销；6—拨叉轴

2. 互锁装置

互锁装置用于防止同时挂上两个挡位。如图 3-24 所示，互锁装置由互锁钢球和互锁销组成。

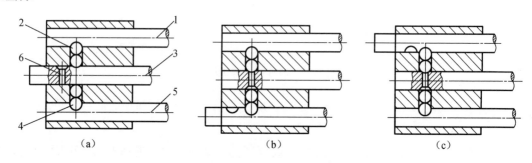

（a）　　　　　　　　　　（b）　　　　　　　　　　（c）

图 3-24　互锁装置工作示意图

1、3、5—拨叉轴；2、4—互锁钢球；6—互锁销

当变速器处于空挡时，所有拨叉轴的侧面凹槽同互锁钢球、互锁销在一条直线上。当移动中间拨叉轴 3 时，如图 3-24（a）所示，拨叉轴 3 两侧的内钢球从其侧凹槽中被挤出，两个外钢球 2 和 4 则分别嵌入拨叉轴 1 和拨叉轴 5 的侧面凹槽中，将拨叉轴 1 和拨叉轴 5 刚性地锁止在其空挡位置。若要移动拨叉轴 5，应先将拨叉轴 3 退回到空挡位置。在移动拨叉轴 5 时，钢球 4 便从拨叉轴 5 的凹槽中被挤出，同时通过互锁销 6 和其他钢球，拨叉轴 3 和拨叉轴 1 均被锁止在空挡位置，如图 3-24（b）所示。同理，当移动拨叉轴 1 时，拨叉轴 3 和拨叉轴 5 被锁止在空挡位置，如图 3-24（c）所示。由此可知，互锁装置工作的机理是当驾驶员用变速杆推动某一个拨叉轴时，其余拨叉轴被自动锁止，从而防止同时挂上两个挡位。

有的三挡变速器将自锁和互锁装置合二为一，如图 3-25 所示，其中 $a = b$，使同时只能移动一根拨叉轴，实现互锁。

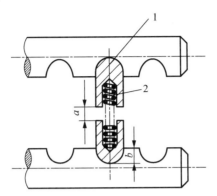

图 3-25 合二为一的自锁和互锁装置

1—拨叉轴；2—锁止弹簧

3．倒挡锁装置

倒挡锁装置用于防止误挂倒挡。图 3-26 所示为常见的锁销式倒挡锁装置。当驾驶员想挂倒挡时，必须用较大的力使变速杆 4 下端压缩倒挡锁弹簧 2，并且只有将锁销推入锁销孔内，才能使变速杆下端进入倒挡拨块 3 的凹槽中进行换挡。由此可见，倒挡锁的作用是使驾驶员必须对变速杆施加更大的力，才能挂入倒挡；同时起到警示作用，以防误挂倒挡。

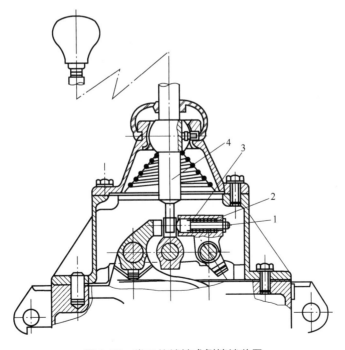

图 3-26 常见的锁销式倒挡锁装置

1—倒挡锁销；2—倒挡锁弹簧；3—倒挡拨块；4—变速杆

3.5 手动变速器的检修

1. 变速叉的检查

变速叉的损坏现象是叉的弯曲和扭曲，叉上端导动块和叉下端端面磨薄成沟槽，从而影响齿轮正常啮合，导致跳挡故障。变速叉弯扭后，可用敲击法校正。若导动块和端面磨损严重，应进行焊修或更换。变速叉轴弯曲、锁销及定位球磨损，定位弹簧弹力过小和折断均会引起跳挡。

2. 轴和轴承内座圈的检查

1）分别用游标卡尺测量输出轴凸缘的厚度和内座圈外径，如图 3-27 和图 3-28 所示。

图 3-27 测量输出轴凸缘厚度

图 3-28 测量内座圈外径

2）用外径千分尺检查各轴的轴颈，用百分表检查各轴的径向圆跳动，如图 3-29 和图 3-30 所示。轴颈及花键不应有严重磨损，径向圆跳动量应不超过 0.05mm，否则应更换或校正。

图 3-29 测量输出轴轴颈外径

图 3-30 测量输出轴径向圆跳动

3）装好轴承和内座圈后，用百分表检测齿轮与内座圈之间间隙，如图 3-31 所示。标准间隙为 0.009~0.060mm，极限间隙为 0.15mm，如果超标应更换轴承。

3. 齿轮和花键的检修

1）目视检查所有齿轮和花键，如果有明显损坏应更换。

2）目视检查齿轮齿面是否有斑点，如果有轻微斑点，在不影响质量的情况下可用油石修磨，如果斑点面积超过 15%，必须予以更换，如图 3-32 所示。

图 3-31　检查齿轮与内座圈之间的间隙　　　图 3-32　检查齿轮齿面是否有斑点

3）检查齿厚磨损，如果磨损超过 0.2mm，应更换齿轮。

4）检查齿长磨损，如果磨损超过 15%，应更换齿轮。

4．同步器的检修

1）检查同步器齿毂的花键部位和接合套是否损坏或磨损，如图 3-33 所示，把齿毂装配在齿套中，检查齿毂和齿套是否过松及齿毂、齿套是否歪斜。

2）用塞尺测量同步锁环齿端与相配合接合齿端的间隙，标准值为 0.8～1.2mm，使用限度为 0.5mm，当间隙达到或超过使用限度时应更换新锁环，如图 3-34 所示。

图 3-33　检查花键毂和接合套　　　图 3-34　检查同步环的磨损

3）目视检查同步器滑块、同步器弹簧的磨损情况，如图 3-35 所示。

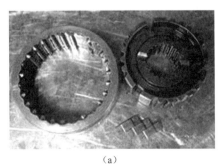

（a）　　　　　　　　　　　　　　　　（b）

图 3-35　检查同步器

4）检查各轴弹性挡圈及卡环是否损坏变形，如损坏或变形严重应予以更换。

5）检查各锁球弹簧是否损坏，测量弹簧自由长度标准为 19.5mm 使用限度为 17mm，如果弹簧损坏或自由长度小于使用限度，应予以更换。

6）检查各换挡轴的磨损情况。锁球边缘磨损严重应及时更换换挡叉轴，否则易引起变速器跳挡。

7）检查各换挡拨叉是否损坏或磨损，如拨叉损坏或叉脚磨损严重应予以更换。

3.6　变速器常见故障诊断与排除

3.6.1　跳挡

1．故障现象

汽车在行驶时，变速器变速杆自动跳回空挡位置，一般发生在中、高速或负荷突然变化（如加速、减速、爬坡等工况）及剧烈振动时。

2．故障原因

1）自锁钢球或变速叉轴上的凹槽磨损严重，自锁弹簧疲劳致使弹力过小或折断等，引起自锁装置失效。

2）齿轮或齿套沿齿长方向磨损成锥形。

3）操纵机构变形松旷，使齿轮未能全齿长啮合或啮合不足。

4）变速器轴、轴承磨损松旷或轴向间隙过大，使轴转动时齿轮啮合不好，发生跳动和轴向窜动。

5）同步器磨损或损坏，换挡叉弯曲，变速杆磨损严重。

3．故障诊断与排除

先热车，采用连续加、减速的方法逐挡进行路试，确定跳挡挡位。然后将变速杆挂入该跳挡挡位，发动机熄火，小心拆下变速器盖进行以下检查：

1）查看齿轮啮合情况，如啮合良好，应检查变速器轴锁止机构。

2）用手推动变速杆，如无阻力或阻力过小，说明自锁装置失效，应检查自锁钢球和变速叉轴上的凹槽是否磨损严重，自锁弹簧是否弹力过小或折断。如是，则更换。

3）检查齿轮的啮合情况，如齿轮未完全啮合，用手推动跳挡的齿轮或齿套能正确啮合，应检查变速叉是否弯曲或磨损严重，以及变速叉固定螺钉是否松动。如变速叉弯曲，应校正；如变速叉下端磨损或滑动齿轮槽过度松旷，应拆下修理。

4）若变速机构良好，而齿轮或齿套又能正确啮合，应检查齿轮是否磨损成锥形，如是，应更换。

5）检查轴承和轴的磨损情况，如轴磨损严重、轴承松旷或变速轴沿轴向窜动，应拆下修理或更换。

6）检查同步器工作情况，如有故障，应修理或更换。

7）检查变速器固定螺栓，如松动，应紧固。

3.6.2　乱挡

1. 故障现象

变速杆不能挂入所需要的挡位、一次挂入两个挡位或挂挡后不能退回空挡。

2. 故障原因

1）变速杆定位销折断或球孔、球头磨损松旷。

2）互锁销磨损严重而失去互锁作用。

3）变速杆下端拨头的工作面或拨叉轴上拨块的凹槽磨损严重。

3. 故障诊断与排除

1）挂需要的挡位时，结果挂入其他挡位：摇动变速杆，检查其摆动角度，若超出正常范围，则故障由变速杆下端球头定位销与定位槽配合松旷或球头、球孔磨损严重引起。若变速杆能摆转360°，则为定位销折断。

2）如摆转角度正常而仍挂不上挡或摘不下挡，原因是变速杆下端弧形工作面磨损或凹槽磨损而导致下端从凹槽中脱出。

3）同时挂入两个挡互锁装置失效。

3.6.3　挂挡困难

1. 故障现象

汽车起步或在行驶中换挡时，变速器齿轮撞击发响或不能顺利挂入所需的挡位。

2. 故障原因

1）离合器分离不彻底。

2）变速器轴弯曲变形或花键损坏。

3）拨叉或拨叉轴磨损变形或磨损。

4）自锁钢球损坏。

5）同步器磨损或损坏。

6）变速器的操纵机构调整不当（多为远程控制式）。

7）齿轮润滑油不足或过量，齿轮润滑油不符合规定规格。

3. 故障诊断与排除

1）检查离合器是否分离不彻底，如是，排除离合器故障。

2）检查变速叉是否弯曲变形，自锁和互锁钢球是否损坏，弹簧弹力是否过大。

3）检查同步器是否散架，锥环内锥面螺旋槽是否磨损，滑块是否磨损，弹簧弹力是否过小。

4）如上述均正常，则需分解变速器，检查各轴承、花键、齿轮等的工作情况。如轴承、花键过度磨损或齿轮有毛刺，应进行修理或更换。

3.6.4　变速器异响

1．故障现象

变速器齿轮的啮合声或轴承的运转声等噪声过大；变速器发出干磨或撞击等不正常的响声。

2．故障原因

1）变速器齿轮油不足或变质，轴承磨损松旷、疲劳剥落或轴承滚动体破裂。

2）齿轮副不匹配或磨损严重，齿侧间隙过大，齿面有疲劳剥落或个别齿轮损坏、折断等。

3）某些紧固螺栓、变速器操纵机构的连接处松动，拨叉变形或磨损松旷。

4）变速器轴的各轴线不平行，破坏了齿轮的正常啮合而发出不正常的响声。

5）变速器轴弯曲、花键与滑动花键毂磨损松旷、齿轮的轴向间隙过大等。

3．故障诊断与排除

1）若变速器有金属干摩擦声，用手触摸变速器外壳时有烫手的感觉，即为缺润滑油或润滑油的质量不好，应按规定加注或更换齿轮润滑油。

2）若空挡时有响声，但踩下离合器踏板后异响消失，一般为第一轴后轴承磨损松旷或常啮合齿轮啮合不良所致；若变速器挂入各个挡位都有响声，多为第二轴的后轴承发出响声，此时应更换松旷的轴承。

3）若行驶时换入某挡响声明显，即为该挡齿轮磨损；若发出周期性的响声，则为齿轮的个别轮齿损坏。

4）若行驶时听到变速器内有连续而均匀的响声，一般为变速器齿轮磨损使啮合间隙增大所致，若响声轻微，可继续使用。但若听到有敲击声，说明轮齿折断或磨损严重，应更换齿轮。

5）若行驶时某挡位出现无节奏而沉闷的"咯唧"声，多为该挡变速拨叉槽磨损所致，应拆检修理，必要时更换损坏部件。

3.6.5　变速器漏油

1．故障现象

变速器齿轮润滑油从上壳、前后轴承盖或其他部位渗漏，变速器齿轮润滑油减少。

2．故障原因

1）变速器密封衬垫磨损、变形、损坏，或紧固螺栓松动。

2）变速器壳体破裂。

3）放油螺塞松动，通气孔堵塞。

4）齿轮润滑油过多。

3. 故障诊断与排除

1）检查调整变速器油量并检查其质量，进行相应加注、放油或更换。

2）如果连接部位的螺栓松动，应予拧紧。

3）若油封磨损或损坏，应予更换。

4）若加油或放油螺塞处有渗漏，应予拧紧。

5）若壳体有裂纹，应更换壳体。

本 章 小 结

1）变速器的作用是变速、变矩、中断动力传递、改变动力传递方向、对外输出功率。

2）换挡即改变传动比，通过不同的齿轮啮合传动来实现。

3）变速器主要由变速传动机构和操纵机构两大部分组成。变速器传动机构的作用是实现换挡，由变速杆、拨块、拨叉、拨叉轴和锁止装置等构成。

4）变速传动机构是变速器的主体，手动变速器按照工作轴的数量分为二轴式变速器和三轴式变速器两种。

5）同步器的作用是使接合套与待啮合的轮齿迅速同步，缩短换挡时间，防止在同步前啮合而产生齿轮的冲击。

复习思考题

1）为什么在变速器上使用同步器？

2）变速器操纵机构中的安全装置有哪些？各有什么作用？

3）手动变速器乱挡的原因是什么？如何诊断与排除？

实训项目　手动变速器的拆装

一、实训内容

1）手动变速器的结构认识。

2）手动变速器的拆装。

二、实训目的与要求

1）了解手动变速器的构造原理、检测方法。

2）了解常见车型变速器的操作规范要求，掌握变速器分解、安装调整的方法。

3）了解变速器常见故障的原因及排除方法。

4）学会使用拆装和检测的工具和量具。

三、实训设备及工具、量具

1）三轴式变速器总成若干。

2）常用汽车拆装、维修工具，拆装工作台，零件存放台等。

四、学时及分组人数

4 学时，4～6 人分为一组，每组配备一台手动变速器。

五、实训步骤及操作方法

1. 变速器总成的分解

1）将变速器摆放在试验台上，使所有的换挡叉轴处于空挡位置，如图 3-36 所示。

2）拆下离合器推力轴承，如图 3-37 所示。

图 3-36　将变速器摆放在试验台上

图 3-37　拆下推力轴承

3）取下放油螺栓，放出变速器油，如图 3-38 所示。

4）拆下选挡、换挡止动螺栓和倒挡止动螺栓。

5）拆下换挡机构，如图 3-39 所示。

图 3-38　取下放油螺栓

图 3-39　拆下换挡机构

6）卸下变速器的后壳体，如图 3-40 所示。由于有密封胶，拆卸时可用木槌或铜棒敲击，如图 3-41 所示。

图 3-40 　拆下变速器后盖

图 3-41 　铜棒敲击

7）分解变速器上下壳体，拆下上壳体，如图 3-42 所示。

8）拔出输入轴和输出轴总成，如图 3-43 所示。

图 3-42 　上下壳体分离

图 3-43 　拔出输入轴和输出轴总成

2. 变速器输出轴总成的分解与组装

1）将第一轴和第二轴分开，如图 3-44 所示。

图 3-44 　分开第一轴和第二轴

2）拆下三、四挡花键毂卡环，取下花键毂和三挡从动齿轮及同步器锁环，如图 3-45 和图 3-46 所示。

图 3-45　三、四挡花键毂

图 3-46　三挡从动齿

3）用卡环钳拆下卡环，取出车速里程表传动齿轮，如图 3-47 所示。

4）用专用工具取下卡环，拉出后端支承轴承，如图 3-48 所示。

图 3-47　取下卡环

图 3-48　取下轴承

5）取下五挡从动齿轮卡环，后端轴承，取下五挡从动齿轮及同步器，如图 3-49 所示。

6）取下同步器卡环，拆下五、倒挡同步器，如图 3-50 所示。

图 3-49　取下卡环及齿轮

图 3-50　取下五、倒挡同步器

7）拆卸倒挡从动齿轮，如图 3-51 所示。

8）用专用工具拆卸，中间支承轴承，如图 3-52 所示。

图 3-51　拆卸倒挡从动齿轮

图 3-52　拆卸轴承

9）分别拆卸一挡从动齿轮，一、二挡同步器，二挡从动齿轮，如图 3-53～图 3-55 所示。

10）按照分解的反顺序对输出轴进行组装，如图 3-56 所示。

图 3-53　拆卸一挡从动齿轮

图 3-54　拆卸一、二挡同步器

图 3-55　拆卸二挡从动齿轮

图 3-56　输出轴组装总成

3．变速器换挡机构的拆卸

1）用专用工具取出一、二挡拨叉和三、四挡拨叉的定位销，如图 3-57 所示。注意：在取定位销时一定要使定位销的位置与变速器壳体上的装配工艺槽的位置相对应。

2）取下 3 根拨叉轴，并取出自锁和互锁弹簧、钢珠及互锁销，如图 3-58 所示。

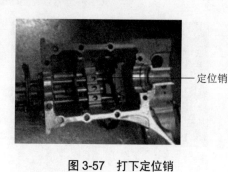

图 3-57　打下定位销

图 3-58　取下换挡拨叉轴

3）注意事项：

a. 严格拆装程序并注意操作安全。

b. 注意各零件、部件的清洗和润滑。

c. 分解变速器时不能用手锤直接敲击零件，必须采用铜棒或硬木垫进行冲击。

d. 拉出换挡叉轴时，应注意不可使锁止钢球、弹簧飞出。注意：避免钢球、弹簧和互锁销丢失。

4. 变速器的装配

变速器的安装程序和分解程序相反。安装注意事项如下：

1）变速器安装时使用的所有部件，必须清洗干净。

2）安装前，对变速器内有滑动和摩擦表面的部件，要用变速器机油润滑。

3）在安装输出轴是同步器时，一定要将同步器毂的位置安装正确，接合套外带拨叉槽的一端应朝前。

4）安装壳体总成时，应注意检查锁球、弹簧、互锁销不许漏装。

5）安装倒挡齿轮时，注意齿轮齿的一端有倒挡角。安装输入轴及中间轴上的倒挡齿轮时，其齿有倒挡角的一端朝外，而倒挡滑动齿轮齿上有倒角的一端应朝里。

6）将变速器各壳体组装在一起时，应先擦干净各壳体的接合面，在接合面上均匀地涂上一层密封剂，经过几分钟后，再将各壳体装配在一起。组装上、下壳体时，应注意要将各换挡拨叉插入各自的同步器啮合套的槽里。壳体对齐后，均匀地依次将各紧固螺栓拧紧，注意拧力要大小一致。

第4章 自动变速器

1．熟悉自动变速器的作用、分类、组成和基本工作原理。

2．掌握液力变矩器的组成及工作原理。

3．掌握行星齿轮变速机构的组成、结构和动力传递路线的分析。

4．掌握换挡离合器、换挡制动器、单向离合器的结构及工作原理。

5．掌握辛普森式行星齿轮机构的结构及工作原理。

6．掌握拉维娜式行星齿轮机构的结构及工作原理。

7．了解自动变速器液压操纵系统的组成、基本工作原理和换挡工作原理，并了解主要液压元件的基本工作原理。

4.1 自动变速器概述

自动变速器是相对于手动变速器而言的一种能够自动根据汽车车速和发动机转速来进行自动换挡操纵的变速装置。

4.1.1 自动变速器的作用

变速器是在发动机和汽车驱动轮之间进行动力传递的装置，是汽车的重要组成部分。它与发动机相匹配，通过改变变速器的传动比，可以使汽车在不同的使用条件下得到不同的牵引力和速度，同时确保发动机在最佳工况范围内工作。变速器还能在发动机转动方向不变的条件下，保证汽车实现倒车，并能随时切断发动机与传动系统的动力传递。手动变速器依靠驾驶员操纵变速杆并配合离合器踏板和加速踏板来控制变速器中的齿轮进行不同的组合，以适应各种不同的行驶条件。一旦路况复杂，驾驶员就容易疲劳。自动变速器可以实现自动变速、连续变转矩、换挡时无须中断动力的传递，可以使驾驶员的操纵更加轻便，同时提高汽车行驶的机动性、安全性和越野性。

4.1.2 自动变速器的分类

自动变速器有机械式自动变速器（AMT）、液力机械自动变速器（AT）、双离合变速器（DCT）和无级钢带式自动变速器（CVT）四大类。本章只介绍液力机械式自动变速器，故以后所说"自动变速器"即指液力机械式自动变速器。

按照在车上的布置方式，自动变速器可分为前置后驱式、前置前驱式（又称自动变速驱动桥）和四轮驱动式。

按照换挡控制方式可分为液控自动变速器和电控自动变速器。

按照齿轮变速机构，自动变速器可分为行星齿轮式和平行轴式（日本本田公司自动变速器）。

4.1.3 自动变速器的组成

1．液控自动变速器

液压控制自动变速器通过汽车节气门开度和车速的变化引起控制系统的压力变化，并按照设定的换挡规律，操作换挡执行元件实现自动换挡，其工作过程如图 4-1 所示。

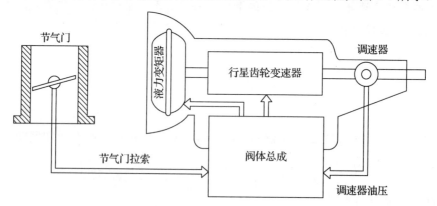

图 4-1　液控自动变速器的工作过程

液控自动变速器主要由液力元件、行星齿轮变速器、液压操纵系统及冷却滤油装置等几部分组成。

目前液力元件为变矩器。其功能是在一定范围内自动、连续地改变转矩比，以满足不同行驶阻力的要求。

行星齿轮机构提供数个前进挡和一个倒挡。行星齿轮机构的基本组成元件包括太阳轮、齿圈、行星架（行星架上有若干个行星轮）。

液压操纵系统包括动力源、执行机构和液压控制系统，用来实现控制行星齿轮机构自动换挡。动力源包括液压泵和主调压阀等，产生系统所需的油压。执行机构包括由液压活塞驱动的离合器、制动器和纯机械的单向离合器，离合器、制动器和单向离合器可以称为执行元件。执行元件用来控制行星齿轮机构的元件（太阳轮、齿圈、行星架），可以使某个元件接受动力成为输入元件，也可以使某个元件固定或自由转动，自动地形成特定的挡位。液压控制系统的各种控制阀大多集中在阀体总成上，调速器阀（调速阀）一般在自动变速器输出轴上。液压控制系统根据汽车行驶中换挡参数的变化，引导压力油流进或流出特定执行元件的活塞缸，使执行元件产生需要的动作，进而实现自动换挡。

液控自动变速器换挡的直接参数是节气门油压和速控油压，节气门阀产生的节气门油压反映节气门开度的大小，调速阀产生的速控油压反映车速的高低。

冷却油滤装置可以保持油温在适宜的范围内，并滤除各类杂质。一些自动变速器正常油温为 70～90℃。

2．电控自动变速器

电控自动变速器与液控自动变速器相比主要增加了电子控制系统，其操纵系统是电控液压式。自动变速器的电子控制系统与其他汽车电子控制系统一样，由信号输入装置（传感器）、电子控制单元（ECU）和执行元件（电磁阀）组成；ECU 根据各种传感器的信号，发出控制指令，使电磁阀产生动作，进一步通过液压操纵系统实现自动换挡。图 4-2 所示为电控自动变速器的组成示意图。

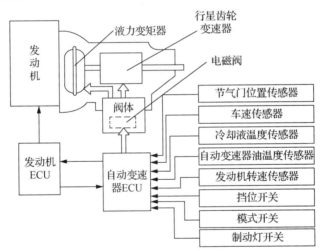

图 4-2　电控自动变速器的组成示意图

电控自动变速器的换挡控制的主要参数是车速信号和节气门开度信号。

4.1.4　自动变速器的特点

与手动变速器相比，自动变速器使汽车具有以下特点：

1）消除了离合器操作和频繁换挡的操作，使驾驶简单、方便，提高了行驶安全性。

2）能自动适应行驶阻力的变化，自动变速，提高了平均车速，且能保证最佳的换挡规律。

3）汽车起步加速更加平稳，提高了乘坐舒适性。

4）因采用液力传动，发动机和传动系为"弹性"连接，减轻了传动系统的冲击负荷，有利于延长相关零部件的使用寿命。

5）传动效率非100%，经济性稍差。

6）制造工艺要求高，造价贵；结构复杂，维修难度大。

7）可驾驭性差，缺乏驾驶乐趣。

4.1.5　自动变速器变速杆的使用

自动变速器的变速杆通常有六个位置，OD OFF 开关的通断控制超速挡，如图 4-3 所示。

——OD OFF开关

图 4-3　自动变速器变速杆位置示意图

其功能如下。

P（parking）：停车挡，又称泊车挡。

汽车停放时，变速器必须置于 P 位，从而通过变速器内部的停车制动装置将输出轴锁住，并拉紧手制动，防止汽车移动。

R（reverse）：倒挡。

该挡位在倒车时使用。自动变速器不像手动变速器那样能够实现半联动，故在倒车时要特别注意加速踏板的控制。注意：当汽车尚未完全停定时，不可以强行切换至该挡位，否则变速器会受到严重损坏。

N（neutral）：空挡。

汽车在起动、拖车和暂时停车时（如红灯等待时），用此挡位。为防止汽车在斜坡上溜动，变速器置于该挡位时一定要踩着制动踏板。此时，发动机与变速器之间的动力已经切断。

D（drive）：前进挡，又称驱动挡。

该挡位下变速器会在一挡至超速挡（相当于一档至四挡）根据速度和节气门开度自动切换。该挡位用于一般路况行驶。

2（second gear）：二挡。

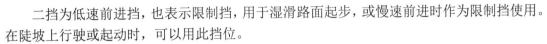

二挡为低速前进挡，也表示限制挡，用于湿滑路面起步，或慢速前进时作为限制挡使用。在陡坡上行驶或起动时，可以用此挡位。

L（low）或 1（first gear）：低速挡，又称一挡。

L 挡也是低速前进挡，在下山路或长距离的斜坡时，选择此挡位，可以限制自动变速器只在最低挡（相当于手动变速器的一挡）上，可以使汽车在下坡时使用发动机动力进行制动，驾驶员不必长时间踩制动踏板导致制动片片过热而发生危险。

只有在变速器置于 N 或 P 位时，汽车才能起动。

4.2　液 力 元 件

自动变速器的液力元件是通过油液的动能来传递发动机动力的。因此，将这种发动机与自动变速器的连接方式称为"柔性连接"或"软连接"。这使得在发动机转速低、自动变速器处于前进挡位时，汽车可保持停止状态。

液力元件的作用如下：

1）传递或改变发动机的转矩。

2）具有离合器的作用。

3）兼有飞轮的作用。

4.2.1　液力变矩器概述

液力变矩器安装在汽车发动机和齿轮变速机构之间，其组成如图 4-4 和图 4-5 所示。它由三个主要元件构成：泵轮、涡轮和导轮。泵轮和涡轮是工作轮，均呈盆形，内部排列有许多径向分布的辐射状的叶片，一般用铝合金精密制造，或采用薄钢板冲压焊接而成。泵轮是液力变矩器的主动元件，它与变矩器外壳刚性连接，与发动机曲轴一起旋转。涡轮是液力变矩器的从动元件，它通过从动轴与变速器的相关部件相连。导轮通过导轮轴与变速器的固定壳体相连。所有工作轮在装配后，形成断面为循环圆的环状体。泵轮、涡轮和导轮是液力变矩器转换能量、传递动力和改变转矩必不可少的基本工作元件。

壳体+泵轮　　导轮　涡轮　锁止离合器

图 4-4　液力变矩器的组成

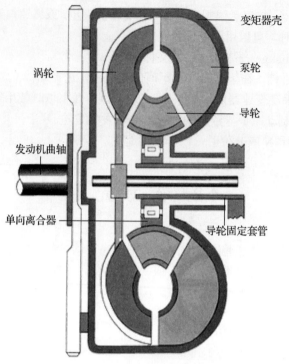

变矩器壳

泵轮

导轮

涡轮

发动机曲轴

单向离合器

导轮固定套管

图 4-5　液力变矩器的组成安装关系

4.2.2　液力变矩器的工作原理

液力变矩器的工作原理可以用两台电风扇做形象描述，如图 4-6 所示，用两台电风扇做模拟试验，一台电风扇接通电源就像变矩器中的泵轮，另一台电风扇不接电源就像涡轮。将两台电风扇对置，当接通电源的电风扇旋转时，产生的气流可以吹动不接电源的风扇，使其转动。这样两个电风扇就组成了耦合器，它能够传递转矩，但不能增大转矩，如果添加一个管道，空气就会从后面通过管道，从没有电源的电风扇回流到有电源的电风扇。这样会增加有电源电风扇吹出的气流。在液力变矩器中，导轮起到了这种空气管道的作用，增加由泵轮流出的自动变速器油的动能。

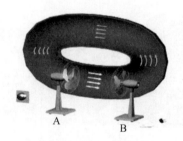

图 4-6　液力变矩器改变力矩的原理示意图

发动机驱动变矩器的泵轮旋转，充满于泵轮叶片间的工作液在离心力的作用下，以一定的速度和压力从泵轮的外缘（泵轮流道的出口）流出，从涡轮的外缘进入涡轮叶片间的流道入口。涡轮获得了由泵轮传来的动力。当发动机转速较低时，涡轮上获得的动力不足以克服阻力而转动，从而使发动机转速低、自动变速器处于前进挡位时，汽车可保持停止状态。

当发动机以较高的转速运转时，在足够的高速液流冲击力作用下，涡轮开始旋转。进入涡轮流道的液流速度降低，并沿着涡轮叶片间的流道流动，同时与涡轮一起做旋转运动。随后油液从涡轮内缘（流道的出口）流出，进入导轮叶片间的流道。如果导轮是固定不动的，则油液在导轮叶片的作用下改变了流动方向后，又重新进入泵轮的入口（泵轮的内缘）。油液以上述方式在泵轮、涡轮和导轮之间不断循环，并传递转矩。

液力变矩器不仅可以传递转矩，而且可以增大转矩，将发动机传来的转矩放大之后再传到变速器的输入轴上，当然这时涡轮的转速就会比泵轮的转速低，变速器输入轴的转速也就比发动机的转速低。液力变矩器转矩增大的作用是由导轮的工作状态决定的。

如图 4-7 所示，在涡轮转速较低时，从涡轮出口流出的工作液流向导轮叶片的正面。这时固定的导轮叶片改变了工作液的流动方向，使之有利于泵轮转动的方向进入泵轮。泵轮加速油液的能力更强，这样油液作用于涡轮上的转矩就可能大于泵轮接收的发动机转矩。因此，液力变矩器实现了增大转矩的作用。但是，当涡轮转速接近泵轮转速时，从涡轮流出的油液冲击导轮叶片的背面，油液将以泵轮转向相反的方向流动。这时导轮必须自由转动，不再改变油液的流向，否则液力变矩器的效率和转矩将急剧下降。所以，单向离合器只允许导轮沿与泵轮相同的方向转动，而不能以与泵轮相反的方向转动。

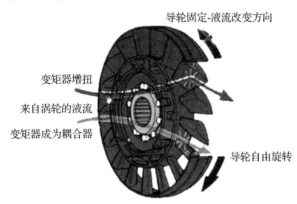

图 4-7 导轮工作状态与液流状况

从液流受力平衡来分析，液力变矩器的转矩增大可以认为是当油液从涡轮流向导轮时，其给导轮一个冲击力，导轮通过液体给涡轮一个反冲力，此反冲力增加了涡轮上的转矩。

液力变矩器的一些特性反映在图 4-8 中，液力变矩器变矩比 K 是涡轮输出转矩 M_T 与泵轮输入转矩 M_B 之比，转速比 i 则是涡轮转速 n_T 与泵轮转速 n_B 之比。当涡轮转速为零时，称为失速点，此时变矩器输出转矩最大，一般为 1.7～2.6。随着涡轮转速的升高，转速比增大，变矩比减小，这一段称为变矩区。当转速比为 0.85 时，变矩比为 1，即输入转矩等于输出转矩。此时液力变矩器开始从变矩区进入耦合区。

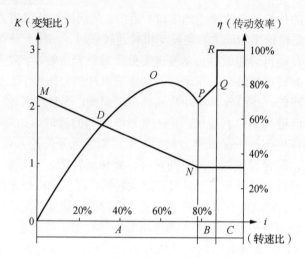

图4-8　液力变矩器的特性曲线

当转速比为零时（失速点），泵轮旋转而涡轮不旋转，最大转矩传递到涡轮，但因涡轮没有旋转，故效率为零。当涡轮开始旋动后，涡轮转矩成正比上升，效率上升，在耦合点稍前一点时达到最大值，然后开始下降（因为部分液流开始冲击导轮叶片的背面）。导轮开始旋转后，可以防止效率进一步下降。液力变矩器开始变为耦合器，因为变矩比约为1，在耦合区内效率与速比成正比例直线上升。当效率接近到100%（还达不到100%）时，涡轮与泵轮的转速几乎相等，液力变矩器中的环流停止，此时无法传递动力。另外，自动变速器油的升温消耗了动能，因此液力变矩器效率无法达到100%，正常约为95%。

4.2.3　带锁止离合器的液力变矩器

泵轮与涡轮之间的转速差最少为4%，相当于泵轮与涡轮之间存在滑移现象，因而无法达到100%的效率。锁止离合器可以将泵轮和涡轮直接连接，即将发动机与机械变速器直接连接，这样提高了液力变矩器的传动效率，从而提高了汽车的燃油经济性。其结构如图4-9所示。

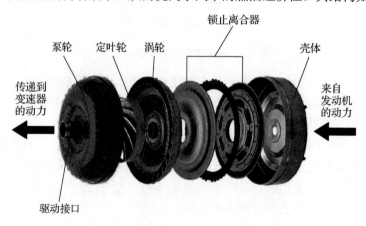

图4-9　带锁止离合器的液力变矩器结构

当汽车在良好路面行驶，车速、挡位等满足条件，锁止离合器需要接合时，进入液力变矩器的油液按图 4-10 所示的方向流动，使锁止离合器向前移动，压紧在液力变矩器壳体上，通过摩擦力矩使两者一起转动。此时发动机的动力经液力变矩器壳体、锁止离合器、涡轮轮毂传给后面的机械变速器，相当于将泵轮和涡轮刚性连接在一起，传动效率为100%。

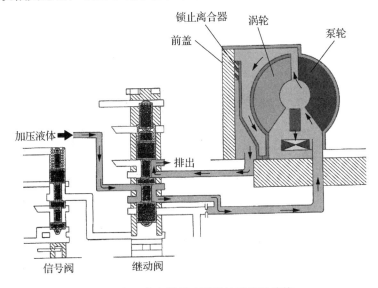

图 4-10　离合器锁止时的油液流动路线

当汽车起步、低速或在恶劣路面上行驶时，应将锁止离合器分离，使液力变矩器具有变矩作用。此时油液按图 4-11 所示的方向流动，将锁止离合器与液力变矩器壳体分离，解除液力变矩器壳体与涡轮的直接连接。

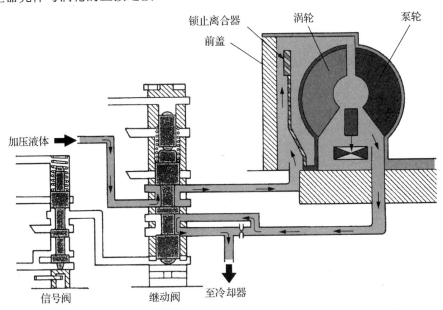

图 4-11　离合器分离时的油液流动路线

4.2.4 液力变矩器的检修

检查液力变矩器时主要针对单向离合器。如图 4-12 所示,装上维修专用工具,使其贴合在液力变矩器毂缺口和单向离合器的外座圈中,转动驱动杆,检查单向离合器工作是否正常,在逆时针方向转动时应锁住,在顺时针方向能自由转动。如有异常,说明单向离合器损坏,应更换液力变矩器。

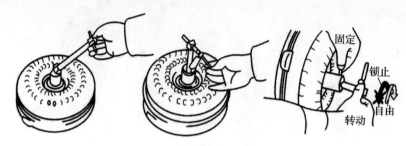

图 4-12　单向离合器的检测

4.3　行星齿轮变速机构

自动变速器的齿轮变速机构普遍采用行星齿轮机构。许多四挡自动变速器是由单排行星齿轮机构和复合行星齿轮机构组合形成的。常见的复合行星齿轮机构有辛普森式行星齿轮机构和拉维娜式行星齿轮机构。

4.3.1　单排行星齿轮机构

1. 单排行星轮系的组成

单排行星轮系由一个齿圈、一个太阳轮、一个行星架和数个行星齿轮组成,其结构如图 4-13 所示。在单排行星齿轮的工作过程中,齿圈、太阳轮和行星架可作为输入、输出或固定元件,行星齿轮一般不具备此功能。

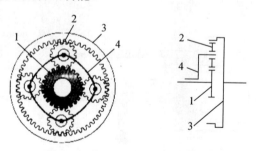

图 4-13　单排行星轮系的结构示意图

1—太阳轮;2—行星齿轮;3—齿圈;4—行星架

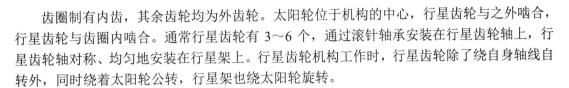

齿圈制有内齿，其余齿轮均为外齿轮。太阳轮位于机构的中心，行星齿轮与之外啮合，行星齿轮与齿圈内啮合。通常行星齿轮有 3～6 个，通过滚针轴承安装在行星齿轮轴上，行星齿轮轴对称、均匀地安装在行星架上。行星齿轮机构工作时，行星齿轮除了绕自身轴线自转外，同时绕着太阳轮公转，行星架也绕太阳轮旋转。

2．单排行星轮系的运动规律

根据机械基础有关行星轮系的传动比计算方法，可以得出表示单排行星齿轮机构运动规律的特性方程式为

$$n_1 + \alpha n_3 - (1+\alpha)n_2 = 0$$

式中　　n_1——太阳轮转速；

　　　　n_3——齿圈转速；

　　　　n_2——行星架转速；

　　　　α——齿圈齿轮 z_3 与太阳轮齿数 z_1 之比，即 $\alpha = \dfrac{z_3}{z_1}$，且 $\alpha > 1$。

一个方程有三个变量，如果将太阳轮、齿圈和行星架中某个元件作为主动（输入）部分，将另一个元件作为从动（输出）部分，则第三个元件不受任何约束和限制，所以从动部分的运动是不确定的。因此，为了得到确定的运动，必须对太阳轮、齿圈和行星架三者中的某个元件的运动进行约束和限制。通过对不同的元件进行约束和限制，可以得到不同的动力传递方式。

1）太阳轮为主动件（输入），行星架为从动件（输出），齿圈被锁定，如图 4-14 所示。此时，$n_3 = 0$，传动比 i_{12} 为

$$i_{12} = \frac{n_1}{n_2} = 1 + \alpha > 1$$

传动比大于 1，说明为减速传动，可以作为减速挡。

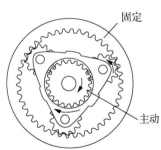

固定

主动

图 4-14　单排行星齿轮工作原理示意图（齿圈锁止）1

2）齿圈为主动件（输入），行星架为从动件（输出），太阳轮被锁止，如图 4-15 所示，此时，$n_1 = 0$，传动比 i_{32} 为

$$i_{32} = \frac{n_3}{n_2} = 1 + \frac{1}{\alpha} > 1$$

传动比大于 1，说明为减速传动，可以作为减速挡。

对比这两种情况的传动比，$i_{12} > i_{32}$，虽然都为减速挡，但 i_{12} 是减速挡中的低挡，而 i_{32} 为减速挡中的高挡。

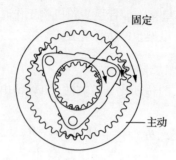

图 4-15　单排行星齿轮工作原理示意图（太阳轮锁止）1

3）行星架为主动件（输入），齿圈为从动件（输出），太阳轮被锁止，如图 4-16 所示。此时，$n_1 = 0$，传动比 i_{23} 为

$$i_{23} = \frac{n_2}{n_3} = \frac{\alpha}{1+\alpha} < 1$$

传动比小于 1，说明为增速传动。可以作为超速挡。

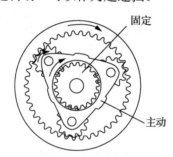

图 4-16　单排行星齿轮工作原理示意图（太阳轮锁止）2

4）行星架为主动件（输入），太阳轮为从动件（输出），齿圈被锁止，如图 4-17 所示。此时，$n_3 = 0$，传动比 i_{21} 为

$$i_{21} = \frac{n_2}{n_1} = \frac{1}{1+\alpha} < 1$$

传动比小于 1，说明为增速传动，可以作为超速挡。

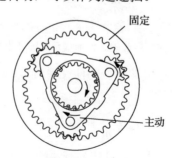

图 4-17　单排行星齿轮工作原理示意图（齿圈锁止）2

5）太阳轮为主动件（输入），齿圈为从动件（输出），行星架被锁止，如图 4-18 所示。此时，$n_3 = 0$，传动比 i_{13} 为

$$i_{13} = \frac{n_1}{n_3} = -\alpha$$

传动比为负值，说明主从动件的旋转方向相反；又 $|i_{13}| > 1$，说明为增速传动，可以作为倒挡。

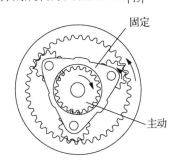

图 4-18　单排行星齿轮工作原理示意图（行星架锁止）

6）如果 $n_1 = n_2$，则可以得到结论 $n_3 = n_1 = n_2$。同样，$n_1 = n_3$ 或 $n_2 = n_3$ 时，均可以得到结论 $n_1 = n_2 = n_3$。因此，若使太阳轮、齿圈和行星架三个元件中的任意两个元件连为一体转动，则另一个元件的转速必然与前两者等速同向转动，即行星齿轮机构中所有元件（包含行星轮）之间均无相对运动，传动比 $i = 1$。这种传动方式用于变速器的直接挡传动。

7）如果太阳轮、齿圈和行星架三个元件没有任何约束，则各元件的运动是不确定的，此时为空挡。

从以上分析结论可以归纳出单排行星齿轮机构传动的一些规律：

① 当行星架被锁止时，行星轮只有自转而无公转。输出元件与输入元件的转动方向相反。

② 当太阳轮被锁止不动，行星架输入，齿圈输出时为超速（增速）传动。

③ 太阳轮与齿圈其中有一元件为输入件，另一元件被锁止不动时，行星架同向减速输出。

④ 如果太阳轮、齿圈和行星架三个元件没有任何约束，则各元件的运动是不确定的，此时为空挡。

⑤ 任意两个元件同速同向输入，行星齿轮机构锁止成为一个整体，成为直接挡传动。

我们可以将行星齿轮机构工作情况归纳为表 4-1 所示。

表 4-1　行星齿轮机构工作情况

状态	挡位	固定部件	输入部件	输出部件	旋转方向
1	减速挡	齿圈	太阳轮	行星架	相同方向
2	超速挡	齿圈	行星架	太阳轮	相同方向
3	减速挡	太阳轮	齿圈	行星架	相同方向
4	超速挡	太阳轮	行星架	齿圈	相同方向
5	倒挡（减速）	行星架	太阳轮	齿圈	相反方向
6	倒挡（超速）	行星架	齿圈	太阳轮	相反方向
7	直接挡	没有	任意两个	第三元件	同向同速
8	空挡	没有	不定	不定	不转动

4.3.2 辛普森式行星齿轮变速机构

1. 典型辛普森式行星齿轮变速器

辛普森式行星齿轮变速器由辛普森式行星齿轮机构及相应的换挡执行元件组成。辛普森式行星齿轮机构由共用一个太阳轮的两组行星齿轮、两个行星架和两个内齿圈组成，该行星齿轮机构只具有四个独立元件：前排齿圈，前、后太阳轮组件，后排行星架，前行星架和后齿圈组件。典型的辛普森式行星齿轮变速器的结构如图 4-19 所示，其传动方案简图如图 4-20 所示。（太阳轮）驱动套与高挡及倒挡离合器毂之间用花键连接。C1 的毂与 C2 的毂是一个整体。前行星架与后齿圈连成一体。单向离合器使后行星架顺时针转动而逆时针固定。

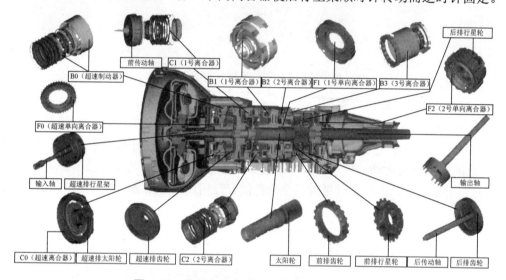

图 4-19 典型辛普森式行星齿轮变速器的结构

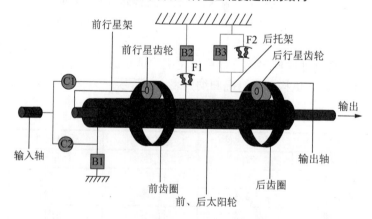

图 4-20 典型辛普森式行星齿轮变速器传动方案简图

各执行机构说明如下。

C1：又称前进挡离合器，C1 钢片和输出轴相连，摩擦片和前齿圈相连，动作时连接输入轴及前齿圈。

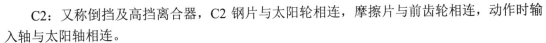

　　C2：又称倒挡及高挡离合器，C2 钢片与太阳轮相连，摩擦片与前齿轮相连，动作时输入轴与太阳轴相连。

　　B1：又称二挡滑行制造器，为带动制动器，动作时固定太阳轮，使其不能顺时针或逆时针旋转。

　　F1 与 B2：F1 内缘为太阳轮，外缘为 B2 摩擦片，B2 钢片与变速器外壳相连，B2 动作时固定 F1 外缘使太阳轮不能逆时针旋转。

　　F2：又称低挡单向离合器，F2 内缘为后行星架相连，外缘为变速器外壳，动作时防止后行星架逆时针旋转。

　　B3：又称倒挡及低挡制动器，在倒挡及锁止挡动作，钢片与变速器外壳相连，摩擦片与行星架相连，动作时固定后行星架，使其不能顺时针或逆时针旋转。

　　该自动变速器可以实现 3 个前进挡、一个空挡和一个倒挡。各挡动力传递路线分析如下。

　　（1）D 位一挡

　　D 位一挡时动作元件：C1、F2。C1 动作连接输入轴及前齿圈顺时针旋转，前行星架暂时固定，输入轴顺时针旋转，带动前齿圈顺时针旋转，带动前行星齿轮顺时针旋转，带动前后太阳轮逆时针旋转，后行星齿轮顺时针旋转，带动后行星架逆时针旋转，F2 动作固定后行星架，带动后齿圈顺时针旋转，动力输出传动比 2.7∶1，如图 4-21 所示。

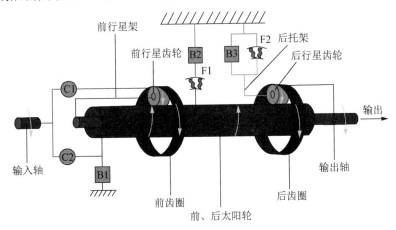

图 4-21　典型辛普森式行星齿轮变速器传动方案 D 位一挡示意图

　　（2）D 位二挡

　　D 位二挡时动作元件：C1、F1、B2。一挡时太阳轮逆时针旋转，B2 动作固定太阳轮，前齿圈顺时针旋转，带动前行星齿轮顺时针旋转，动力经后齿圈顺时针旋转输出，传动比为 1.5∶1，如图 4-22 所示。

　　（3）D 位三挡

　　D 位三挡时动作元件：C1、C2。C1 动作连接输入轴及前齿圈，C2 动作连接输入轴及前后太阳轮，此时前后行星排为一整体，输出传动比为 1∶1，如图 4-23 所示。

　　（4）R 挡

　　R 挡时动作元件：C2、B3。C2 动作连接输入轴及前、后太阳轮，太阳轮顺时针旋转，带动后行星齿轮逆时针旋转，带动后行星架顺时针旋转，B3 动作固定后行星架，所以带动后齿圈逆时针旋转，传动比为 2：1，如图 4-24 所示。

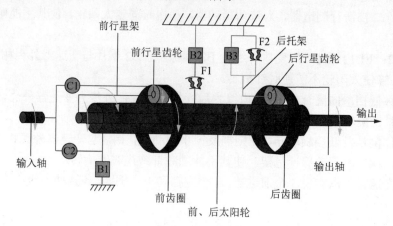

图 4-22　典型辛普森式行星齿轮变速器传动方案 D 位二挡示意图

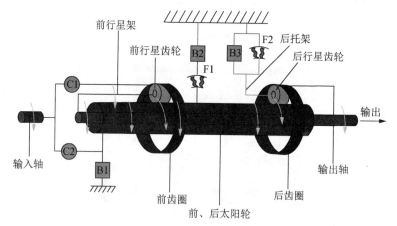

图 4-23　典型辛普森式行星齿轮变速器传动方案 D 位三挡示意图

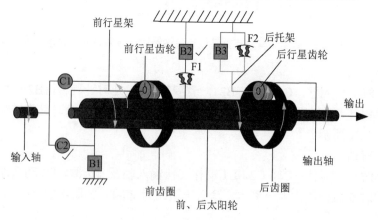

图 4-24　典型辛普森式行星齿轮变速器传动方案 R 挡示意图

（5）L 位一挡

L 位一挡时动作元件：C1、F2、B3。L 位发动机制动时，输出轴顺时针旋转，带动后齿圈顺时针旋转，带动后行星轮顺时针旋转，带动后行星架顺时针旋转，F2 处于跑空状态，B3 动作固定后行星架。太阳轮逆时针旋转，带动前行星轮顺时针旋转，带动前齿圈顺时针旋转，动力经 C1 离合器传至发动机，下长坡时实现发动机制动，如图 4-25 所示。

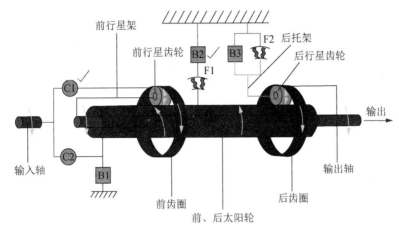

图 4-25　典型辛普森式行星齿轮变速器传动方案 L 位一挡示意图

（6）2 位二挡

2 位二挡时动作元件：C1、F1、B2、B1。二挡发动机制动时后齿圈顺时针旋转，带动前行星架顺时针旋转，前齿圈暂时固定，带动前行星轮逆时针旋转，带动前后太阳轮顺时针旋转，F1 处于跑空状态，B1 动作固定太阳轮，动力经过前齿圈传至发动机，实现发动机制动，如图 4-26 所示。

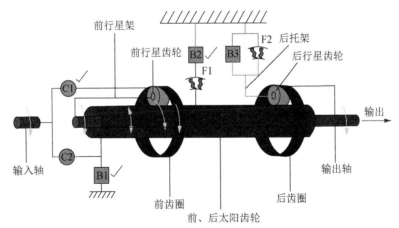

图 4-26　典型辛普森式行星齿轮变速器传动方案 2 位二挡示意图

2．具有附加超速排的四速行星齿轮机构

将辛普森式行星齿轮机构和单排行星齿轮机构以动力传递的顺序串联地组合起来，就可以得到四个前进挡，第四挡通常称为超速挡。典型的具有附加超速排的四速行星齿轮机构，

如图 4-27 所示。

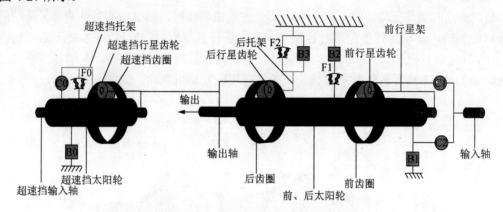

图 4-27 典型的具有附加超速排的四速行星齿轮机构示意图

各执行机构说明如下。

F0：内缘连接太阳轮，外缘连接行星架，当输入轴顺时针旋转时，F0 将输入轴和太阳轮连为一体，实现整体转动。

C0：C0 钢片与太阳轮相连，摩擦片与 O/D 行星架（输入轴）相连，C0 动作将 O/D 行星架及 O/D 太阳轮连为一体，实现整体转动。

B0：B0 钢片与变速器外壳相连，摩擦片与 O/D 太阳轮相连，B0 动作将 O/D 太阳轮固定。

各挡工作原理如下。

（1）D 位一挡

D 位一挡动作元件：C1、F2、C0、F0。C1 动作，带动前齿圈顺时针旋转，带动前行星齿轮顺时针旋转，带动太阳轮逆时针旋转，带动后行星齿轮顺时针旋转，带动后行星架逆时针旋转，F2 动作，将行星架锁止，带动后齿圈顺时针旋转，动力传至 O/D 排，O/D 行星架顺时针旋转，带动 O/D 行星轮逆时针旋转，带动 O/D 太阳轮顺时针旋转，后动作，连接 O/D 行星架与太阳轮的动作，将 O/D 排连为一整体，动力经 O/D 齿圈输出，传动比为 2.7∶1，汽车一挡起步。

（2）D 位二挡

D 位二挡动作元件：C1、B1、F1、C0、F0。一挡时太阳轮逆时针旋转，F1、B1 动作将太阳轮固定，动力经前行星架传至 O/D 排，C0、F0 动作，将 O/D 排连为一体，动力经 O/D 齿圈输出，传动比为 1.5∶1，汽车二挡行驶。

（3）D 位三挡

D 位三挡运作元件：C0、C1、C2、F0。C1、C2 动作将前、后行星排连为一体，C0、F0 动作将 O/D 排连为一体，此时变速器做整体传动，传动比为 1∶1。

（4）D 位四挡

D 位四挡动作元件：C1、C2、B0。B0 动作固定 O/D 太阳轮，O/D 行星架顺时针旋转，带动 O/D 齿圈顺时针旋转，动力经 O/D 齿圈输出，传动比为 0.735∶1。

（5）R 挡

R 挡动作元件：C2、B3、C0、F0。C2 动作连接输入轴及太阳轮，太阳轮顺时针旋转，带动后行星齿轮逆时针旋转，带动行星架顺时针旋转，B3 动作固定行星架动力传至 O/D 排，O/D 行星架逆时针旋转，带动 O/D 行星齿轮顺时针旋转，带动 O/D 太阳轮逆时针旋转，F0 处于跑空状态，C0 动作固定太阳轮，所以带动 O/D 齿圈逆时针旋转，传动比为 2∶1。

（6）L 位一挡

L 位一挡动作元件：C0、F0、C1、F2、B3。输出齿轮逆时针旋转，带动 O/D 行星架逆时针旋转，带动 O/D 行星齿轮顺时针旋转，带动 O/D 太阳轮逆时针旋转，F0 处于跑空状态。C0 动作固定太阳轮，动力经过前、后行星排传至发动机。

（7）2 位二挡

2 位二挡动作元件：C0、F0、F1、B2、B1。二挡时前行星架顺时针旋转，带动前行星齿轮逆时针旋转，带动太阳轮顺时针旋转，B1 动作固定太阳轮，所以带动行星齿轮顺时针旋转，带动前齿圈顺时针旋转，动力输入发动机。

4.3.3　拉维娜式行星齿轮变速机构

1．拉维娜式行星齿轮机构

典型的拉维娜式行星齿轮机构如图 4-28 所示。与辛普森式行星齿轮变速器相比，拉维娜式行星齿轮变速器很紧凑。拉维娜式行星齿轮机构由一个公用齿圈、一大一小两个互相独立的太阳轮、三个长行星齿轮和三个短行星齿轮组成。小太阳轮只与短行星齿轮啮合，大太阳轮只与长行星齿轮啮合，齿圈只与长行星齿轮啮合。短行星齿轮同时与小太阳轮和长行星齿轮啮合，长行星齿轮既与前排短行星齿轮啮合，又与后排大太阳轮、齿圈啮合。行星齿轮可以在各自的轴上转动，所有的行星齿轮轴都固定于两组行星齿轮共用的行星架上。

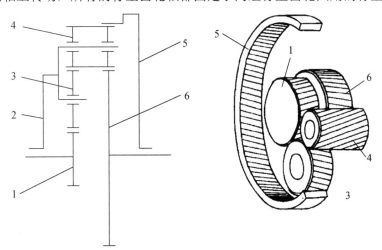

图 4-28　典型的拉维娜式行星齿轮机构

1—小（前）太阳轮；2—行星架；3—短行星齿轮；4—长行星齿轮；5—齿圈；6—大（后）太阳轮

2. 拉维娜式行星齿轮变速机构动力传递路线

图 4-29 为拉维娜式四挡行星齿轮变速机构布置简图。

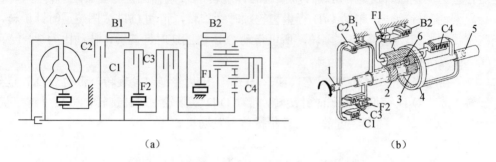

（a）　　　　　　　　　　　　　　（b）

图 4-29　拉维娜式四挡行星齿轮变速机构布置简图

1—输入轴；2—前太阳轮；3—后太阳轮；4—齿圈；5—输出轴；6—短行星齿轮；7—长行星齿轮；C1—前进离合器；
C2—倒挡离合器；C3—前进强制离合器；C4—高挡离合器；B1—二挡及四挡制动器；B2—低挡及倒挡制动器；
F1—低挡单向离合器；F2—前进挡单向离合器

各挡动力传递路线如下。

（1）D 位一挡动力传递路线

小太阳轮→短行星齿轮→长行星齿轮→内齿圈→输出轴。

长行星齿轮在带动内齿圈顺时针转动的同时，对行星架产生逆时针力矩，F1 在逆时针方向和行星架固定。此时，发动机的动力经输入轴、小太阳轮、短行星齿轮、长行星齿轮传给内齿圈和输出轴，如图 4-30 所示。

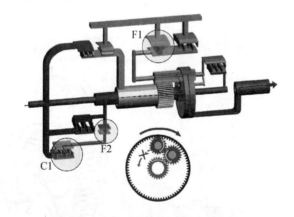

图 4-30　D 位一挡动力传递路线示意图

C1—前进挡离合器；F1—低挡单向离合器；F2—前进向离合器

（2）D 位二挡动力传递路线

小太阳轮→短行星齿轮→长行星齿轮→内齿圈→输出轴。

大太阳轮被制动器 B1 固定，长行星轮在顺时针转动，同时将朝顺时针方向公转，带动内齿圈和输出轴以顺时针转动。发动机动力由小太阳轮经短行星齿轮、长行星齿轮传递至内齿圈和输出轴，将动力输出，如图 4-31 所示。

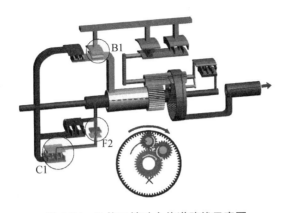

图 4-31　D 位二挡动力传递路线示意图

C1—前进挡离合器；F2—前进挡单向离合器；B1—二挡及四挡制动器

（3）D 位三挡动力传递路线

C1、C2 同时接合，F2 锁止，使输入轴同时和小、大太阳轮相连接。小、大太阳轮同时随输入轴转动，短行星齿轮和长行星齿轮不能作自转，只能同小、大太阳轮一起公转，同时带动行星架以相同的转速转动，此时内齿圈和前、后排行星排所有元件作为整体，传动比为 1，为直接挡传动。

（4）D 位四挡动力传递路线

行星架→长太阳轮→内齿圈→输出轴。

大太阳轮被 B1 固定，行星架带动长行星轮顺时针自转和公转，其公转特性可使内齿圈和输出轴顺时针同步转动，而自转特性可使内齿圈和输出轴相对输入轴顺时针加速传动，它的传动比小于 1，为超速挡。虽然 C1 接合，但 F2 内圈转速高于外圈，所以不影响传动。

（5）倒挡动力传递路线

大太阳轮→长行星轮→内齿圈→输出轴。

由于行星架被固定，长行星齿轮不能自转，从而带动内齿圈和输出轴朝逆时针方向减速传动，实现倒挡。

（6）L 位一挡动力传递路线

动力传动与 D1 相同，驱动轮可通过变速器反拖发动机，利用发动机制动。

4.3.4　平行轴式齿轮变速器

平行轴式齿轮变速器由日本本田公司发明，属于本田公司的专利技术。在本田自动变速器中，只有离合器没有制动器。典型的平行轴式齿轮变速器就是本田变速驱动桥，其齿轮布置如图 4-32 所示。其特点是采用常啮合斜齿轮和直齿轮，齿轮布置情况与手动变速器相似。

这种变速驱动桥有三根互相平行的轴，即第一轴、中间轴和第二轴。第一轴作为输入轴，变矩器的涡轮与锁止离合器将动力传到第一轴。中间轴是输出轴。通过液压控制的离合器把不同的齿轮副锁定在轴上，可实现四个前进挡、一个倒挡和一个空挡。倒挡通过一个拨叉拨动倒挡接合套来实现。

这种变速驱动桥有四个多片离合器和一个单向离合器，控制倒挡离合器的伺服阀是一个换挡执行元件。执行元件根据其左右命名为第一挡离合器、第一挡锁定离合器、第二挡离合器、第三挡离合器、第四挡离合器、单向离合器，还有一个倒挡接合套也可以看作执行元件。离合器的内毂与空套在轴上的齿轮连接，外毂与轴连接。当离合器作用接合时，齿轮将随它的轴一起转动，并传递动力。单向离合器的作用是，当中间轴第一挡齿轮相对于中间轴逆时针转动时，则锁止，顺时针可以自由转动。当中间轴相对于中间轴第一挡齿轮逆时针时可以自由转动，顺时针则锁止。

第一挡锁定离合器的作用是在手动低挡时可以利用发动机制动功能。

以 D 位一挡为例说明动力传递路线，其他挡位与此相似。D 位一挡作用的执行元件是第一挡离合器和单向离合器（图 4-32）。发动机的动力通过涡轮轴传到第一轴（顺时针），第三挡离合器和第四挡离合器未接合，第一轴第三挡齿轮、第一轴第四挡齿轮、第一轴倒挡齿轮处于空转状态，动力只通过第一轴惰轮（顺时针）传到中间轴惰轮（逆时针）。中间轴惰轮空套在中间轴上并不能驱动中间轴的输出，而是驱动第二轴惰轮（顺时针），再驱动第二轴（顺时针）。第一挡离合器接合带动第二轴第一挡齿轮（顺时针），驱动中间轴第一挡齿轮（逆时针）。此时单向离合器锁止，中间轴第一挡齿轮（逆时针）使中间轴及输出齿轮将动力输出（逆时针），再驱动主减速器齿轮（顺时针）。

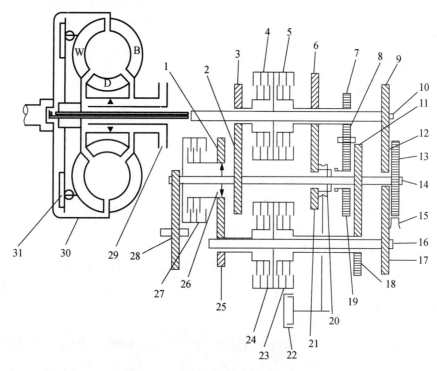

图 4-32 本田变速驱动桥齿轮布置简图

1—中间轴第一挡齿轮；2—中间轴第三挡齿轮；3—第一轴第三挡齿轮；4—第三挡离合器；5—第四挡离合器；
6—第一轴第四挡齿轮；7—第一轴倒挡齿轮；8—倒挡惰轮；9—第一轴惰轮；10—第一轴；11—中间轴第二挡齿轮；
12—中间轴惰轮；13—停车齿轮；14—中间轴；15—停车爪；16—第二轴；17—第二轴惰轮；18—中间轴倒挡齿轮；
19—第二轮第二挡齿轮；20—倒挡接合套；21—中间轴第四挡齿轮；22—伺服阀；23—第二挡离合器；
24—第一挡离合器；25—第二轴第一挡齿轮；26—单向离合器；27—第一挡锁止离合器；28—主减速器齿轮；
29—油泵位置；30—变矩器；31—锁止离合器

4.4　自动变速器液压操纵系统

自动变速器操纵系统主要包括动力源、执行机构和控制系统。

4.4.1　动力源

自动变速器液压操纵系统动力源包括液压泵、主调压阀、辅助调压阀和限压阀等，有些自动变速器主调压阀和辅助调压阀是合为一体的。油泵与主调压阀、辅助调压阀配合为液压控制系统和变矩器提供所需的压力油，并且为行星齿轮变速器提供润滑油。限压阀控制油压不致过高，保证液压系统安全工作。

1. 液压泵

在自动变速器中，液压泵一泵多用，除为液压自动换挡系统提供液压外，还用于液力变矩器中。汽车自动变速器使用的液压泵有内啮合齿轮泵、叶片泵及摆线泵。常见的内啮合齿轮泵结构如图4-33所示。

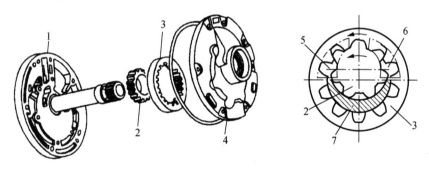

图4-33　常见的内啮合齿轮泵结构

1—泵盖；2—主动齿轮；3—从动齿轮；4—泵体；5—吸油腔；6—压油腔；7—月牙形隔板

发动机转动时通过变矩器后毂驱动主动齿轮，通过啮合作用使从动齿轮一起转动，在两齿轮退出啮合的区域吸油，在两齿轮进入啮合的区域排油。内啮合齿轮泵的每转排量是一个定值，而输出流量随发动机转速变化，转速越高输出流量越大。液压泵输出的压力首先由主调压阀进行调节。

在自动变速器检修时，针对液压泵检测的主要项目是液压泵零件的检修。如图4-34所示，用塞尺分别测量液压泵从动齿轮外圆与油泵壳体之间的间隙、主动齿轮及从动齿轮的齿顶与月牙板之间的间隙、主动齿轮及从动齿轮端面与泵壳平面的端隙，应符合技术标准（参见表4-1），否则应更换齿轮、泵壳或油泵总成。

检查液压泵主动齿轮、从动齿轮与泵壳端面有无可见的磨损痕迹，如有，应更换新件。

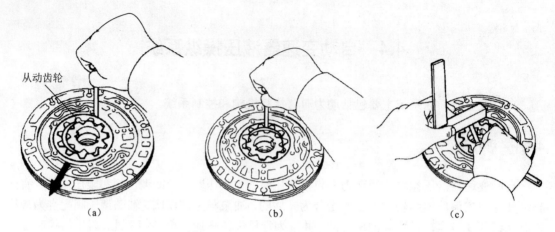

图 4-34　油泵齿轮间隙的测量

表 4-1　丰田 A341E 和 A342E 液压泵齿轮间隙

项目	标准间隙（mm）	最大间隙（mm）
从动齿轮与壳体间隙	0.07～0.15	0.3
齿顶与月牙板的间隙	0.11～0.14	0.3
齿轮间隙	0.02～0.05	0.1

2．主调压阀和辅助调压阀

液压油从液压泵输出后，即进入主油路系统。当主油路压力过高时，会引起换挡冲击，增加功率消耗；当主油路压力过低时，会使离合器、制动器等执行元件打滑，因此在主油路系统中必须设置主调压阀。

主调压阀的作用是将液压泵输出压力调节到所需值后再输入主油路。

主调压阀通常采用阶梯形滑阀，如图 4-35（a）所示。它由上部的阀芯、下部柱塞套筒及调压弹簧组成。在阀门的上部 A 处，受到来自液压泵的液压力作用；下端则受到柱塞下部 C 处来自调压电磁阀所控制的节气门油压力作用及调压弹簧的作用力。共同作用的平衡，决定阀体所处的位置。

若液压泵压力升高，作用在 A 处向下的液压力大，推动阀体下移，泄油口打开，液压泵输出的部分油液经泄油口排回油底壳，使工作油压力被调整到规定值。当加速踏板被踩下时，发动机转速增加，液压泵转速随之加快，由液压泵产生的液压力升高，向下的液压作用力增大。但此时节气门控制油压增高，使向上的作用力增大，于是主调压阀继续保持平衡，满足了发动机功率增加时主油路油压增大的要求。

倒挡时，手动阀打开另一条油路，将压力油引入主调压阀柱塞的 B 腔，使向上推动阀体的作用力增加，阀芯上移，泄油口关小，主油路压力增高，从而获得了高于 D、2、L 等前进挡位的管路压力。

辅助调压阀对供给变矩器的油压进行二次调压（故又称二次调压阀），如图 4-35（b）所示。主油路压力比液力变矩器需要的压力高得多，因此需要二次调压阀对主油路压力进行减压后再送入液力变矩器，使液力变矩器内液压油的压力符合要求，同时将液力变矩器内受热后的液压油送至散热器冷却，并让一部分冷却后的液压油流回齿轮变速器，对齿轮变速器中的轴承和齿轮进行润滑。当变矩器油压（又称二次油压）较低时，阀芯处于顶端。当变矩器油压升高时，阀芯下移打开泄油口，使多余的油液流回油底壳，控制了油压不能持续升高。在这个过程中阀芯下移越多，弹簧压缩量越大，弹簧张力越大，尽管泄油口打开，但变矩器的油压依次在升高。

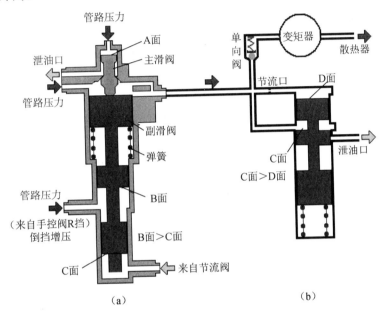

图 4-35　主调压阀和辅助调压阀

（a）主油路调压阀；（b）辅助调压阀

4.4.2　执行机构

行星齿轮变速器中所有齿轮都处于常啮合状态，换挡必须通过以不同方式对行星齿轮机构的基本元件进行约束（即固定或连接某些基本元件）来实现。能对这些基本元件实施约束的机构就是行星齿轮变速器的执行机构。

执行机构主要由多片离合器、多片制动器和单向离合器三种执行元件组成。多片离合器和多片制动器以液压方式控制行星齿轮机构元件的旋转，单向离合器则以机械方式对行星齿轮机构的元件进行锁止。

1. 多片离合器

多片离合器的作用是将变速器的输入轴和行星排的某个元件连接，或将行星排的某两个基本元件连接在一起，使之成为一个整体转动。

　　自动变速器中所用的离合器常为湿式多片离合器。典型的多片离合器如图 4-36 所示，通常由活塞组件、回位弹簧（图 4-36 中未标）、钢片和摩擦片组件等组成。如图 4-37 所示，基本工作原理：向离合器活塞缸提供油时，活塞把离合器的主动片（钢片）和从动片（摩擦片）压紧在一起，离合器处于接合状态，从而驱动行星齿轮机构的元件。油液排出时，回位弹簧使活塞回位，离合器处于分离状态，输入轴的动力不再驱动行星齿轮机构的元件。

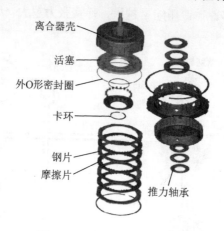

图 4-36　典型的多片离合器

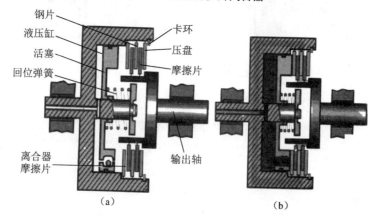

图 4-37　多片离合器的工作原理

（a）离合器分离状态；（b）离合器结合状态

2. 多片制动器

　　多片制动器又称片式制动器，在结构上与多片离合器相似。典型的片式制动器主要由制动器盘、制动鼓、活塞组件、回位弹簧、钢片和摩擦片组件等组成，如图 4-38 所示。钢片与制动毂连接，制动毂与行星齿轮机构的某个元件连接。如图 4-39 所示，基本工作原理：向制动器活塞缸供油时，活塞把制动器的钢片和摩擦片压紧在一起，处于接合状态，不能转动的钢片使摩擦片制动，从而使制动毂和行星齿轮机构的元件（图中为行星架）也停止转动，即制动。油液排出时，回位弹簧使活塞回位，制动器处于分离状态，制动毂和行星齿轮机构的元件（图中为行星架）就可以转动了。

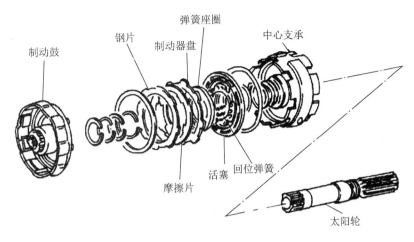

图 4-38　典型的片式制动器

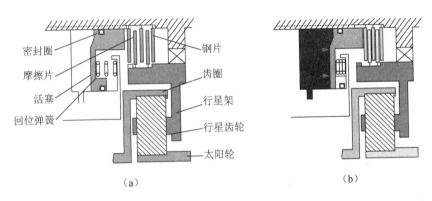

（a）　　　　　　　　　　　　　　（b）

图 4-39　片式制动器的工作原理示意图

（a）片式制动器非制动状态；（b）片式换挡制动器制动状态

3．带式制动器

带式制动器占用空间小，容易布置，过去采用较多。带式制动器的主要结构是将内侧粘有摩擦材料的制动带卷绕在制动鼓上，其摩擦材料与多片湿式离合器的摩擦片相同。

带式制动器主要由制动带、制动鼓、活塞、推杆、回位弹簧等组成，如图 4-40 所示。其中，制动鼓为旋转元件，而制动带为静止元件。制动鼓与行星排的某个元件相连，制动带一端支承在变速器的壳体上，另外一端和活塞顶杆相连。制动器不工作时，制动带和制动鼓之间应按规定保持一定间隙，如不符合，可以通过调整螺钉来调节。当液压油施加于活塞时，活塞在缸体内移至左端，压缩弹簧，带动连杆移动，推动制动带的一端，因为制动带的另一端固定在变速器壳体上，制动带直径即减小，因此，制动带夹持制动鼓，使与之相连的行星排基本元件固定。制动解除后，液压油返回，活塞在回位弹簧的作用下返回右端，制动带被放松，制动器处于自由状态。

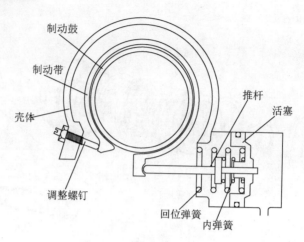

图 4-40　带式制动器的组成

4．单向离合器

　　单向离合器广泛应用于行星齿轮变速器及综合式液力变矩器中，其作用和离合器、制动器相同，也是对行星排中的基本元件进行连接和固定。它也是行星齿轮变速器的换挡元件之一。但与离合器和制动器不同，它不是依靠液压油的作用来实现功能的，而是依靠机械的单向锁止原理来起到连接或固定作用。它只具有单方向离合功能，当与之相连接的元件的受力方向与锁止方向相同时，该元件即被连接或固定；当受力方向与锁止方向相反时，该元件即被脱离或释放。自动变速器中使用较多的是滚柱斜槽式单向离合器和楔块式单向离合器。

　　滚柱斜槽式单向离合器由内环、外环、滚动体、弹簧等组成，如图 4-41 所示。内环通常与行星排的某个基本元件连接或者和变速器的壳体连接，外环与行星排的另一个基本元件连接或者与变速器外壳连接。在外环的内表面制有与滚柱相同数目的楔形槽，内、外环之间的楔形槽内装有滚柱和弹簧，弹簧的弹力将各滚柱推向楔形槽较窄的一端。滚柱斜槽式单向离合器工作时，当外环相对于内环逆时针转动时，滚柱在外环带动下克服回位弹簧的弹力，压缩弹簧移向楔形槽的大端，外环相对于内环可以自由滑转，此时处于自由状态。当外环相对于内环顺时针转动时，滚柱的外环的带动及回位弹簧的弹力作用下进入楔形槽的小端，外环和内环没有相对运动被连成一体，单向离合器锁止。单向离合器的锁止方向取决于外环上楔形槽的方向。在装配时不能装反，否则会改变其锁止方向，使行星齿轮变速器不能正常工作。有的单向离合器的楔形槽开在内环上，其工作原理和楔形槽开在外环上相同。

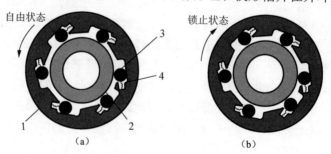

图 4-41　滚柱式单向离合器

1—外环；2—内环；3—滚动体；4—弹簧

楔块式单向离合器的构造和滚柱斜槽式单向离合器相似，由外环、内环和楔块等组成，如图 4-42 所示。不同之处在于，它的外环或内环上都没有楔形槽，由特殊形状的楔块替代圆柱形的滚柱。楔块在 A 方向上的尺寸略大于内环和外环之间的距离 B，而在 C 方向上，楔块的尺寸略小于 B，如图 4-43 所示。

楔块式单向离合器工作时，当外环相对于内环逆时针转动，楔块被推动而产生倾斜，内、外环之间有空隙，单向离合器不发生作用，内、外环均以各自不同的速度自由转动。当外环相对于内环顺时针转动时，楔块被推动而立起，卡在内、外环之间，单向离合器被锁止，内、外环被连为一体。楔块式单向离合器的锁止方向取决于楔块的安装方向，在维修时切记不可装反，否则会影响自动变速器的正常工作。

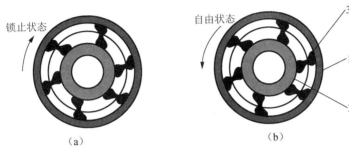

图 4-42　楔块式单向离合器

1—外环；2—内环；3—楔块

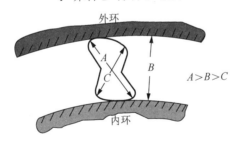

图 4-43　楔块与滚道宽度的关系

5．离合器和制动器的检修

1）离合器的摩擦片的检验。检查离合器的摩擦片，如有烧焦、表面粉末冶金层脱落或翘曲变形，应更换。许多自动变速器的摩擦片表面印有符号标记，若这些符号已被磨去，则说明摩擦片已磨损至极限，应更换。也可测量摩擦片的厚度，若小于极限厚度，应更换。自由间隙应符合技术标准，否则应更换摩擦片、钢片或压盘。例如，丰田 A341E、A342E 自动变速器离合器标准间隙为超速离合器 1.45～1.70mm，前进离合器 0.7～1.00mm，高、倒挡离合器 1.37～1.60mm。

2）钢片的检验。检查钢片，如有磨损或翘曲变形，应更换。

3）挡圈的检验。检查挡圈的摩擦面，如有磨损，应更换。

4）活塞的检验。检查离合器和制动器的活塞，其表面应无损伤和毛刺，否则应更换新件。

5）单向阀的检验。检查离合器活塞上的单向阀，其球阀应能在阀座内活动自如，检查单向阀的密封性，用压缩空气从液压缸一侧向单向阀内吹气，密封应良好，如有异常，应更换活塞。

6）离合器毂的检验。检查离合器毂，其液压缸内表面应无损伤或毛刺，与钢片配合的花键槽应无磨损，如有异常，应更换新件。

7）活塞回位弹簧自由长度的检验。测量活塞回位弹簧的自由长度，并与标准长度比较。若弹簧自由长度过小或有变形，应更换新弹簧。例如，丰田 A341E、A342E 自动变速器超速离合器弹簧自由长度标准为 15.8mm。

4.4.3 控制系统

控制系统即液压控制系统，或者是 ECU 与液压控制系统的组合。根据汽车行驶总换挡参数的变化，引导压力油流进或流出特定执行元件的活塞缸，使执行元件产生需要的动作，进而实现自动换挡。大多数自动变速器的液压控制系统，各种控制阀集中在阀体总成上，调速阀一般在自动变速器壳体上。不同的自动变速器，液压阀的数目、具体结构形式及其组合的方式也不尽相同，但是基本组成和工作原理大致相同。液控自动变速器液压控制系统的主要元件包括手动换挡阀、换挡阀、节气门阀、调速阀、蓄能器等，电控自动变速器还包括电磁阀。

1. 节气门阀

节气门阀又称节流阀，功能是调节形成节气门油压（又称节流阀油压等）。节气门阀有机械式和真空式。常见的机械式节气门阀由加速踏板通过机械连动装置操纵，如图 4-44 所示。加速踏板的动作通过拉索带动凸轮转动，凸轮驱动推杆、柱塞、弹簧控制节气门阀阀芯的相对位置，利用节气门阀压力原理调节与节气门开度相适应的节气门油压。

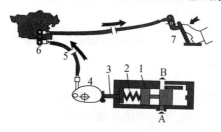

图 4-44　机械式节气门阀布置示意图

1—节气门阀；2—调压弹簧；3—推杆；4—凸轮；5—拉索；6—节气门摇臂；7—加速踏板；8—节气门体

主油路压力油入口与阀芯构成的油液流通通道就是节流口，节流口的节流调压原理如下：当油液流经节流口时产生压力降，使出口压力低于入口压力，节流口开度越小出口压力越低。

如图 4-45 所示，机械式节气门阀的工作原理如下：随节气门的开启，拉索带动凸轮轴转动并推动降挡柱塞移动。降挡柱塞的移动，压缩节气门阀体前、后两个弹簧使节气门阀阀芯向上移动，主油路压力油入口开启，这时节气门阀右侧出口油压就形成了节气门油压。节气门开度较小时，节气门阀阀芯向上的位移较小，节流口开度也较小，压力降大，使出口的节气门油压降级。节气门开度较大时，节气门阀阀芯向上的位移较大，节流口开度也随之增大，压力降减小，使出口的节气门油压升高。这样节气门油压随节气门开度大小而升降，节气门阀出油压力就可以反映发动机节气门的开度的大小。这个过程可以认为实现了压力的负荷传感。节气门阀通常与止回阀（或称断流阀）协同使用。

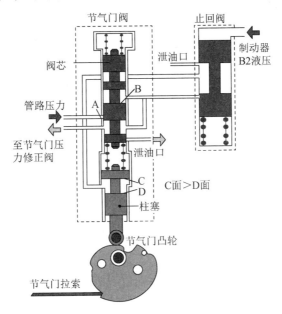

图4-45　机械式节气门阀工作原理示意图

2．速控阀

速控阀又称离心调速阀、调速阀等，功能是通过调节形成速控油压（又称速度油压、调速阀油压、调速器油压等），并使之随车速的变化而变化，并作用于换挡阀进行自动换挡控制。

图4-46为节流式双级速控阀。它是依靠调速器重锤的离心力控制速控阀的移动，改变油道截面面积，从而调节速控油压的变化。其主要由滑阀、重块、进油口、出油口、泄油口、弹簧、销轴等组成。节流式双级速控阀中使速控阀下移的力有弹簧力、速控油压向下压力，使速控阀上移的力有重块和销轴的离心力。

速控阀工作原理如下：输出轴转动，重锤离心力通过弹簧使速控阀上移，先关闭泄油口，使进油口与出油口相通，产生速控油压。随着速控油压升高，速控阀下移，泄油口打开排油，速控油压下降，速控阀上移。多次调节后，速控阀稳定在某一位置，油压稳定在与车速相适应的值。若车速继续升高，油压相应升高。此时，随着车速的变化，油压变化幅度变大，如图4-46（a）所示。当输出轴转速下降时，因重锤离心力减小，速控阀下移，泄油口打开，速控油压下降，并稳定在某一低油压值，如图4-46（b）所示。

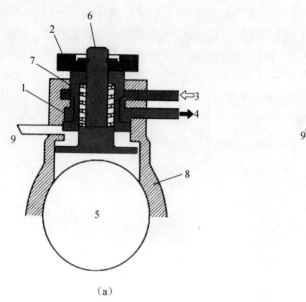
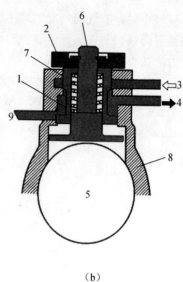

（a）   （b）

图 4-46 节流式双级速控阀

1—滑阀；2—重块；3—进油口；4—出油口；5—输出轴；6—销轴；7—弹簧；8—调速器外壳；9—泄油口

3. 手动换挡阀

手动换挡阀是由操纵手柄控制的多路换向阀。它位于控制系统的阀板总成中，经机械传动机构和自动变速器的操纵手柄连接。由驾驶员手工操作，用于控制自动变速器的工作状态，如图 4-47 所示。

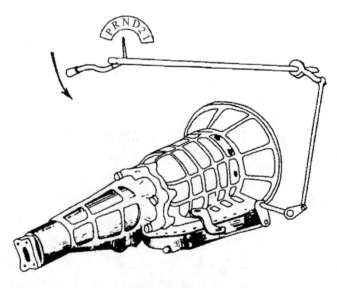

图 4-47 操纵手柄与手动换挡阀的连接

驾驶员通过操纵手柄拨动手动阀，当操纵手柄位于不同位置时，手动阀也随之移至相应的位置，使进入手动阀的主油路与不同的控制油路接通，或直接将主油路压力油送入相应的换挡执行元件（如前进离合器、倒挡离合器等），并使不参加工作的控制油路与泄油孔接通，这些油路中的压力油泄空，从而使控制系统及自动变速器处于不同挡位的工作状态。如图 4-48 所示，在阀体上有多条油道，一条油道与主油路相连，其余为出油道，分别通至 D、2、L、P 和 R 挡位相应的滑阀或直接通往换挡执行元件。

当手柄置于前进（D）位置时，对三挡自动变速器而言，变速可根据换挡信号在一挡至三挡之间自动变换；对四挡自动变速器而言，变速器则可根据换挡信号在一挡至四挡之间自动变换。

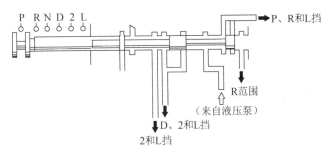

图 4-48　自动变速器手动阀

4．换挡阀

换挡阀是一种由液压控制的两位换向阀。它有两个工作位置，可以实现升挡或降挡的目的。图 4-49 中换挡阀的右端作用来自速控阀的输出油压，左端作用来自节气门阀的输出油压和弹簧的作用力。换挡阀的位置取决于两端控制压力的大小。当右端的速控阀油压低于左端的节气门阀油压和弹簧作用力之和时，换挡阀保持在右端；当右端的速控阀油压高于左端的节气门阀油压和弹簧作用力之和时，换挡阀移至左端。换挡阀改变方向时，主油路的方向发生变化，以实现不同的挡位。

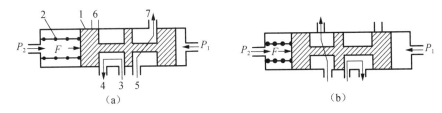

（a）　　　　　　　　　　　　　　（b）

图 4-49　换挡阀工作原理示意图

1—换挡阀；2—弹簧；3—主油路进油孔；4—至低挡换挡执行元件；5—至高挡换挡执行元件；6、7—泄油口；
P_1—速控阀油压；P_2—节气门阀油压；F—弹簧力

4.4.4　换挡控制过程及原理

全液控自动变速器的液压控制系统如图 4-50 所示。液压泵输出的液压油经过主调压阀调节后形成主油路油压，同时供给到手动换挡阀、节气门阀、速控阀。对停车挡（P）、倒挡

（R）、空挡（N）等不需要自动换挡的挡位，手动换挡阀直接控制油路的接通或关闭。例如，当手动换挡阀处于 R 位时，主油路压力油经手动换挡阀油路 R 供给倒挡制动器，同时送到主调压阀的下端使主油路油压升高，以满足该挡位液压系统对高油压的需要。

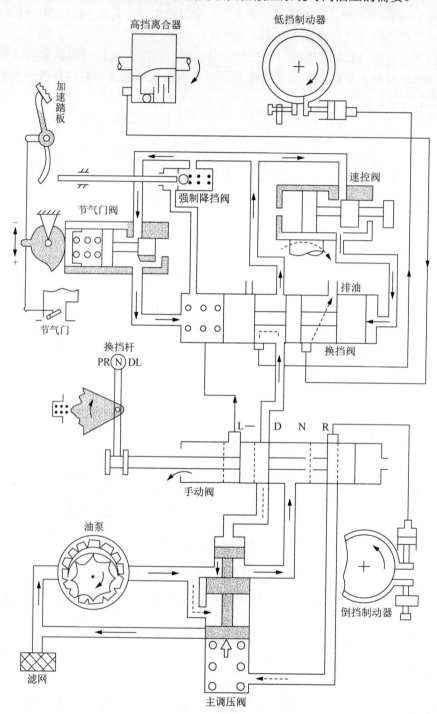

图 4-50　全液控自动变速器的液压控制系统

对于一般驾驶挡位（换挡杆置于 D 位时），自动变速器的行车挡位可以自动切换，自动换挡原理如下：主油路压力油经手动换挡阀油口 D 供给换挡阀，节气门阀调节形成的节气门油压送到换挡阀左腔，速控阀调节形成的速控油压送到换挡阀右腔。当车速较低、节气门开度较大时，速控油压较低、节气门油压较大，在节气门油压和弹簧力作用下换挡阀处于右端位置。主油路压力油经过换挡阀供给高挡制动器，同时使低挡离合器卸压，自动变速器处于低挡。当车速升高、节气门开度保持不变（或减小）时，速控油压升高、节气门油压保持不变（或减小），速控油压克服节气门油压和弹簧力使换挡阀移向左端位置。主油路压力油经过换挡阀供给低挡离合器，同时使高挡制动器卸压，自动变速器处于高挡。

4.5　冷却油滤系统

冷却滤油装置包括油底壳、滤清器、散热器及外部输油管路等。油底壳和滤清器的布置如图 4-51 所示。散热器及输油管路的布置如图 4-52 所示。冷却油滤装置的作用是滤除自动变速器油中的杂质、金属颗粒和摩擦产物，保持油液清洁，防止阀件卡滞或堵塞及整个自动变速器过早磨损，并保持自动变速器油在正常的温度范围。

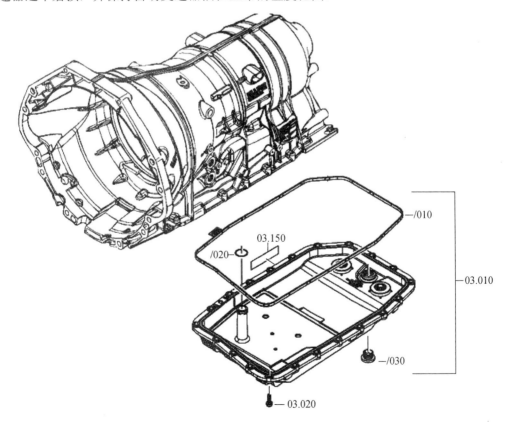

图 4-51　油底壳和滤清器的布置

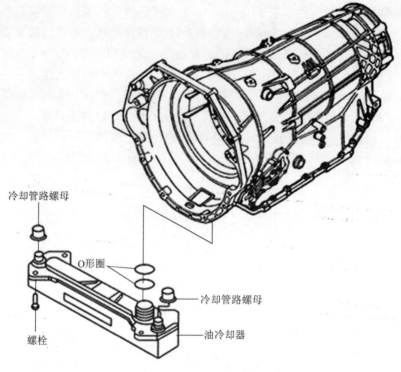

冷却管路螺母

O形圈

冷却管路螺母

油冷却器

螺栓

图 4-52　散热器及输油管路的布置

本 章 小 结

1）本章重点学习了自动变速器的功能、组成和工作原理，具体介绍了液力变矩器、辛普森式行星齿轮变速器、拉维娜式行星齿轮变速器具体机构和典型特点。

2）自动变速器操纵系统主要包括动力源、执行机构和控制系统。

3）多片离合器、片式制动器、带式制动器、单向离合器具体结构及工作原理。

4）自动变速器换挡控制过程及原理。

5）液压泵检修方法。

复习思考题

1）自动变速器有什么优缺点？

2）液力变矩器的工作原理？

3）辛普森式行星齿轮变速机构的机构和特点？

4）拉维娜式行星齿轮变速机构的机构和特点？

5）换挡阀是如何控制换挡的？

实训项目 自动变速器的拆装

一、实训内容

1）自动变速器的结构认识。

2）自动变速器的拆装。

二、实训目的与要求

1）熟悉自动变速器传动部分的拆装过程。

2）自动变速器传动部分各部件的名称和连接关系。

三、实训设备及工具、量具

1）01N 自动变速器总成若干。

2）常用汽车拆装、维修工具，拆装工作台，零件存放台等。

四、学时及分组人数

4 学时，4～6 人分为一组。

五、实训步骤及操作方法

1．阀体的拆装

1）将变速器翻转至油底壳朝向正下方并在变速器正下方放置接油盆或接油盘，如图 4-53 所示。

2）用 5mm 内六角扳手将变速器油底壳密封塞拆下，如图 4-54 所示。

图 4-53 翻转变速器

图 4-54 使用内六角扳手

3）用 5mm 内六角扳手将变速器油底壳检查孔内部的溢流管拆下（小心油会溅到身上），如图 4-55 所示。

4）用 10mm 套筒扳手拧松并拆下挡位开关传感器螺栓，小心取下传感器放于指定位置，

如图 4-56 所示。

图 4-55　拆卸溢流管

图 4-56　拆卸挡位开关传感器

5）小心拆下车速传感器放于指定位置，如图 4-57 所示。

6）用 5mm 内六角套筒扳手和扭力扳手将变速器油底壳密封塞安装上，拧紧力矩 15N·m，如图 4-58 所示。

图 4-57　拆卸车速传感器

图 4-58　安装密封塞

7）用 10mm 丁字形扳手对角拧松五颗油底壳螺栓，如图 4-59 所示。

8）将变速器翻转至油底壳朝向正下方接油盘用一只手扶住油底壳，另一只手对角拆下五颗油底壳螺栓小心取下油底壳。注意：如果有油流出请尽快用无毛布擦干净，如图 4-60 所示。

图 4-59　拧松油底壳螺栓

图 4-60　取下油底壳

9）用 10mm 丁字形扳手拧松两颗变速器集油滤清器的螺栓并将其拆下（新款的变速器没有这两颗螺栓，可双手直接取下集油滤清器，拆下时手要稳、平、准，并且小心里面的变速器油会溅到身上），如图 4-61 所示。

10）用 10mm 两用扳手的眼镜端松开并拆下阀体线束螺栓，如图 4-62 所示。

图 4-61　取下集油滤清器

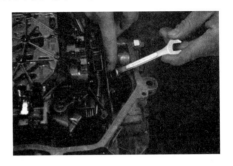

图 4-62　取下阀体线束螺栓

11）小心将阀体线束插头从变速器壳体上拆下，如图 4-63 所示。

12）用专用工具 3373 将电磁阀上的插头拆下，并将拆下的线束取出放于指定位置。注意：如果没有专用工具 3373，可以用小的螺钉旋具先撬松插头，再一起取下。但用螺钉旋具一定要轻微用力，而且小心线束的弯折和撕裂，如图 4-64 所示。

图 4-63　拆下线束插头

图 4-64　拆下线束

13）用 T30 套筒扳手从内向外对角拧松所有阀体螺栓，如图 4-65 所示。

14）一只手拿住阀体，另一只手拆下手动换挡阀连接挂钩，如图 4-66 所示。

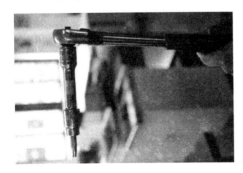

图 4-65　拧松阀体螺栓

图 4-66　拆下连接挂钩

15）将拆下的阀体总成放于指定位置，并小心换挡阀掉出，如图 4-67 所示。

16）用一字小螺钉旋具轻撬 B1 制动器塑料供油阀，并将其取出放于指定位置。注意：在撬 B1 制动器塑料供油阀时不能伤到阀体油道，如图 4-68 所示。

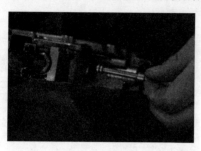

图 4-67　拆下阀体

图 4-68　拆下供油阀

17）按照相反的顺序安装。

2. 传动部件拆装

1）将变速器油放掉，拆下变速器附件、油底壳、阀体总成等并摆放至指定位置，将变速器翻转至油泵朝上的位置，如图 4-69 所示。

图 4-69　放掉变速器油

2）用 T45 套筒扳手对角拆下所有油泵与壳体的连接紧固螺栓，用两颗直径为 8mm 的普通螺纹螺栓旋入油泵的专用拆装螺栓孔，双手抓握住两颗螺栓振动式的转动几下油泵，使其油封与壳体之间松开，然后将油泵向上提起，拆下后将油泵放于指定位置，如图 4-70 所示。

（a）

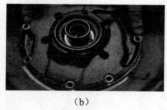
（b）

（c）

图 4-70　取出油泵

3）取下 B2 制动器的压盘、调整垫片、波形弹片、第一片钢片、三个弹簧帽和三个弹簧。

右手反抓住输入轴总成，用力向上提起，将 B2 制动器、B2 制动器支撑套、K2 离合器、K1 离合器、K3 离合器一起拆除放于指定位置，如图 4-71 所示。

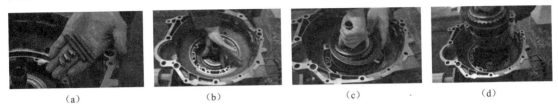

| (a) | (b) | (c) | (d) |

图 4-71　取出输入轴

4）将变速器旋转使油泵口朝向下方，用冲击类一字螺钉旋具将一次性后盖撬，另一人用 13mm 套筒扳手松开并拆下传动鼓销小轴螺栓，并放置于指定位置，如图 4-72 所示。

| (a) | (b) |

图 4-72　拆下传动鼓销

5）用两只手手指勾住大太阳轮传动鼓上的圆孔，将 K2、K1、K3 传动鼓一起拆下，并与离合器传动鼓放到一起组合起来，如图 4-73 所示。图 4-74 为倒挡齿轮离合器 K2 至大太阳轮的零部件。

图 4-73　拆下传动鼓

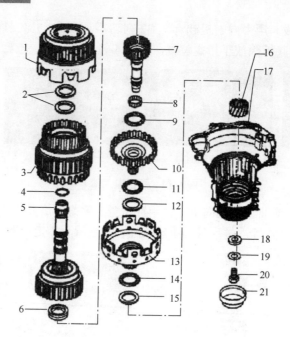

图 4-74　倒挡齿轮离合器 K2 至大太阳轮的零部件

1—倒挡离合器 K2；2—调整垫片（调整 K1 和 K2 之间的间隙，可以装入 1 个或 2 个调整垫片）；3—第一～三挡离合器 K1；

4—O 形圈（每次均更换）；5—带涡轮轴的三挡和四挡离合器 K3；6—带垫圈的推力滚针轴承（推力滚针轴承朝向小传动轴）；

7—小传动轴；8—滚针轴承；9—推力滚针轴承；10—大传动轴；11—推力滚针轴承；12—推力滚针轴承垫圈（带凸缘）；

13—大太阳轮；14—推力滚针轴承；15—推力滚外轴承垫圈；16—小太阳轮（仅 DFG 变速器才能从行星架中拆出）；

17—已装入自由轮和卡环的变速器壳体；18—行星架调整垫片（调整行星架的间隙）；19—垫圈；

20—螺栓（拧紧力矩 30N·m，用于小传动轴）；21—盖板

6）安装所有传动部件：

① 安装 K1、K2、K3 传动鼓，如图 4-75 所示。

图 4-75　安装传动鼓

② K1 离合器和 K3 离合器同时安装到传动鼓上，并保证安装到位。

③ 将 K2 离合器安装到传动鼓上，并保证安装到位，如图 4-77 所示。

图 4-76　安装 K1、K3 离合器　　　　　　　　图 4-77　安装 K2 离合器

④ 安装 B2 制动器支承套，注意方向，有豁口的位置卡在下面 B1 制动器活塞壳体的定位销上，如图 4-78 所示。

图 4-78　安装 B2 制动器支撑套

⑤ 安装 B2 制动器第一片钢片（注意它的厚度最厚为 3mm）。安装三个弹簧帽，然后依次安装摩擦片、钢片，如图 4-79 所示。

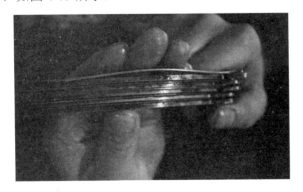

图 4-79　安装 B2 制动器钢片

⑥ 最后一个钢片安装之前，安装三个回位弹簧，如图 4-80 所示。

⑦ 安装三个弹簧帽，安装最后一片钢片，如图 4-81 所示。

图 4-80　安装回位弹簧

图 4-81　安装最后钢片

⑧ 安装波形弹片，安装 B2 制动器压盘，注意压盘的方向和位置，如图 4-82 所示。

图 4-82　安装制动压盘

⑨ 安装油泵，安装前在油泵密封圈处涂抹变速器油并注意油泵方向和位置，如图 4-83 所示。对角拧紧七颗固定螺栓，拧紧力矩 8N·m+90°。

⑩ 将阀体、变速器线束、集油滤清器、油底壳、变速器附件等部分按照要求全部装好，如图 4-84 所示。

图 4-83　安装油泵

图 4-84　安装附属部件

7）拆装完毕，工具归位，进行清洁。

第5章 万向传动装置

教学目标

1. 熟悉万向传动装置的作用、组成及应用。
2. 掌握十字轴式刚性万向节和球笼式等速万向节的结构、工作原理与检修。
3. 掌握万向传动装置的常见故障、拆装及检修方法。

5.1　万向传动装置概述

汽车的发动机、离合器和变速器连成一体固装在车架上，驱动桥则通过弹性悬架与车架连接，所以变速器输出轴与驱动桥输入轴的轴线不在同一平面上。当汽车行驶时，车轮的跳动会造成驱动桥与变速器的相对位置不断变化，变速器的输出轴与驱动桥的输入轴不可能刚性连接，应装有万向传动装置。

5.1.1　万向传动装置的作用和组成

1. 万向传动装置的作用

万向传动装置的作用是连接不在同一直线上的变速器输出轴和主减速器输入轴，并保证在两轴之间的夹角和距离经常变化的情况下仍能可靠地传递动力。在汽车传动系统中，为了实现一些轴线相交或相对位置经常变化的转轴之间的动力传递，必须采用万向传动装置，如图 5-1 所示。但要注意，在安装时必须使传动轴两端的万向节叉处于同一平面。

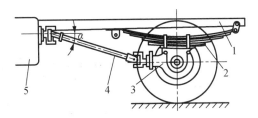

图 5-1　变速器与驱动桥之间的万向传动装置

1—车架；2—后悬架；3—驱动桥；4—万向传动装置；5—变速器

2. 万向传动装置的组成

万向传动装置主要包括万向节和传动轴，对于传动距离较远的分段式传动轴，为了提高传动轴的刚度，还设置有中间支承。万向传动装置的组成如图 5-2 所示。

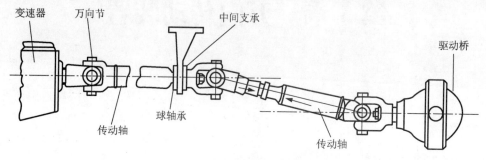

图 5-2　万向传动装置的组成

5.1.2　万向传动装置的应用

万向传动装置在汽车上的应用主要有以下几个方面：

1）应用于变速器（或分动器）与驱动桥之间。一般汽车将变速器、离合器与发动机三者合为一体装在车架上，驱动桥通过悬架与车架相连（图 5-3）。汽车在负荷变化或在不平路面行驶时引起跳动，会使驱动桥输入轴与变速器输出轴之间的夹角和距离发生变化，因此需要有万向传动装置。

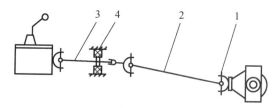

图 5-3　变速器与驱动桥之间

1—万向节；2—主传动轴；3—中间传动轴；4—中间支承

2）应用于越野汽车变速器与分动器之间（图 5-4）。为消除车架变形及制造、装配误差引起的轴线同轴度误差对动力传递的影响，须装有万向传动装置。

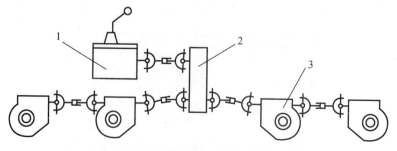

图 5-4　变速器与分动器之间

1—变速器；2—分动器；3—驱动桥

3）应用于离合器与变速器或变速器与分动器之间（图 5-5）。当离合器与变速器或变速器与分动器之间分开布置时，为了消除制造和装配误差，以及车架变形对传动的影响，在其间常设万向传动装置。

4）应用于汽车转向驱动桥的内、外轴之间（图 5-6）。转向时两段半轴轴线相交且交角发生变化，因此要使用万向节。

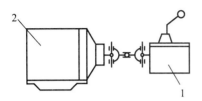

图 5-5　发动机与变速器之间

1—变速器；2—发动机

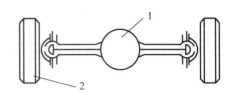

图 5-6　差速器与车轮之间

1—主减速器；2—驱动轮

5）应用于断开式驱动桥的半轴之间（图 5-7）。主减速器壳在车架上是固定的，桥壳上下摆动，半轴是分段设置的，因此要使用万向节。

6）应用于转向机构的转向轴和转向器之间（图 5-8）。万向传动装置有利于转向机构的总体布置。

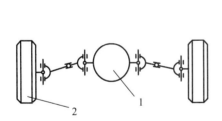

图 5-7　独立悬架与差速器之间

1—主减速器；2—车轮

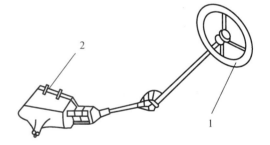

图 5-8　动力输出装置和转向操纵机构

1—转向盘；2—转向器

5.2　万　向　节

万向节按其扭转方向上是否有明显的弹性分为刚性万向节和挠性万向节。前者是靠零件的铰链式连接来传递动力的，而后者靠弹性零件来传递动力，且有缓冲减振作用。汽车上采用刚性万向节较多。刚性万向节按其速度特性又分为不等速万向节、准等速万向节和等速万向节。汽车上采用的不等速万向节有十字轴式，准等速万向节有三销轴式、双联式等，等速万向节有球叉式、球笼式等。不等速万向节主要用在发动机前置后轮驱动的变速器和驱动桥之间。前轮驱动汽车普遍使用等速万向节。发动机后置、后轮驱动的汽车也使用等速万向节。若驱动桥为独立悬架，半轴外侧也用等速万向节。

5.2.1 普通万向节

汽车传动系统广泛使用普通万向节即十字轴式刚性万向节，其结构如图 5-9 所示。这种万向节允许相邻两轴在夹角为 15°～20° 的情况下工作。

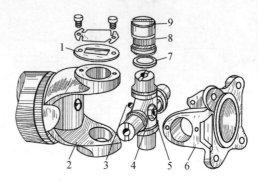

图 5-9 十字轴式刚性万向节

1—轴承盖；2、6—万向节叉；3—注油嘴；4—十字轴；5—安全阀；7—油封；8—滚针；9—套筒

1. 十字轴式刚性万向节的构造及润滑

两万向节叉 2 和 6 上的孔分别活套在十字轴 4 的两对轴颈上。这样当主动轴转动时，从动轴既可随之转动，又可绕十字轴中心在任意方向摆动。为了减小摩擦损失，提高传动效率，在十字轴轴颈与万向节叉孔之间装有滚针和套筒组成的滚针轴承，然后用螺钉和轴承盖将套筒固定在万向节叉上，并用锁片将螺钉锁紧。

通常十字轴内钻有油道，通过注油嘴注入润滑油，以润滑轴承。如图 5-10 所示，为避免润滑脂流出及尘垢进入轴承，十字轴轴颈的内端套装有油封。安全阀的作用是当十字轴内腔润滑油压力超过允许值时，阀打开润滑油外溢，使油封不会因油压过高而损坏。

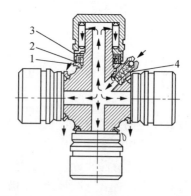

图 5-10 十字轴润滑油通道及密封装置

1—油封挡盘；2—油封；3—油封座；4—注油嘴

2．十字轴式万向节的工作特性

上述刚性万向节结构简单，传动效率高，因此，在现代汽车上被广泛采用。但这种刚性万向节，单个使用在两轴之间有夹角的情况下，其两轴的角速度是不相等的，即主动轴等速转一周时，从动轴会出现两次周期性的超越或滞后变化，两轴夹角越大，角速度变化幅度也越大。下面以单个万向节传动情况来分析其不等速性。

图 5-11 为十字轴式万向节传动原理示意图。图 5-11（a）为主动叉 1 上的十字轴在垂直位置时的状态，设主动轴以角速度 ω_1 匀速转动，A 点绕主动叉的速度 v_{A1} 为

$$v_{A1} = \omega_1 r$$

式中，r 为十字轴旋转半径，$r = OA = OB$。

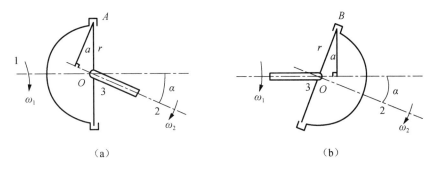

（a）　　　　　　　　　　　　　（b）

图 5-11　十字轴式万向节传动原理示意图

1—主动叉；2—从动叉；3—十字轴

设从动轴以角速度 w_2 转动，A 点绕从动叉的速度 v_{A2} 为

$$v_{A2} = w_2 r \cos \alpha$$

由于 A 点只能有一个速度，显然

$$v_{A1} = v_{A2}$$

即

$$w_2 = w_1 / \cos \alpha$$

图 5-11（b）为主动叉 1 上的十字轴在水平位置状态，这时 B 点绕输入轴转动的角速度 $v_{B1'}$ 为

$$v_{B1'} = \omega_1 r \cos \alpha$$

B 点绕输出轴转动的角速度 $v_{B2'}$ 为

$$v_{B2'} = \omega_2 r$$

$$\omega_2 = \omega_1 \cos \alpha$$

由此可见，当主动轴以角速度 w_1 匀速转动时，从动轴转动的角速度 w_2 是不均匀的，而是在 $w_1 \cos \alpha$，$w_1 / \cos \alpha$ 之间变化。由于主动叉每转动 180° 其上的十字轴出现一次水平状态和一次垂直状态，所以 w_2 的变化周期为 180°。

一个十字轴只能用于两轴线相交于十字轴中心点的传动，而且两轴之间有夹角时它们的转速不等，因此，通常用两个以上十字轴万向节组成万向节传动装置。最常见的是将两个十

字轴式万向节成对使用，当一个十字轴减速时另一个实现增速，如图 5-12 所示。当输入轴与输出轴在同一平面时，传动的等角速条件为

1）主动轴 1 与中间轴的夹角 α_1 与从动轴 2 与中间轴的夹角 α_2 相等。

2）当主动轴、从动轴在同一平面时，中间轴两端的万向节叉应该在同一平面。

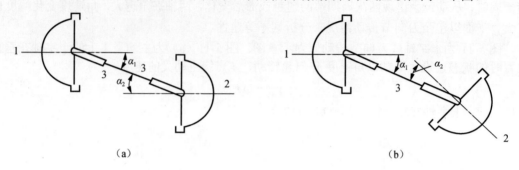

（a）　　　　　　　　　　　　　（b）

图 5-12　双十字轴传动的等角速布置

1—主动轴；2—从动轴；3—中间轴

当主动轴、从动轴不在同一平面时，第二条应为中间轴上和主动轴连接的万向节叉在中间轴和主动轴组成的平面内时，中间轴上和从动轴连接的万向节叉在中间轴和从动轴组成的平面内。

5.2.2　准等速万向节

准等速万向节是根据上述双万向节实现等速传动的原理而设计成的。只能近似地实现等速传动，所以称为准等速万向节。

1. 双联式万向节

图 5-13 所示为双联式万向节，实际上是一套传动轴长度减缩至最小的双万向节等速传动装置。图 5-13 中的双联叉相当于两个在同一平面上的万向节叉。要使轴 1 和轴 2 的角速度相等，应保证 $\alpha_1 = \alpha_2$，为此在双联式万向节的结构中，装有分度结构，以期双联叉的对称线平分所连两轴的夹角。

双联式万向节用于转向驱动桥时，可以没有分度机构，但必须在结构上保证双联式万向节中心位于主销轴线与半轴轴线的交点，以保证准等速运动。双联式万向节允许有较大的轴间夹角，且具有结构简单、制造方便、工作可靠的优点。故在转向驱动桥中的应用逐渐增多。北京吉普切诺基轻型越野汽车的前传动轴与分动器的前输出轴之间即采用了这种双联式万向节。

2. 三销轴式万向节

三销轴式万向节是由双联式万向节演变而来的准等速万向节。东风 EQ2080 型越野汽车和红岩 CQ2160 重型越野汽车转向驱动桥均采用三销轴式准等速万向节。

图 5-14 所示是东风 EQ2080 型汽车转向驱动桥中的三销轴式万向节，由主动偏心轴叉 2、从动偏心轴叉 4、两个三销轴 1 和 3 及 6 个滑动轴承和密封件等组成。

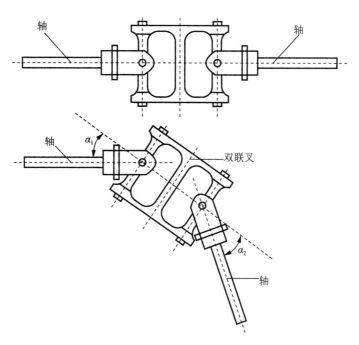

图 5-13　双联式万向节

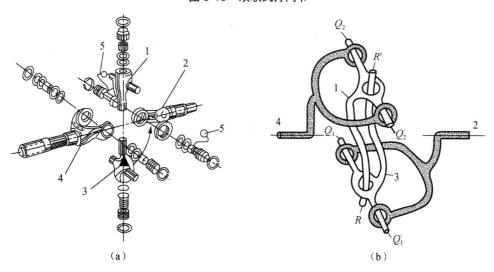

（a）　　　　　　　　　　　　　　（b）

图 5-14　东风 EQ2080 型汽车转向驱动桥中的三销轴式万向节

（a）结构分解图；（b）组装简图

1、3—三销轴；2—主动偏心轴叉；4—从动偏心轴叉；5—推力垫片

在与主动偏心轴叉 2 相连的三销轴 3 的两个轴颈端面和轴承座之间装有推力垫片 5，其余轴颈端面均无推力垫片，且轴颈端面与轴承座之间留有较大的空隙，以保证在转向时三销轴式万向节不致发生运动干涉现象。

三销轴式万向节的优点是允许相邻两轴间有较大交角，最大可达 45°。在转向驱动桥中采用这种万向节可使汽车获得较小的转弯半径,提高了汽车的机动性。其缺点是结构尺寸大。目前,三销轴式万向节在中型、重型载货汽车上都有应用。

5.2.3 等速万向节

　　等速万向节基本原理是从结构上保证万向节在工作过程中,其传力点永远位于两轴交点的平分面上。图 5-15 所示为等速万向节的工作原理。两齿轮的接触点 P 位于两齿轮轴线交角 α 的平分面上,由 P 点到两轴的垂直距离都等于 r。在 P 点处两齿轮的圆周速度是相等的,

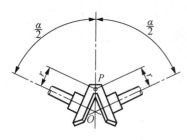

因而两个齿轮旋转的角速度也相等。与此相似,若万向节的传力点在其交角变化,始终位于角平分面内,则可使两万向节叉保持等角速的关系。

　　球叉式等速万向节的构造如图 5-16 所示。由主动叉、从动叉、四个传动钢球、中心钢球、定位销和锁止销组成。主动叉与从动叉分别与内、外半轴制成一体。在主、从动叉上,分别有四个曲面凹槽,装配后形成两个相交的环形槽,作为钢球滚道。四个传动钢球放在槽中,中心钢球放在两叉中心的凹槽内,以定中心。

图 5-15　等速万向节的工作原理

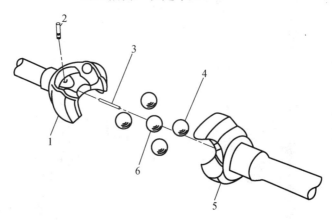

图 5-16　球叉式等速万向节的构造

1—从动叉;2—锁止销;3—定位销;4—传动钢球;5—主动叉;6—中心钢球

　　球叉式等速万向节的等角速条件是这样实现的(图 5-17):主、从动叉形曲面凹槽的中心线分别是以 O_1、O_2 为圆心的两个半径相等的圆,且圆心 O_1、O_2 到万向节中心 O 的距离相等,这样无论主、从动轴以任何角度相交,传动钢球中心都位于两圆的交点上,从而保证传动钢球始终位于两轴交角 α 的平分面上,保证了等速传动。

　　球叉式等速万向节结构简单,能等角速度传动,

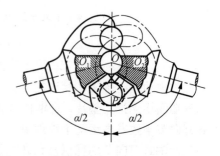

图 5-17　球叉式等速万向节等角速传动原理

允许最大交角为 38°，但正反转时各只有两个钢球传力，磨损快，影响使用寿命，现在应用越来越少。

固定型球笼式万向节的结构如图 5-18 所示，由六个钢球、内球座（图中未标）、外球座（图中未标）和保持架等组成。内球座与中段半轴用花键固接在一起，其外表面的六条弧形凹槽形成内滚道，外球座与带花键的外半轴制成一体，其内表面的六条凹槽形成外滚道，六个钢球分别装在由六组内、外滚道所对应形成的空间里，由保持架使其保持在同一平面内。动力由中段半轴经内球座、钢球传到外球座，由外半轴输出。

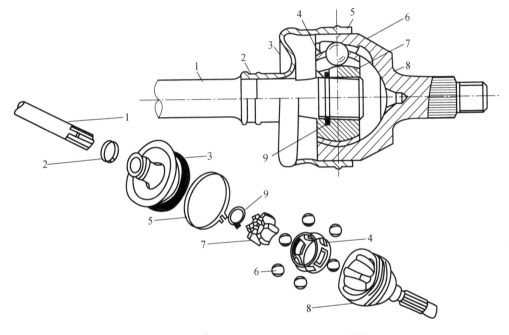

图 5-18　固定型球笼式等速万向节的结构

1—主动轴；2、5—钢带箍；3—外罩；4—保持架（球笼）；6—钢球；

7—星形套（内滚道）；8—球形壳（外滚道）；9—卡环

固定型球笼式万向节的等角速度传动原理如图 5-19 所示。外滚道的中心 A 与内滚道的中心 B 分别位于万向节中心 O 的两边，且与 O 等距离。钢球中心 C 到 A、B 两点的距离也相等。保持架的内、外球面，星形套的外球面和球形壳的内球面均以万向节中心 O 为球心。故当两轴交角变化时，保持架可沿内、外球面滑动，以保持钢球在一定位置。

由图 5-19 可见，由于 $OA = OB$，$CA = CB$，CO 是共边，则两个三角形 $\triangle COA$ 与 $\triangle COB$ 全等。故 $\angle COA = \angle COB$，即两轴相交任意交角 α 时，传力的钢球 6 都位于角平分面上。此时，钢球到主动轴和从动轴的距离 a 和 b 相等，从而保证了从动轴与主动轴以相等的角速度旋转。

固定型球笼式等速万向节两轴允许交角范围较大（45°～50°），如一汽奥迪、大众捷达等轿车的两轴交角最大可达 47°，且在工作时，无论传动方向如何，六个钢球全部传力。固定型球笼式等速万向节特点是承载能力强，结构紧凑，拆装方便，因此运用非常广泛。目前，国内外大多数轿车的前转向驱动桥在转向节处均采用固定型球笼式等速万向节。

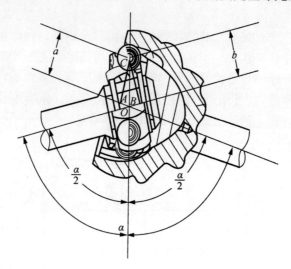

图 5-19　固定型球笼式万向节的等角速度传动原理

5.2.4　挠性万向节

挠性万向节是依靠弹性连接件的弹性变形来保证相交两轴间的转矩传递的，且传动时不会发生机械运动干涉。弹性件可以采用橡胶盘、橡胶金属套筒、六角形橡胶圈等结构，如图 5-20 所示。

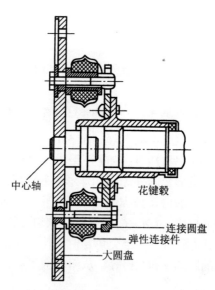

中心轴　花键毂　连接圆盘　弹性连接件　大圆盘

图 5-20　国产某自卸汽车的挠性万向节

挠性万向节在汽车上主要用于后轮驱动的轿车。为了使后排座中间坐的人有伸腿的地方，传动轴交角都按近似零角度设计。挠性万向节交角的变化依靠自身弹性变形来实现，所以其交角必须小于 3°。挠性万向节利用自身弹性元件的弹性变形，不仅可以消除安装误差和车架及车身变形对传动轴传动的影响，还可以吸收传动系统的冲击载荷和衰减扭转振动。此外，挠性万向节还有结构简单，不需润滑等优点。

5.3 传动轴和中间支承

5.3.1 传动轴

1．作用

传动轴是万向传动装置中的主要传力部件，通常用来连接变速器（或分动器）和驱动桥。在转向驱动桥和断开式驱动桥中，传动轴用来连接差速器和驱动车轮。

2．构造

传动轴有实心轴和空心轴之分。为了减轻传动轴的质量，节省材料，提高轴的强度、刚度，传动轴多为空心轴，一般用厚度为 1.5～3.0mm 的薄钢板卷焊而成，重型货车则直接采用无缝钢管。

转向驱动桥、断开式驱动桥或微型汽车的传动轴通常制成实心轴。图 5-21 所示为解放 CA1092 型汽车的万向传动装置，因传动轴过长时，自振频率降低，易产生共振，故将其分成两段并加中间支承。中间传动轴前端焊有万向节叉，后端焊有花键轴，其上套装带内花键的凸缘盘；主传动轴前端焊有花键轴，其上套装滑动叉并在花键轴上可轴向滑动，以适应变速器与驱动桥相对位置的变化；滑动部位用润滑脂润滑，并用油封（即橡胶伸缩套）防漏、防水、防尘；滑动叉前端装有带小孔的堵盖，以保证花键部位伸缩自如。

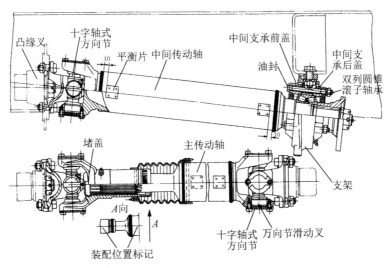

图 5-21 解放 CA1092 型汽车的万向传动装置

传动轴两端的连接件装好后，应进行动平衡试验。在质量小的一侧补焊平衡片，使其不平衡量不超过规定值。为防止装错位置和破坏平衡，滑动叉、轴管上都刻有带箭头的记号。为保持平衡，油封上两个带箍的开口销应装在间隔 180° 位置上，万向节的螺钉、垫片等零件不应随意改换规格。为加注润滑脂方便，万向传动装置的注油嘴应在一条直线上，且万向节上的注油嘴朝向传动轴。

5.3.2　中间支承

1. 作用

传动轴分段时需加中间支承，中间支承通常装在车架横梁上，它能补偿传动轴轴向和角度方向的安装误差，以及汽车行驶过程中因发动机窜动或车架变形等引起的位移。

2. 结构

中间支承常用弹性元件来实现上述作用，如图 5-21 所示的中间支承由支架和轴承等组成，双列圆锥滚子轴承固定在中间传动轴后部的轴颈上。带油封的支承盖之间装有弹性元件橡胶垫环，用三个螺栓紧固。紧固时，橡胶垫环会径向扩张，其外圆被挤紧于支架的内孔。

东风 EQ1090 型汽车的中间支承如图 5-22 所示。轴承可在轴承座内轴向滑动，轴承座装在蜂窝形橡胶垫内，通过 U 形支架固定在车架横梁上。

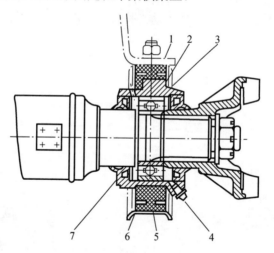

图 5-22　东风 EQ1090 型汽车的中间支承

1—车架横梁；2—轴承座；3—轴承；4—注油嘴；5—蜂窝形橡胶垫；6—U 形支架；7—油封

5.4　万向传动装置的检修

检修万向传动装置，首先应拆卸分解。拆卸传动轴前，汽车应停放在水平的路面上，楔住汽车的前后轮，防止拆卸传动轴时汽车的移动而造成事故。在每个万向节叉的凸缘上做好标记，以确保作业后的原位装复，否则极易破坏万向传动装置的平衡性，造成运转噪声和强烈振动。拆卸传动轴时，应从传动轴后端与驱动桥连接处开始，先把与后桥凸缘连接的螺栓拧松取下，如图 5-23（a）所示；然后将与中间传动轴凸缘连接的螺栓拧下，如图 5-23（b）所示，拆下传动轴总成；接着松开中间支承支架与车架的连接螺栓，如图 5-23（c）所示；最后松下前端凸缘盘，如图 5-23（d）所示，拆下中间传动轴。

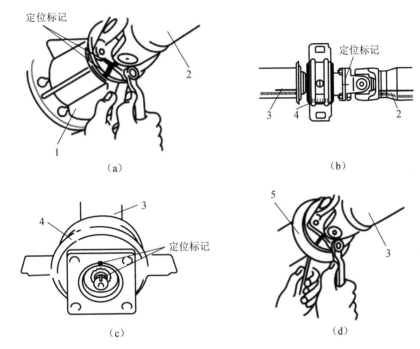

图 5-23　传动轴拆卸前的标记

（a）传动轴后端与后桥凸缘；（b）中间传动轴凸缘连接；（c）中间支承支架与车架；（d）前端凸缘盘
1—驱动桥；2—主传动轴；3—中间传动轴；4—中间支承；5—驻车制动鼓

1. 传动轴的检修

1）传动轴外观检查。如果传动轴出现裂纹及严重凹瘪，均应更换。防尘套老化破裂，也应更换。

2）传动轴弯曲度的检查。如图 5-24 所示，先用 V 形铁将传动轴两端支起来，再用百分表在轴的中间部位测量传动轴外圆的径向圆跳动，要求在传动轴全长上的径向圆跳动应不超过原厂规定。

若传动轴径向圆跳动超过最大极限，应在压力机上矫正。如果矫正后仍不能达到技术要求，应更换传动轴。传动轴组件在修理后，原有动平衡已不复存在。因此，传动轴组件应重新进行动平衡试验。传动轴两端任意端的动不平衡量，按照国家标准轿车应不大于 10g·cm；其他车型传动轴外径不大于 58mm 的不平衡量要求不大于 30g·cm，传动轴外径 58～80mm 的不平衡量要求为 50g·cm，传动轴外径大于 80mm 的传动轴不平衡量要求不大于 100g·cm。

如超过要求，可在传动轴的两端加焊平衡片，每端最多不超过三片。

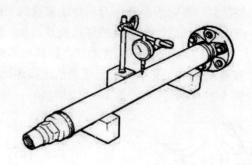

图 5-24　检测传动轴的弯曲度

2．滑动花键的检修

将滑动叉夹持在台虎钳上，如图 5-25 所示，按装配标记把花键轴插入滑动叉，并使部分花键露在外面。转动花键毂，用百分表测出花键侧面的读数变化值。配合间隙轿车一般不大于 0.15mm，其他类型的汽车一般应不大于 0.3mm。配合间隙超过规定或花键齿宽磨损量超过 0.2mm，应更换。

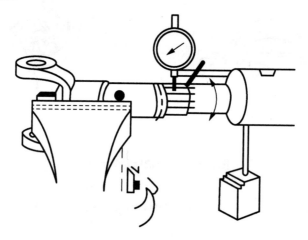

图 5-25　传动轴滑动叉与花键轴配合的侧隙检查

3．中间支承轴承的检修

若中间支承轴承的橡胶垫开裂、油封磨损过甚应更换，中间支承轴的滚珠、滚道出现烧蚀、裂纹、划痕、金属剥落等现象，也应更换。轴承旋转应灵活，无噪声、停滞和卡住现象。轴承径向间隙的检查如图 5-26 所示，将轴承放在平板上，一手压紧轴承内座圈，一手推动轴承外座圈，百分表的摆动量就是轴承的径向间隙。

轴承轴向间隙的检查方法如图 5-27 所示，将轴承外座圈放在两垫块上，在轴承内座圈上放一平铁板，百分表触头抵在平铁板中央，上下推动轴承内座圈，在百分表上即可读出轴承的轴向间隙。若径向间隙或轴向间隙过大，应更换。

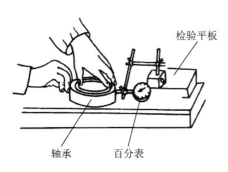

图 5-26　轴承径向间隙的检查

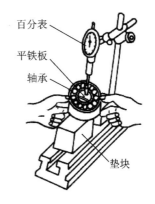

图 5-27　轴承轴向间隙的检查方法

4．万向节的检修

（1）十字轴式不等速万向节

十字轴颈不得有疲劳剥落、磨损沟槽等，对于轻微的金属剥落或压痕，可进行修磨处理。如果压痕深度超过 0.1mm，应更换十字轴。

十字轴与滚针轴承的配合间隙的检查：用手拉动万向节不能有明显的松旷感，如图 5-28 所示。也可如图 5-29 所示，将十字轴夹在台虎钳上，用百分表抵在轴承外壳上，用手上下推动滚针轴承外壳，百分表指针变化值即为轴承与十字轴配合间隙。一般剖分式轴承孔为 0.10～0.50mm，整体式轴承孔为 0.02～0.25mm，轿车为 0～0.05mm。当配合间隙超过原厂规定的极限值时，应更换。

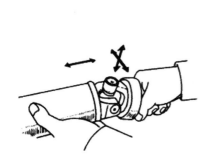

图 5-28　十字轴与滚针轴承的配合间隙的检查

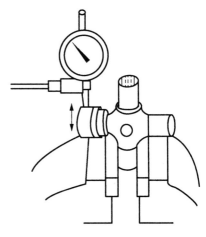

图 5-29　轴承配合间隙检查

检查轴承壳、滚针及轴承油封等其他零件，如有破裂、严重磨损等情况，应更换。

（2）球笼式等速万向节

若内、外等速万向节星形套、保持架、筒形壳（或球形壳）及钢球严重磨损，表面出现疲劳剥落或有裂纹，星形套花键磨损严重，均应更换万向节总成。万向节不得拼凑使用及单件更换。

5.5 万向传动装置故障的诊断与排除

汽车在经常复杂道路上行驶，使传动轴在其角度和长度不断变化的情况下传递转矩，因此万向传动装置常出现传动轴动不平衡、万向节与中间支承松旷、传动轴异响等故障。

5.5.1 传动轴动不平衡

1. 现象

在万向节和伸缩叉技术状况良好时，汽车行驶中发出周期性的响声，且速度越高响声越大，甚至伴随有车身振动，握转向盘的手感觉麻木。

2. 原因

1）传动轴上的平衡块脱落。
2）传动轴弯曲或传动轴管凹陷。
3）传动轴管与万向节叉焊接不正或传动轴未进行过动平衡试验和校准。
4）伸缩叉安装错位，造成传动轴两端的万向节叉不在同一平面内，不满足等速传动条件。

3. 故障诊断与排除

1）检查传动轴管是否凹陷：有凹陷，则故障由此引起；否则继续检查。
2）检查传动轴管上的平衡片是否脱落，如脱落，则故障由此引起；否则继续检查。
3）检查伸缩叉安装是否正确，不正确，则故障由此引起；否则继续检查。
4）拆下传动轴进行动平衡试验，动不平衡，则应校准以消除故障。弯曲应校直。

5.5.2 万向节松旷

1. 现象

在汽车起步或突然改变车速时，传动轴发出"抗"的响声；在汽车缓行时，发出"咣当、咣当"的响声。

2. 原因

1）凸缘盘连接螺栓松动。
2）万向节主、从动部分游动角度太大。
3）万向节十字轴磨损严重。

3. 故障诊断与排除

1）用榔头轻轻敲击各万向节凸缘盘连接处，检查其松紧度。太松旷，则故障由连接螺栓松动引起；否则继续检查。

2）用双手分别握住万向节主、从动部分转动，检查游动角度。游动角度太大，则故障由此引起。

5.5.3　中间支承松旷

1．现象

汽车运行中出现一种连续的"呜呜"响声，车速越高响声越大。

2．原因

1）滚动轴承缺油烧蚀或磨损严重。

2）中间支承安装方法不当，造成附加载荷而产生异常磨损。

3）橡胶圆环损坏。

4）车架变形，造成前后连接部分的轴线在水平面内的投影不同线而产生异常磨损。

3．故障诊断与排除

1）给中间支承轴承加注润滑脂，响声消失，则故障由缺油引起；否则继续检查。

2）松开夹紧橡胶圆环的所有螺钉，待传动轴转动数圈后再拧紧，若响声消失，则故障由中间支承安装方法不当引起；否则，故障可能由橡胶圆环损坏，或滚动轴承技术状况不佳，或车架变形等引起。

5.5.4　传动轴异响

1．现象

汽车行驶中传动装置发出周期性的响声，且车速越高响声越大，严重时伴随有车身振抖。

2．原因

传动轴异响的主要原因是传动轴动不平衡；由于传动轴变形或平衡块脱落等，以及中间支承吊架固定螺栓松动或万向节凸缘盘连接螺栓松动，使传动轴偏斜。

3．故障诊断与排除

除"传动轴动不平衡"诊断方法外，再检查中间支承吊架固定螺栓和万向节凸缘盘连接螺栓是否松动，若有松动，则异响由此引起。

本 章 小 结

1）万向传动装置一般由万向节和传动轴组成，有时还加装中间支承。汽车上任何一对轴线相交且相对位置经常变化的轴之间的动力传递，均需通过万向传动装置。

2）目前，汽车传动系统中用得最多的是十字轴式刚性万向节，它为非等速万向节，其等速传动的要求如下：

① 第一万向节两轴间夹角与第二万向节两轴间夹角相等。

② 第一万向节的从动叉与第二万向节的主动叉处于同一平面内。

3）等速万向节的基本原理是从结构上保证万向节在工作过程中，其传力点永远位于两轴交点的平分面上。

4）万向传动装置的常见故障、诊断与排除。

复习思考题

1）说明万向传动装置的作用与组成。

2）什么是十字轴式刚性万向节的不等速性？十字轴式刚性万向节如何实现等速传动？

3）等速万向节有哪些结构形式？各有何特点？

4）传动轴有哪些常见损伤形式？应如何检修？

5）为什么要设中间支承？它有哪几种类型？

实训项目 万向传动装置的拆装

一、实训内容

1）万向传动装置的结构认识。

2）万向传动装置的拆装。

二、实训目的与要求

1）掌握万向传动装置的拆装步骤及技术要求。

2）熟悉万向传动装置主要零部件的名称、作用及相互装配关系。

三、实训设备及工具、量具

1）大众桑塔纳 2000GSI 轿车。

2）其他工具及器材：举升机、组合工具、扭力扳手、车轮止动楔、螺钉旋具、钳子、压力装置 V.A.G1389、钢锯、金属锤子、电蚀笔、专用工具 VW408A、专用工具 VW402、专用工具 VW522、专用工具 VW401、专用工具 40-204、润滑脂 G-6、防护剂 D6、转向盘护套、变速杆手柄套、座位套、脚垫、翼子板和前格栅磁力护裙等。

四、学时及分组人数

2 学时，各种传动轴总成轮换进行。具体分组视学生人数和设备情况确定。

五、实训步骤及操作方法

1. 传动轴（半轴）总成的拆卸

1）在车轮着地时，旋下轮毂的紧固螺母。

2）旋下传动轴凸缘上的紧固螺栓，将传动轴与凸缘分开。

3）从车轮轴承壳内拉出传动轴，或利用 V.A.G1389 压力装置拉出传动轴。

注意： 拆卸传动轴时轮毂绝对不能加热，否则会损坏车轮轴承，原则上应使用拉具。其次，拆掉传动轴后，应装上一根连接轴来代替传动轴，防止移动卸掉传动轴的车辆时，损坏前轮轴承总成。

2. 万向节的分解

1）用钢锯将等速万向联轴器金属环锯开（图 5-30 中箭头处），拆卸防尘罩。

2）用一把金属锤子用力从传动轴上敲下万向节外圈（图 5-31）。

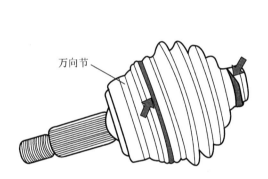

图 5-30　锯开金属环

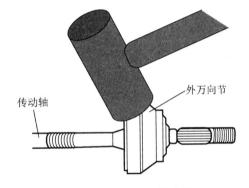

图 5-31　敲下万向节外圈

3）拆卸弹簧锁环（图 5-32）。

4）压出万向节内圈（图 5-33）。

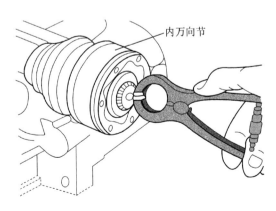

图 5-32　拆卸弹簧锁环

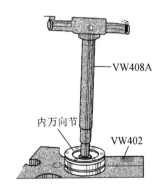

图 5-33　压出万向节内圈

5）分解外等速万向节。

① 拆散之前用电蚀笔或油石在钢球球笼和外星轮上标出内星轮的位置。

② 如图 5-34 所示，旋转内星轮与球笼，依次取出钢球。

③ 用力转动球笼直至两个方孔（图 5-35 中箭头所示）与外星轮对齐，连外星轮一起拆下球笼。

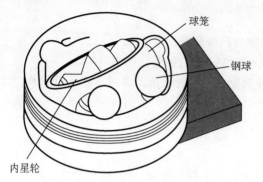

球笼

钢球

内星轮

图 5-34　分解外等速万向节

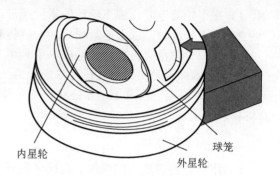

内星轮

球笼

外星轮

图 5-35　对齐方孔

④ 如图 5-36 所示，把内星轮上扇形齿旋入球笼的方孔，然后从球笼中取下内星轮。

6）分解内等速万向节。

① 转动内星轮与球笼，按图 5-37 中箭头所示方向压出球笼里的钢球。

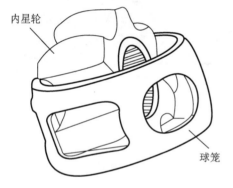

内星轮

球笼

图 5-36　扇形齿旋入球笼

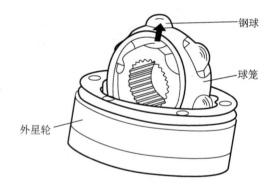

钢球

球笼

外星轮

图 5-37　压出钢球

② 内星轮与外星轮一起选配，不能互换。

③ 从球槽上面（图 5-38 中箭头所示）取出球笼里的内星轮。

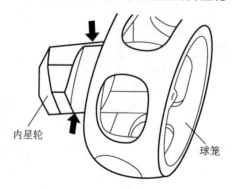

内星轮

球笼

图 5-38　取出内星轮

3．万向节的检查

1）检查外星轮、内星轮、球笼及钢球有无凹陷与磨损。

2）各球节处的六个钢球要求一定的配合公差，并与内星轮一起成为一组配合件。

3）如果万向节间隙已经明显过大，万向节必须更换。如果万向节呈光滑无损，或能看到钢球在运转，则不必更换万向节。

4．万向节的组装

1）组装内万向节：

① 对准凹槽将内星轮嵌入球笼，内星轮在球笼内的位置无关紧要。

② 如图 5-39 所示，将钢球压入球笼，并注入润滑脂。

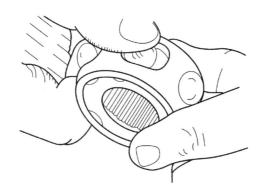

图 5-39　将钢球压入球笼

③ 将带钢球与球笼的外星轮垂直装入壳体。如图 5-40 所示，安装时应注意旋转之后，外星轮上的宽间隔 a 应对准内星轮上的窄间隔 b，转动球笼，嵌入到位。内星轮内径（花键齿）上的倒角必须对准外星轮的大直径端。

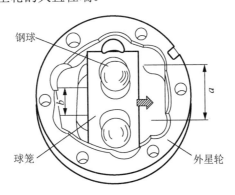

图 5-40　外星轮垂直装入壳体

④ 扭转内星轮，这样内星轮就能转出球笼。图 5-41 中箭头所示，使钢球在与壳体中的球槽相配合有足够的间隙。

⑤ 用力揿压球笼，图 5-42 中箭头所示，使装有钢球的内星轮完全转入外星轮内。

⑥ 用手能将内星轮在轴向范围内来回推动，检查安装是否正确。

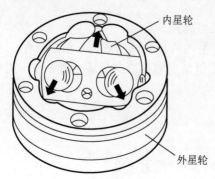

图 5-41 扭转内星轮

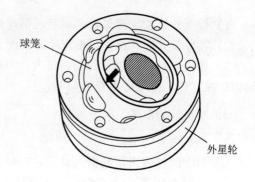

图 5-42 撬压球笼

2）组装外万向节。

① 用汽油清洗各部件，将润滑脂注入万向节内。

② 将球笼连同内星轮一起装入外星轮。

③ 对角交替地压入钢球，必须保持内星轮在球笼及外星轮内的原始位置。

④ 将弹簧锁环装入内星轮，将剩余的润滑脂压入万向节。

⑤ 用手将内星轮在轴向范围内来回推动，检查安装是否正确。

5. 万向节与传动轴的组装

1）如图 5-43 所示，在传动轴上安装防护罩，正确安装碟形座圈。

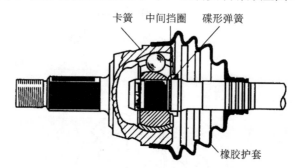

图 5-43 安装防护罩、碟形座圈

2）把万向节压入传动轴，使碟形座圈贴合，内星轮内径（花键齿）上的倒角必须面向传动轴靠肩。

3）安装弹簧锁环，装上外万向节。

4）在万向节上安装防尘罩时，防尘罩经常受到挤压。因而在防尘罩内部产生的一定真空，它在汽车行驶中会产生一个内吸的折痕。图 5-44 中箭头所示。因此，在安装防尘罩小口径之后，要稍微充点气，使压力平衡，不产生褶皱。

5）用夹箍夹住防尘罩，如图 5-45 所示。

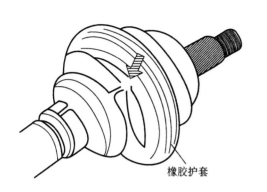

橡胶护套

图 5-44　内吸折痕的产生

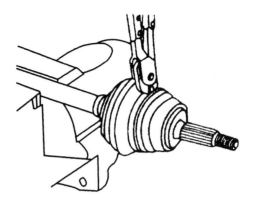

图 5-45　用夹箍夹住防尘罩

6）组装完毕，工具归位。

第6章 驱 动 桥

1．熟悉驱动桥的作用、组成和类型。
2．掌握主减速器、差速器、半轴和桥壳的结构与工作原理。
3．熟悉驱动桥的检修方法。
4．能分析、诊断与排除驱动桥的常见故障。

6.1　驱动桥概述

6.1.1　驱动桥的作用和组成

1．作用

驱动桥的作用是将万向传动装置输入的动力减速增矩、改变动力方向之后，通过半轴将动力传递、分配到左、右驱动轮。驱动桥的具体作用如下：

1）通过主减速器齿轮的传动，降低转速，增大转矩。

2）主减速器采用锥齿轮传动，改变转矩的传递方向。

3）通过差速器可以使内外侧车轮以不同转速转动，适应汽车的转向要求。

4）通过桥壳和车轮，实现承载及传力作用。

2．组成

汽车动力通常由发动机、离合器、变速器、传动轴、主减速器、差速器和半轴等传到车轮。有些轿车的动力从变速器直接经主减速器和差速器、等速万向节、传动轴传到驱动车轮，使驱动车轮旋转。一般汽车的驱动桥总体构造如图6-1所示。

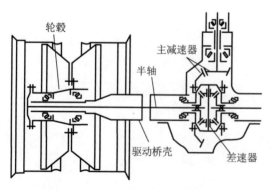

图6-1　一般汽车的驱动桥总体构造

6.1.2　驱动桥的类型

根据结构形式不同，驱动桥分为整体式驱动桥（又称非断开式驱动桥）、断开式驱动桥和转向驱动桥。下面仅对前两种驱动桥进行介绍。

1．非断开式驱动桥

非断开式驱动桥是指主减速器和半轴装在整体的桥壳内，该形式的车桥和车轮只能整体上下跳动，两侧半轴和驱动车轮不能在横向平面内相对运动，如解放 CA1091、东风 EQ1090、北京切诺基等汽车的驱动桥，如图 6-1 所示。

2．断开式驱动桥

当驱动桥采用独立悬架时，两侧车轮和半轴可以随路面的变化彼此独立地相对于车架上下跳动，主减速器固定在车架上。这种结构多用在断开式驱动桥中。断开式驱动桥是指驱动桥制成分段，并用铰链连接。这样，车身不会随车轮的跳动而跳动，提高汽车的平顺性和舒适性。断开式驱动桥的总体结构如图 6-2 所示，断开式驱动桥又分为单铰接摆动式和双铰接摆动式。

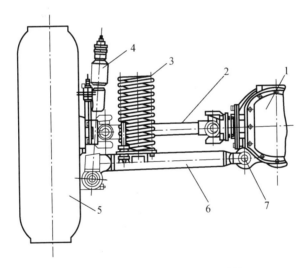

图 6-2　断开式驱动桥的总体结构

1—主减速器；2—半轴；3—弹性元件；4—减振器；5—车轮；6—摆臂；7—摆臂轴

6.2　主 减 速 器

6.2.1　主减速器的作用和类型

主减速器的主要作用是将输入的转矩增大并相应降低转速，当发动机纵向放置时还具有改变转矩方向的作用。

为满足不同的需要，主减速器具有不同的结构形式。按参与减速传动的齿轮副数目分，有单级式主减速器和双级式主减速器，如图6-3和图6-4所示。有些重型汽车又将双级主减速器的第二级圆柱齿轮传动设置在两侧驱动车轮附近，称为轮边减速器。

按主减速器传动比个数，可分为单速式主减速器和双速式主减速器。单速式主减速器的传动比是固定的，双速式主减速器则有两个传动比供驾驶员选择，以适应不同行驶条件的需要。

按齿轮副结构形式分，可分为圆柱齿轮式主减速器（又可分为轴线固定式、轴线旋转式及行星齿轮式）、螺旋锥齿轮式主减速器和准双曲面齿轮式主减速器。

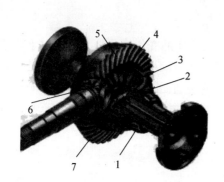

图6-3　单级式主减速器

1—圆锥轴承；2—差速器壳；3—行星齿轮；4—半轴齿轮；
5—从动锥齿轮；6—主动锥齿轮；7—行星齿轮轴

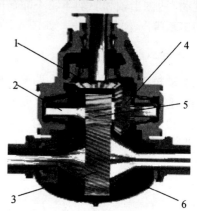

图6-4　双级式主减速器

1—主动锥齿轮；2—中间轴；3—从动圆柱齿轮；
4—从动锥齿轮；5—主动圆柱齿轮；6—差速器盖

6.2.2　主减速器的构造与工作原理

1. 单级主减速器

单级主减速器因结构简单、体积小、质量小、传动效率高等优点，可以满足轿车和中型货车动力性的要求，因此在轿车和中型货车中采用较多。其减速传动机构有一对齿轮组成。主传动比为

$$i_0 = \frac{n_1}{n_2}$$

式中　n_1——主动齿轮转速；

　　　n_2——从动齿轮转速。

图6-5所示为东风EQ1090E型汽车驱动桥单级主减速器及差速器总成剖面图。主减速器的减速传动机构为一对准双曲面齿轮18和7。主动锥齿轮18有六个齿，从动锥齿轮7有38个齿，故其主减速比$i_0 = \frac{38}{6} \approx 6.33$。为保证主动锥齿轮有足够的支承刚度，主动锥齿轮18与轴制成一体，前端支承在互相贴近而小端相向的两个圆锥滚子轴承13和17上，后端

支承在圆柱滚子轴承19上，形成跨置式支承。环状的从动锥齿轮7连接在差速器壳5上，差速器壳则用两个圆锥滚子轴承3支承在主减速器壳4的座孔中。在从动锥齿轮背面装有支承螺栓6，以限制从动锥齿轮过度变形而影响齿轮的正常工作。装配时，支承螺栓与从动锥齿轮端面之间的间隙为0.3～0.5mm。装配主减速器时，圆锥滚子轴承应有一定的装配预紧度，即在消除轴承间隙的基础上再给予一定的压紧力。其目的是减小在锥齿轮传动过程中产生的轴向力所引起的齿轮轴的轴向位移，提高轴的支承刚度，保证锥齿轮副的正常啮合。但其也不能过紧，过紧将导致传动效率低，且加速轴承磨损。为调整圆锥滚子轴承13和17的预紧度，在两轴承内座圈之间隔离套的一端装有一组厚度不同的调整垫片14。如发现过紧，则增加调整垫片14的总厚度；反之，减小垫片的总厚度。为了减小主减速器齿轮、轴承等的摩擦和磨损，在主减速器壳体内储有一定量的齿轮油。从动锥齿轮旋转时，将齿轮油飞溅到各齿轮、轴及轴承上进行润滑。主动轴前端的两个圆锥滚子轴承靠壳体进油道8飞溅进的润滑油，润滑轴承后的油经回油道16流回主减速器。为防止主减速器内温度升高使气压增大而造成齿轮油外溢，在主减速器壳上装有通气塞。此外，还装有加油螺塞和放油螺塞。

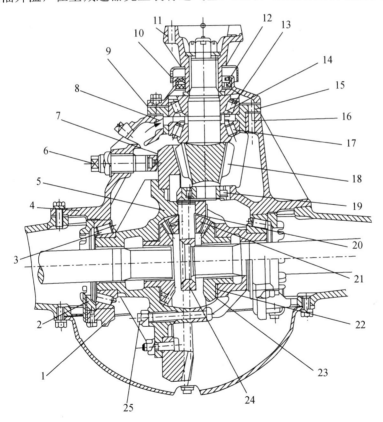

图6-5 东风EQ1090E型汽车驱动桥单级主减速器及差速器总成剖面图

1—差速器轴承盖；2—轴承调整螺母；3、13、17—圆锥滚子轴承；4—主减速器壳；5—差速器壳；6—支承螺栓；7—从动锥齿轮；8—进油道；9、14—调整垫片；10—防尘罩；11—叉形凸缘；12—油封；15—轴承座；16—回油道；18—主动锥齿轮；19—圆柱滚子轴承；20—行星齿轮垫片；21—行星齿轮；22—半轴齿轮推力垫片；23—半轴齿轮；24—行星齿轮轴（十字轴）；25—螺栓

　　主动锥齿轮的支承形式有跨置式和悬臂式两种：

　　跨置式是指主动锥齿轮前后方均有轴承支承，如图 6-6（a）所示。采用这种形式的主动锥齿轮支承刚度大，适用于负荷较大的单级主减速器。当前方两锥轴承出现间隙时，齿轮将会轴向窜动而导致齿面啮合印痕发生变化，但变化较小。

　　悬臂式是指主动锥齿轮只有在前方有支承，后方没有支承，其支承刚度较差。采用这种形式的主动锥齿轮多用于负荷较小的单级主减速器，如图 6-6（b）所示。部分中、重型汽车的双级主减速器主动锥齿轮也采用这种支承形式。有的重型汽车为提高其支承刚度，主减速器主动锥齿轮采用 3 个轴承支承，如图 6-6（c）所示。

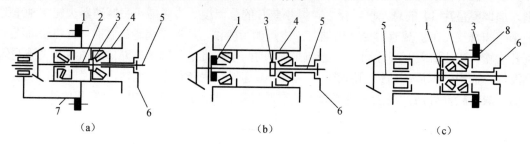

图 6-6　主动锥齿轮的支承形式及调整装置

1—主动锥齿轮啮合状况调整垫片；2—隔套；3—轴承预紧度调整垫片；4—主动锥齿轮轴承座；
5—主动锥齿轮；6—凸缘叉；7—主减速器壳；8—油封盖

2. 双级主减速器

　　根据发动机特性和汽车使用条件，要求主减速器具有较大的主传动比，由一对锥齿轮构成的单级主减速器已不能保证足够的最小离地间隙，这时需要采用两对齿轮实现降速的双级主减速器。解放 CA1091 型汽车双级主减速器的剖面图如图 6-7 所示。

　　该车主减速第一级传动比由一对曲线齿锥齿轮副 11 和 16 决定，第二级传动比由一对斜齿圆柱齿轮副 5 和 1 决定。

　　主动锥齿轮与轴制成一体，采用悬臂式支承，即主动锥齿轮轴支承在位于齿轮同一侧的两个相距较远的圆锥滚子轴承上，而主动锥齿轮悬伸在轴承之外。这种支承形式的结构比较简单，但支承刚度不如跨置式。一般双级主减速器中，主动锥齿轮轴多用悬臂式支承的原因有两点：一是第一级齿轮传动比较小，相应的从动锥齿轮直径较小，因而在主动锥齿轮外端要增加一个支承，布置上很困难；二是因传动比小，主动锥齿轮及轴颈尺寸有可能做得较大，同时尽可能将两轴承间的距离增大，同样可得到足够的支承刚度。

　　齿轮轴轴承的预紧度，可借助增减调整垫片 8 的厚度来调整，中间轴圆锥滚子轴承的预紧度则借助改变侧向轴承盖 4、15 和主减速器壳 12 之间的调整垫片 6 和 13 的总厚度来调整。支承差速器壳的滚子轴承的预紧度靠旋动调整螺母 3 来调整。为便于进行锥齿轮副的啮合调整，主动和从动锥齿轮的轴向位置都可以略加移动。增加轴承座 10 和主减速器壳 12 之间的调整垫片 7 的厚度，第一级主动锥齿轮 11 则沿轴向离开从动锥齿轮；反之则靠近。若减小左轴承盖 4 处的调整垫片 6，同时将这些卸下来的垫片都加到右轴承盖 15 处，则第一级从动锥齿轮 16 右移；反之则左移。若两组调整垫片 6 和 13 的总厚度的减量和增量不相等，则将破坏已调整好的中间轴承的预紧度。

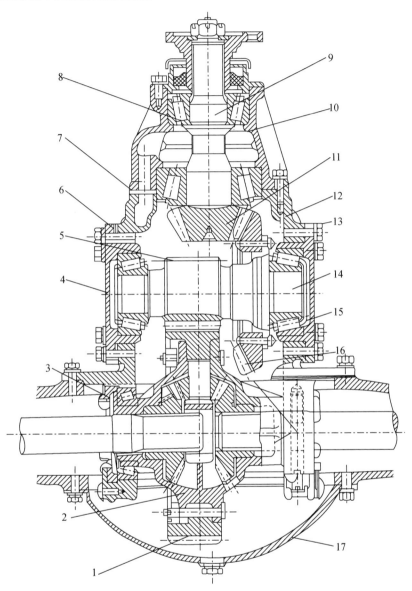

图 6-7 解放 CA1091 型汽车双级主减速器的剖面图

1—第二级从动齿轮；2—差速器壳；3—调整螺母；4、15—轴承盖 5—第二级主动齿轮；

6、7、8、13—调整垫片；9—第一级主动齿轮轴；10—轴承座；11—第一级主动锥齿轮；

12—主减速器壳；14—中间轴；16—第一级从动锥齿轮；17—后盖

3. 贯通式主减速器

有些多轴驱动的越野汽车，为了简化结构，增大离地间隙，分动器到同一方向的两驱动桥之间只有一套万向传动装置。这样，传动轴须从离分动器较近的驱动桥中穿过，再通向离分动器较远的驱动桥（图 6-8），相应的主减速器称为贯通式主减速器。

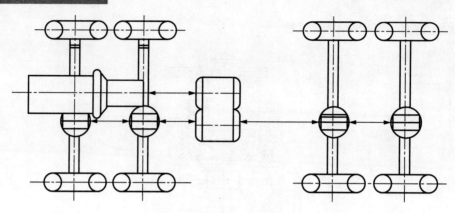

图 6-8　贯通式驱动桥示意图

4．轮边减速器

有些重型汽车为了增加最小离地间隙，同时获得大的传动比，提高通过能力和动力性，将双级主减速器的第二级齿轮减速机构放在两侧车轮近旁，称为轮边减速器。

轮边减速器分为外啮合圆柱齿轮式、内啮合齿轮齿圈式和行星齿轮式等多种形式。图 6-9 所示为行星齿轮式轮边减速器示意图。外齿圈 6 与桥壳 1 连成整体。半轴 2 与半轴齿轮 3 连成整体。半轴齿轮 3 带动行星齿轮 4 自转、公转，行星齿轮轴 5 公转，通过行星架 7 带动车轮旋转。

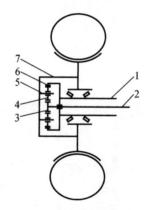

图 6-9　行星齿轮式轮边减速器示意图

1—桥壳；2—半轴；3—半轴齿轮；4—行星齿轮；5—行星齿轮轴；6—外齿圈；7—行星架

轮边减速器的特点：①减小了主减速器的尺寸，提高汽车的通过性；②作用在半轴和差速器上的转矩较小；③有较大的主传动比，同时结构比较紧凑。

6.3　差　速　器

差速器是指能使同一驱动桥的左、右车轮或两驱动桥以不同角速度旋转，并传递转矩的机构。起轮间差速作用的称为轮间差速器，起桥间差速作用的称为桥间（轴间）差速器。轮间差速器的作用是当汽车转弯行驶或不平路面上行驶时，使左、右驱动车轮以不同的转速滚动，即保证两侧驱动车轮作纯滚动运动。

防滑差速器常见的形式有强制锁止式齿轮差速器、高摩擦自锁差速器（包括摩擦片式、滑块凸轮式等）及自由轮式差速器等。

6.3.1 普通齿轮差速器

普通齿轮式差速器有锥齿轮式和柱齿轮式两种，锥齿轮差速器结构简单、紧凑、工作平稳，因此目前应用最为广泛。

图 6-10 为行星锥齿轮差速器。它由行星锥齿轮 4、十字轴 7、两个半轴锥齿轮 2、两个半差速器壳 1 和 5、垫片 3 和 6 组成。主减速器从动锥齿轮 8 夹在半差速器壳 1 和 5 之间，用螺栓将它们固定在一起，十字轴的两个轴颈嵌在两个半差速器壳端面半圆槽所形成的孔中，行星锥齿轮 4 分别松套在四个轴颈上，两个半轴锥齿轮 2 分别与行星锥齿轮啮合，以其轴颈支承在差速器壳中，并以花键孔与半轴连接。行星锥齿轮背面和差速器壳的内表面，均制成球面，以保证行星齿轮的对中性，使其与两个半轴锥齿轮能正确啮合，行星齿轮和半轴锥齿轮的背面与差速器壳之间装有垫片 3 和 6，用以减轻摩擦，降低磨损，提高差速器的使用寿命，同时还可以用来调整齿轮的啮合间隙。

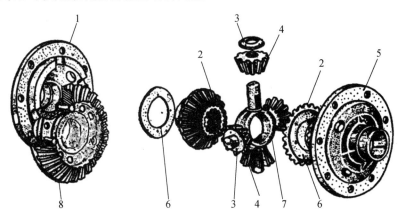

图 6-10　行星锥齿轮差速器

1、5—半差速器壳；2—半轴锥齿轮；3—行星锥齿轮球形垫片；4—行星锥齿轮；
6—半轴锥齿轮推力垫片；7—行星锥齿轮轴（十字轴）；8—主减速器从动锥齿轮

差速器壳的十字轴孔是在左、右壳装合后加工而成的，装配时不能周向错位。

差速器靠主减速器壳内的润滑油来润滑，因此差速器上开有供润滑油进出的窗孔，为了保证行星齿轮和十字轴轴颈之间的润滑，在十字轴轴颈上铣有平面，并在行星齿轮的齿间钻有油孔与其中心孔相通。同样，半轴齿轮上也钻有油孔，与其背面相通，以加强背面与差速器壳之间的润滑。

工作时，主减速器的动力传至差速器壳，依次经十字轴 7、行星锥齿轮 4、半轴锥齿轮 2 传给半轴，再由半轴传给车轮。

在中型以下的货车或轿车上，因传递的转矩较小，可采用两个行星齿轮，相应的行星齿轮轴是一根直轴。图 6-11 所示为大众桑塔纳轿车的差速器，差速器壳为一整体框架结构。行星齿轮轴 5 装入差速器壳后用止动销 6 定位，半轴齿轮 2 背面也制成球形。其背面的推力垫片与行星齿轮背面的推力垫片制成一个整体，称为复合式推力垫片。螺纹套 3 用来紧固半轴齿轮。

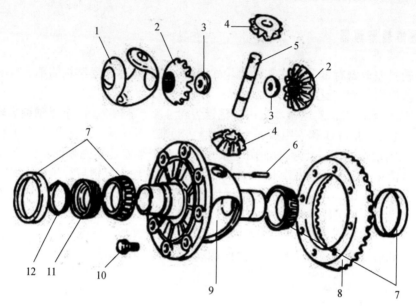

图 6-11　大众桑塔纳轿车的差速器

1—复合式推力垫片；2—半轴齿轮；3—螺纹套；4—行星齿轮；5—行星齿轮轴；6—止动销；7—圆锥滚子轴承；
8—主减速器从动锥齿轮；9—差速器壳；10—螺栓；11—车速表齿轮；12—车速表齿轮锁紧套筒

图 6-12 所示为差速器的运动原理图。差速器壳 3 与行星齿轮轴 5 连成一体，并由主减速器从动锥齿轮 6 带动一起转动，是差速器的主动件，设其转速为 n_0。半轴齿轮 1 和 2 为从动件，设其转速分别为 n_1 和 n_2。A、B 两点分别为行星齿轮 4 与半轴齿轮 1 和 2 的啮合点，C 为行星齿轮 4 的中心。A、B、C 到差速器旋转轴线的距离相等。

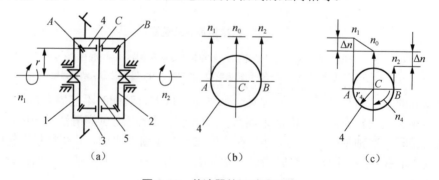

图 6-12　差速器的运动原理图

1、2—半轴齿轮；3—差速器壳；4—行星齿轮；5—行星齿轮轴；6—主减速器从动锥齿轮

差速器行星齿轮有三种运动状态，即公转、自转和既公转又自转。当汽车直线行驶时，行星齿轮相当于一个等臂的杠杆保持平衡，即行星齿轮不自转，而只随行星齿轮轴 5 及差速器壳体一起公转，所以两半轴无转速差［图 6-12（b）］，差速器不起差速作用。

即
$$n_1 = n_2 = n_0$$
且
$$n_1 + n_2 = 2n_0$$

当汽车转弯行驶时，行星齿轮 4 除了随差速器壳体一起公转外，还绕行星齿轮轴自转。设其自转的速度为 n_4，方向如图 6-12（c）所示，则半轴齿轮 1 的转速加快，半轴齿轮 2 的转速减慢，因 $AC = CB$，所以半轴齿轮 1 转速的增加值等于半轴齿轮 2 的转速减小值。设半轴齿轮转速的增加值为 Δn，则两半轴齿轮转速分别为

$$n_1 = n_0 + \Delta n$$
$$n_2 = n_0 - \Delta n$$

这就是差速器的差速作用。即汽车在转弯或其他情况下行驶时，两侧车轮可以不同的转速在地面上滚动，但仍然有

$$n_1 + n_2 = 2n_0$$

上式即为行星锥齿轮差速器的运动特性方程式。它表明，差速器无论差速与否，两半轴齿轮转速之和始终等于差速器壳体转速的两倍，而与行星齿轮自转转速无关。由上式可知：①当任何一侧半轴齿轮的转速为零时，另一侧半轴齿轮的转速为差速器壳体的两倍；②当差速器壳体转速为零时，若一侧半轴齿轮受其他力矩而转动，另一侧半轴齿轮以相同的速度反转。差速器起差速作用的同时，还要分配转矩给左、右两侧的驱动轮。图 6-13 为行星锥齿轮差速器转矩分配示意图。主减速器传至差速器壳体的转矩 M_0，经行星齿轮轴和行星齿轮传给两个半轴齿轮的转矩分别为 M_1、M_2。

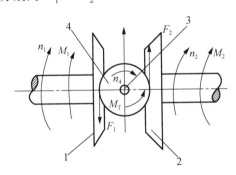

图 6-13　行星锥齿轮差速器转矩分配示意图

1、2—半轴齿轮；3—行星齿轮轴；4—行星齿轮

当行星齿轮不自转时，即 $n_0 = 0$，$M_T = 0$（M_T 为行星齿轮自转时内孔和背面所受的摩擦力矩），行星齿轮相当于一个等臂杠杆，均衡拨动两半轴齿轮转动，所以，差速器转矩 M_0 平均分配给两半轴齿轮，即 $M_1 = M_2 = M_0 / 2$。当行星齿轮按图 6-13 所示方向自转时，即 $n_1 > n_2$，行星齿轮所受的摩擦力矩 M_T 与其自转方向相反，从而使行星齿轮分别对半轴齿轮 1、2 附加作用了两个大小相等、方向相反的圆周力 F_1 和 F_2，F_1 使传到转得快的半轴齿轮 1

上的转矩减小，而使传到转得慢的半轴齿轮 2 上的转矩增大，且 M_1 的减小值等于 M_2 的增大值，等于 $M_\mathrm{T}/2$。所以，当两侧驱动轮存在差速时（$n_1 > n_2$）：

$$M_1 = (M_0 - M_\mathrm{T})/2$$
$$M_2 = (M_0 + M_\mathrm{T})/2$$

即转得慢的车轮分配到的转矩大于转得快的车轮分配到的转矩，差值为差速器内部摩擦力矩 M_T，由于 M_T 很小，可以忽略不计，则

$$M_1 = M_2 = M_0/2$$

可见，无论差速器差速与否，行星锥齿轮差速器都具有转矩等量分配的特性。上述普通锥齿轮差速器转矩等量分配的特性对于汽车在良好路面上行驶是有利的，但汽车在恶劣路面上行驶时会严重影响其通过能力。当汽车的一个驱动轮处于泥泞的路面因附着力小而打滑时，即使另一个车轮处于附着力大的路面上未滑转，此时附着力小的路面只能对驱动轮作用一个很小的反作用力矩。由于差速器等量分配转矩特性，附着力大的驱动轮同样分配小的转矩，总的驱动力不足以克服行驶阻力，汽车便陷入泥泞的路中不能行驶。采用普通锥齿轮差速器，使汽车在恶劣路面的行驶能力受到了限制。为了提高汽车在恶劣路面的通过能力，一些越野汽车、高速小客车和载重汽车采用了防滑差速器。汽车上常用的防滑差速器有人工强制锁止式和自锁式两大类。前者通过驾驶员操纵差速锁，人为地将差速锁暂时锁住，使差速器不起差速作用。后者在汽车行驶过程中，根据路面情况自动改变驱动轮间的转矩分配。自锁式差速器又有摩擦片式、滑块凸轮式和托森式等多种结构。

6.3.2 强制锁止式差速器

强制锁止式差速器就是在普通行星锥齿轮差速器上设计了差速锁。当一侧驱动轮滑转时，利用差速锁使差速器不起作用，保证了汽车的正常行驶。

图 6-14 所示为奔驰 20026A 型汽车强制锁止式差速器结构示意图。它的差速锁由牙嵌式接合器及操纵机构两大部分组成。牙嵌式接合器的固定接合套 26 用花键与差速器壳 24 左端连接，并用弹性挡圈 27 轴向限位。滑动接合套 28 用花键与半轴 29 连接，并可轴向滑动。操纵机构的拨叉 37 装在拨叉轴 36 上并可沿导向轴 39 轴向滑动，其叉形部分插入滑动接合套 28 的环槽中。当汽车在良好路面上行驶不需要锁止差速器时，牙嵌式接合器的固定接合套 26 与滑动接合套 28 不嵌合，即处于分离状态。

当汽车在恶劣路面上行驶需要锁止时，通过驾驶员的操纵，压缩空气由进气管接头 30 进入气动活塞缸左腔，推动活塞对右移，并经调整螺钉及其锁紧螺钉 33 和拨叉轴 36，推动拨叉 37 压缩复位弹簧 38 右移，从而拨动滑动接合套 28 右移与固定接合套接合，将左半轴 29 与差速器壳 24 连成一个整体，则左、右两半轴被锁成一体转动，即差速器被锁止，不起差速作用。这样，转矩可全部分配给良好路面上的车轮。

当解除差速器的锁止时，放掉气缸内压缩空气，拨叉及滑动接合套在复位弹簧 38 作用下左移复位，接合器分离，差速器恢复差速作用。

强制锁止式差速器的特点是结构简单，易于制造，但操纵不便，一般要在停车时进行。

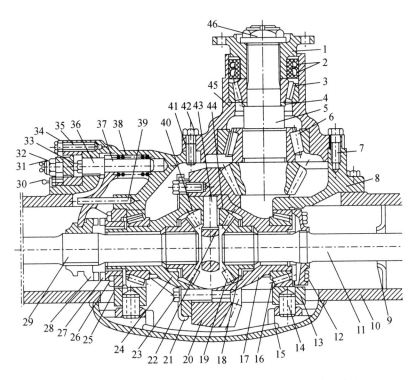

图 6-14　奔驰 20026A 型汽车强制锁止式差速器结构示意图

1—传动凸缘；2—油封；3、6、16—轴承；4—调整垫圈；5—主减速器主动齿轮轴；7—调整垫片；8—主减速器壳；9—挡油盘；
10—桥壳；11、29—半轴；12—带挡油盘的调整螺母；13—轴承盖；14—定位销；15—集油槽；17、24—差速器壳；
18、44—推力垫片；19—半轴齿轮；20—主减速器从动齿轮；21—锁板；22—衬套；23、42—螺栓；25—调整螺母；
26—固定接合套；27—弹性挡圈；28—滑动接合套；30—进气管接头；31—带密封圈的活塞；32—差速器指示灯开关；
33—调整螺钉及其锁紧螺母；34—缸盖；35—缸体；36—拨叉轴；37—拨叉；38—复位弹簧；39—导向轴；
40—行星齿轮；41—密封圈；43—十字轴；45—轴承座；46—螺母

6.3.3　托森差速器

图 6-15 所示为奥迪 A4 全轮驱动轿车前、后驱动桥之间采用的新型托森差速器的结构。"托森"表示"转矩-灵敏"，它是一种轴间自锁差速器，装在变速器后端。转矩由变速器输出轴传递给托森差速器，再由差速器直接分配给前驱动桥和后驱动桥。

托森差速器由差速器壳、六个蜗轮、六根蜗轮轴、12 个直齿圆柱齿轮以及前、后轴蜗杆组成。当前、后驱动桥无转速差时，蜗轮绕自身轴自转，各蜗轮、蜗杆与差速器壳一起等速转动，差速器不起差速作用。当前、后驱动桥需要有转速差，如汽车转弯时，因前轮转弯半径大，差速器起差速作用。此时，蜗轮除公转传递动力外，还要自转。直齿圆柱齿轮的相互啮合，使前、后蜗轮自转方向相反，从而使前轴蜗杆转速增加，后轴蜗杆转速减小，实现了差速。托森差速器起差速作用时，由于蜗杆蜗轮啮合副之间的摩擦作用，转速较低的后驱动桥比转速较高的前驱动桥所分配到的转矩大。若后桥分配到的转矩大到一定程度而出现滑转，则后桥转速升高一点，转矩又立刻重新分配给前桥一些，所以驱动力的分配可根据转弯的要求自动调节，使汽车转弯时具有良好的驾驶性。当前、后驱动桥中某一桥因附着力小而出现滑转时，差速器起作用，将转矩的大部分分配给附着力好的另一驱动桥（最大可达 3.5 倍），从而提高了汽车通过恶劣路面的能力。

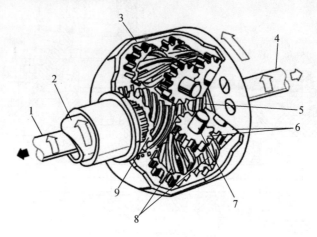

图 6-15 奥迪 A4 全轮驱动轿车前、后驱动桥之间采用的新型托森差速器结构

1—差速器齿轮轴；2—空心轴；3—差速器壳；4—驱动轴凸缘盘；5—后轴蜗杆；
6—直齿圆柱齿轮；7—蜗轮轴；8—蜗轮；9—前轴蜗杆

6.4 半轴和桥壳

6.4.1 半轴

半轴是差速器与驱动桥之间传递动力的实心轴，其内端用花键与差速器的半轴齿轮连接，外端则用凸缘与驱动轮的轮毂相连，半轴齿轮的轴颈支承于差速器两侧轴颈的孔内，而差速器壳又以其两侧轴颈借助轴承直接支承在主减速器壳上。半轴与驱动轮的轮毂在桥壳上的支承形式，决定了半轴的受力状况。现代汽车基本上采用全浮式半轴支承和半浮式半轴支承两种主要支承形式。

1. 全浮式半轴支承

图 6-16 为全浮式半轴支承形式的驱动桥示意图。这种支承形式的半轴除受转矩外，两端均不承受任何弯矩，故称为全浮式。全浮式半轴内端花键与差速器半轴齿轮相连。外端有凸缘盘，通过螺柱与轮毂 4 固定在一起，轮毂通过两排圆锥轴承 5 支承于桥壳 1 上。路面对驱动轮作用力反映到车桥上的情况是除切向反力 X、垂直反力 Z、侧向反力 Y 及由它们所产生的弯矩，都经两轴承 5 直接传到桥壳上，由桥壳承受。

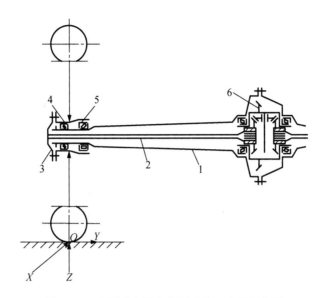

图 6-16　全浮式半轴支承形式的驱动桥示意图

1—桥壳；2—半轴；3—半轴凸缘；4—轮毂；5—轴承；6—主减速器从动锥齿轮

图 6-17 为东风 EQ1090E 型汽车的全浮式半轴支承结构示意图。半轴 6 外端锻出凸缘，借螺柱 7 与轮毂 9 连接，轮毂 9 通过两个相距较远的锥轴承 8、10 支承在半轴套管 1 上。半轴套管与桥壳 12 压配成一体。

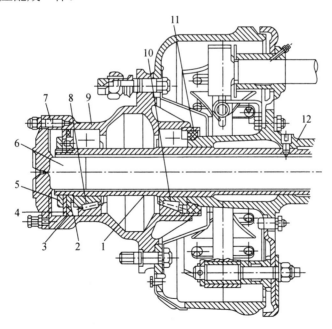

图 6-17　东风 EQ1090E 型汽车的全浮式半轴支承结构示意图

1—半轴套管；2—调整螺母；3、11—油封；　4—锁紧垫圈；5—锁紧螺母；6—半轴；7—螺柱；

8、10—锥轴承；9—轮毂；12—桥壳

全浮式支承的半轴易于拆装，只需拧下半轴凸缘上的螺钉，即可抽出半轴，而车轮与桥壳 12 压配成一体。

全浮式支承的半轴易于拆装，只需拧下半轴凸缘上的螺钉，即可抽出半轴，而车轮与桥壳照常支持汽车。这种支承形式在汽车中应用广泛。

2. 半浮式半轴支承

图 6-18 为半浮式半轴支承形式的驱动桥示意图。车轮的各种反力都经过半轴传递给桥壳，使半轴不仅要传递转矩，还要承受各种反力及其引起的各种弯矩，外端承受全部弯矩，故称为半浮式支承。半浮式半轴的内端通过花键与半轴齿轮连接。靠外端处与桥壳之间只用一轴承支承。车轮与桥壳无直接联系而支承于半轴外端，距支承轴承有一悬臂 b。

图 6-19 为半浮式半轴外端的支承结构示意图。支承在桥壳内的轴承 5 被用螺栓固定于桥壳凸缘上的轴承盖 2 轴向定位。外端带凸缘盘的半轴 3 支承在轴承 5 上，并靠圆角处的凸肩和热压配在半轴上的定位环 4 进行轴向定位。制动鼓 6 和轮毂分别用螺钉和螺栓安装在半轴凸缘盘 7 上。

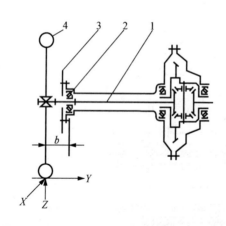

图 6-18　半浮式半轴支承形式的驱动桥示意图

1—半轴；2—锥轴承；3—轴承盖；4—车轮

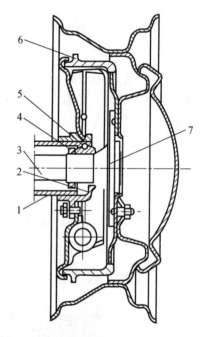

图 6-19　半浮式半轴的外端支承结构示意图

1—桥壳；2—轴承盖；3—半轴；4—定位环；5—轴承；
6—制动鼓；7—半轴凸缘盘

半浮式支承具有结构紧凑、质量小、半轴受力情况复杂且拆装不方便等特点，广泛应用于反力弯矩较小的各类轿车上。

6.4.2　桥壳

驱动桥壳的作用是支承并保护主减速器、差速器和半轴等，使左、右驱动车轮的轴向相对位置固定，同从动桥一起支承车架及其上的各总成质量；汽车行驶时，承受由车轮传来的路面反作用力和力矩，并经悬架传递给车架。

驱动桥壳应有足够的强度和刚度，且质量要小，并便于主减速器的拆装和调整。桥壳的尺寸和质量一般比较大，制造较困难，故其结构形式在满足使用要求的前提下，要尽可能便于制造。

1. 驱动桥壳的结构形式

驱动桥壳分为整体式和分段式两种。

（1）整体式

铸造的整体式桥壳刚度和强度较大，但质量也大，目前仍广泛应用。图 6-20 为解放 CA1091 型汽车的整体式驱动桥壳结构示意图。其中部是一环空心的桥壳 7，用球墨铸铁铸成。两端压入半轴套管 8，并用止动螺钉 2 限制位置。半轴套管外端用以安装轮毂轴承。凸缘盘 1 用来固定制动底板。主减速器和差速器预先装合在主减速器壳 3 内，然后用固定螺钉 4 将其固定在空心梁的中部前端面上。空心梁中部后端面的大孔，用以检查驱动桥内主减速器和差速器的工作情况。后盖 6 上装有检查油面用的螺塞 5。主减速器上有加油孔和放油孔。

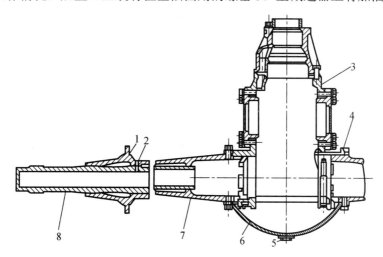

图 6-20 解放 CA1091 型汽车的整体式驱动桥壳结构示意图

1—凸缘盘；2—止动螺钉；3—主减速器壳；4—固定螺钉；5—螺塞；6—后盖；7—桥壳；8—半轴套管

整体式桥壳具有较大的强度和刚度，且便于主减速器的装配、调整和维修，因此普遍应用于各类汽车上。

（2）分段式

分段式桥壳一般由两段组成，也有由三段甚至多段组成的，各段之间用螺栓连接。图 6-21 为一两段组成的桥壳，用螺栓 1 连成一体。它主要由铸造的主减速器壳 10、盖 13、两段钢制半轴套管 4 组成。

分段式桥壳易于制造，加工简单，但不便于维修，为防止断裂，铸造式桥壳多采用可锻造球墨铸铁制造，有的汽车桥壳也采用铝合金制造。

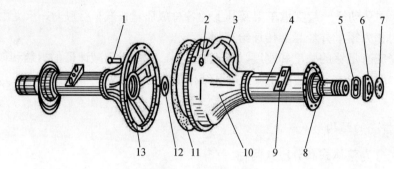

图 6-21 分段式桥壳

1—螺栓；2—放油孔；3—主减速器壳颈部；4—半轴套管；5—调整螺母；6—止动垫片；7—锁紧螺母；8—凸缘盘；
9—钢板弹簧座；10—主减速器壳；11—垫片；12—油封；13—盖

2．桥壳的材料及密封

桥壳经常承受冲击性载荷，应允许有少量变形，防止断裂，因此，铸造式桥壳多用可铸造铁或球墨铸铁制造。汽车桥壳有的也采用铝合金制造。

为防止主减速器内的润滑油经半轴与桥壳间的环形空间流至桥壳两端，驱动桥都有密封装置。有的在桥壳外端，如图 6-17 中在锥轴承 8 外侧有油封 3 用锁紧螺母 5 拧紧在半轴套管形成密封。这种油封的刃口应朝向主减速器，装半轴时应使半轴居中通过油封，否则易顶出油封。也有的汽车在桥壳内端装有挡油盘。

6.5 驱动桥的维修

6.5.1 驱动桥主要零件的检修

1．主减速器及差速器的检测

1）检查主减速器主动齿轮、从动齿轮、行星齿轮和半轴齿轮的轮齿表面接触情况，看是否有刮伤、裂纹或严重磨损。齿轮不允许有明显的疲劳剥落，齿面出现黑斑的面积不得大于工作面的30%。主减速器及差速器壳不得有裂纹。否则，应更换总成。

2）检查从动锥齿轮的偏摆量。如图 6-22 所示，固定百分表座，将百分表针抵在从动齿轮背面最外端，从动齿轮旋转 1 周，记下百分表摆差读数。偏摆量要小于 0.1mm，否则，应予更换。

3）检查主减速器齿轮的啮合间隙。用百分表触头垂直抵住从动锥齿轮轮齿大端的凸面（图 6-23），对圆周均匀分布的不少于 3 个齿测量啮合间隙，货车装配齿轮啮合间隙为 0.15～0.40mm，轿车和轻型汽车的啮合间隙 0.13～0.18mm，如齿隙超过规定，应调整差速器侧向轴承的预紧力。

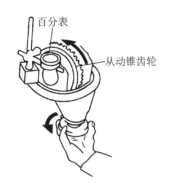

图 6-22 检查减速器从动锥齿轮的偏摆量

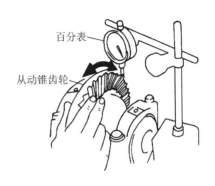

图 6-23 检查减速器齿轮的齿隙

4）检查半轴齿轮的间隙，如图 6-24 所示。装配间隙应为 0.05～0.20mm，如间隙不当，可选用不同厚度的止推垫圈予以调整。

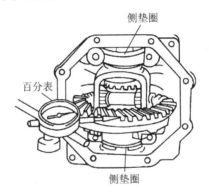

图 6-24 检查半轴齿轮齿隙

2．半轴齿轮与行星齿轮啮合间隙的调整

1）选择适当的止推垫圈，把止推垫圈和半轴齿轮装入差速器壳内，按前述方法测量半轴齿轮与行星齿轮的啮合间隙，应在 0.05～0.20mm 范围内。如间隙不当，应换用不同厚度的止推垫圈。

2）半轴齿轮轮齿大端端面的弧面与行星齿轮的背面弧面应相吻合，并在同一球面上。不合适时，应通过改变行星齿轮背面球形垫圈的厚度来达到要求。

3）安装行星齿轮轴上的直销，并把销和差速器壳铆死。重复检查半轴齿轮的转动是否灵活，半轴齿轮与行星齿轮啮合间隙是否合适。

3．半轴的检修

1）半轴内端花键齿或半轴齿轮花键齿磨损，会使半轴齿轮与半轴花键配合间隙变大，应予以更换。

2）半轴不得有裂纹或断裂，否则应予更换。

3）半轴凸缘螺栓孔磨损应予修复。

4）半轴内端键齿扭斜应予更换。

5）半轴弯曲检查采用百分表测量半轴中部的偏转量。摆差不得超过 2mm。否则，应予更换或校正；半轴凸缘平面应与半轴中心线垂直，当以半轴中心线为回转中心，检查半轴差速器及从动锥齿轮轴凸缘平面时，半轴应无弯曲，偏摆量应不大于 0.2mm。

4．主减速器壳的检修

1）壳体应无裂损，各部位螺纹的损伤不得多于 2 牙，否则应予更换。

2）差速器左、右轴承孔的同轴度误差应不大于 0.10mm。

3）主减速器壳纵轴线对横轴线的垂直度公差：当纵轴线长度大于 300mm 时，其值为 0.16mm；当纵轴线长度不大于 300mm 时，其值为 0.12mm；纵、横轴线应位于同一平面内（双曲线齿轮结构除外），其位置度公差为 0.08mm。

5．后桥壳和半轴套管的检修

1）桥壳和半轴套管不允许有裂纹存在，半轴套管应进行探伤检验，各部位螺纹损伤不得超过 2 牙。

2）钢板弹簧座定位孔的磨损不得大于 1.5mm，超限时先进行补焊，再按原位置重新钻孔。

3）整体式桥壳以半轴套管的两内端轴颈的公共轴线为基准，两外轴颈的径向圆跳动误差超过 0.30mm 时应进行校正，校正后的径向圆跳动误差不得大于 0.08mm；分段式桥壳以桥壳的接合圆柱面、接合平面及另一端内锥面为基础，轮毂的内、外轴颈的径向圆跳动误差超过 0.25mm 时应进行校正，校正后的径向圆跳动误差不得大于 0.08mm。

4）桥壳轴承孔与半轴套管的配合及伸出长度应符合原设计规定。当半轴套管轴承孔的磨损严重时，可将座孔镗至修理尺寸，更换相应的修理尺寸的半轴套管。

5）轴承与桥壳的配合应符合原设计规定，如配合处过于松旷，可用刷镀修复轴承孔。

6）桥壳变形时可用压力校正或火焰校正，若用热压校正，加热温度应不大于 700℃。

6.5.2 驱动桥常见故障的诊断与排除

驱动桥的主减速器、差速器、半轴、轴承和油封等长期承受冲击载荷，使其配合副加剧磨损，各部位零件损坏，导致驱动桥过热、异响和漏油等故障发生。

1．驱动桥过热

（1）故障现象

汽车行驶一段里程后，用手探试驱动桥壳中部或主减速器壳，有无法忍受的烫手感觉。

（2）故障原因

1）齿轮油变质、油量不足或牌号不符合要求。

2）轴承调整过紧。

3）齿轮啮合间隙和行星齿轮与半轴齿轮啮合间隙调整太小。

4）油封过紧和各运动副、轴承润滑不良产生干摩擦。

（3）故障诊断与排除

1）局部过热。

① 油封处过热，则故障由油封过紧引起。

② 轴承处过热，则故障由轴承损坏或调整不当引起。

③ 油封和轴承处均过热，则故障由推力垫片与主减速器从动齿轮背隙过小引起。

2）普遍过热。

① 检查齿轮油油面高度，油面太低，则故障由齿轮油量不足引起。

② 检查主减速器齿轮啮合间隙的大小。

③ 松开制动手柄，变速器置于空挡，轻松转动主减速器的凸缘盘，若转动角度太小，则故障由主减速器齿轮啮合间隙太小引起；若转动角度正常，则故障由差速器行星齿轮与半轴齿轮啮合间隙太小引起。

2．驱动桥异响

（1）故障现象

1）汽车行驶时，驱动桥有异响，而脱挡滑行时，响声减弱或消失。

2）汽车挂挡行驶和脱挡行驶，均有异响。

3）转弯行驶时，驱动桥有异响，而直线行驶时无异响。

（2）故障原因

1）圆锥和圆柱主从动齿轮、行星齿轮、半轴齿轮啮合间隙过大。

2）半轴齿轮花键槽与半轴的配合松旷。

3）圆锥主、从动齿轮啮合不良。

4）圆锥与圆柱主、从动齿轮啮合间隙不均匀，齿轮齿面损伤或轮齿折断。

5）半轴齿轮与行星齿轴不匹配。

（3）故障诊断与排除

1）停车检查。

① 检查齿轮油是否过少，若过少应加注齿轮油。

② 齿轮油变稀或变质，应更换齿轮油。

③ 用手握住传动轴，检查减速器齿轮的啮合间隙是否过于松旷，视检查情况调整。

2）路试检查。

① 汽车行驶中，若车速越高响声越大，脱挡滑行减弱或消失，说明主减速器轴承磨损松旷，应检视调整或更换。

② 汽车行驶或滑行时，响声不减弱或不消失，说明主动锥齿轮轴承、差速器轴承松旷，应调整或更换。

③ 汽车直线行驶时发响，说明减速器齿轮的轮齿有损坏，应更换。

④ 转弯时有异响，直行时异响消失，说明差速器行星齿轮损坏或行星齿轮轴润滑不良，应更换。

3．漏油

（1）故障现象

从驱动桥加油口、放油口螺塞处或油封，各接合面处可见到明显漏油痕迹。

（2）故障原因

1）加油口、放油口螺塞松动或损坏。

2）油封磨损、硬化，油封装反，油封与轴颈不同轴，油封轴颈磨成沟槽。

3）接合平面变形、加工粗糙，密封衬垫太薄、硬化或损坏，紧固螺钉松动或损坏。

4）通气孔堵塞。

5）桥壳有裂纹。

（3）故障诊断与排除

1）齿轮油自半轴凸缘周围渗出，说明由半轴油封不良引起，应更换油封。

2）主减速器主动齿轮凸缘处漏油，说明该处油封不良或凸缘轴颈磨损，产生沟槽。拆解主减速器，更换油封或相关轴。

3）其他部位漏油，如桥壳裂纹产生油迹，可根据油迹查明原因，并予排除。

本 章 小 结

1）驱动桥的作用是将万向传动装置输入的动力减速增矩、改变动力方向之后，通过半轴将动力传递并分配到左、右驱动轮。

2）一些重型汽车上，将双级主减速器的第二级圆柱齿轮传动设置在两侧驱动车轮附近，称为轮边减速器。

3）全浮式半轴除受转矩外，两端均不承受任何弯矩。半浮式半轴不仅要传递转矩，还要承受各种反力及其引起的各种弯矩。

4）铸造的整体式桥壳刚度和强度较大，但质量也大，目前仍广泛应用。

5）驱动桥的故障诊断与排除方法。

复习思考题

1）驱动桥有什么作用？主要由哪几部分组成？

2）主减速器常用的类型有哪些？

3）驱动桥中为什么要设差速器？普通差速器的速度特性和转矩特性是什么？

4）常用的半轴支承形式有哪些？各有什么特点？

5）驱动桥发热的原因有哪些？如何进行诊断？

6）试述驱动桥漏油的主要原因和诊断排除方法？

实训项目　驱动桥的拆装

一、实训内容

1）驱动桥的结构认识。

2）驱动桥的拆装。

二、实训目的与要求

1）掌握驱动桥的拆装步骤及技术要求。

2）熟悉驱动桥主要零部件的名称、作用及相互装配关系。

三、实训设备及工具、量具

1）东风 6140 型货车后驱动桥四只。

2）世达维修工具 09421 共四套，铁锤，扭矩扳手、组合工具一套，专用工具一套。

四、学时及分组人数

2 学时，具体分组视学生人数及设备情况确定。

五、实训步骤及操作方法

1. 东风车后驱动桥拆卸

1）拆卸差速器油排放塞，排放差速器油，如图 6-25 所示。

2）拆下传动轴并做标记，如图 6-26 所示。

图 6-25　拆卸放油螺栓

图 6-26　拆卸传动轴

3）断开驻车制动拉索、制动管。此时，应使用适当的容器回收制动油液，如图 6-27 所示。

4）将半轴从驱动桥中拉出，摆放在平整的桌面上，如图 6-28 和图 6-29 所示。

图 6-27 断开驻车制动拉索

图 6-28 拉出半轴

图 6-29 半轴

5）从桥壳上拆下主减速器差速器总成，拆卸下来的主减速器差速器总成，如图 6-30 所示。

图 6-30 拆下主减速器差速器总成

2．安装驱动桥

1）清洁主减速器和车桥两侧的配合面并在后桥壳体上安装新的衬垫，如图 6-31 所示。

2）将主减速器总成安装到后桥壳体中，如图 6-32 所示。

图 6-31 主减速器与车桥配合面

图 6-32 安装主减速器总成

3）使用呆扳手拧紧主减速器壳固定螺母，如图 6-33 所示。

4）更换新的半轴油封，如图 6-34 所示。

图 6-33　紧固壳体螺母

图 6-34　更换油封

5）将后桥半轴插入桥壳中，如图 6-35 所示。

6）安装制动管路，紧固制动器管接头螺母，图 6-36 所示。

图 6-35　安装半轴

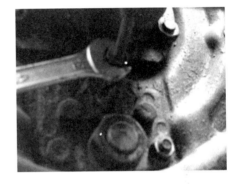

图 6-36　安装制动管路

7）排放后部制动管路中的空气。

8）加注差速器油，如图 6-37 所示。

图 6-37　加注差速器油

思考： 如果要保证安装后的驱动桥符合工作要求，在安装时应注意哪些细节？

第7章　汽车行驶系统概述

1. 掌握汽车行驶系统的作用、组成和工作原理。
2. 熟悉汽车行驶系统的类型。

7.1　汽车行驶系统的作用、组成及受力情况

1．汽车行驶系统的作用

汽车行驶系统的作用如下：

1）接受由发动机经传动系统传来的转矩，并通过驱动轮与路面间的附着作用，产生路面对汽车的牵引力，以保证汽车正常行驶。

2）传递并承受路面作用于车轮的各向反力及其所形成的力矩。

3）支撑汽车的总质量，缓和冲击和振动，保证汽车行驶的平顺性。

4）与汽车转向系统配合，实现汽车行驶方向的正确控制，以保证汽车操纵稳定性。

2．轮式行驶系统的组成

轮式行驶系统一般由车架（或承载式车身）、车桥（前、后车桥）、车轮和悬架（前、后悬架）等组成，如图 7-1 所示。车架是全车装配与支承的基础，它将汽车的各相关总成连接成一个整体。为了减少汽车在行驶中受到的各种冲击与振动，车架与车桥之间通过弹性系统（悬架）进行连接。

3．汽车行驶系统的受力情况

轮式行驶系统的组成和受力情况如图 7-1 所示。受力情况分析如下：在垂直方向上，汽车的总质量为 G_a，并通过车架、悬架、车桥和车轮传递到地面，同时引起的地面垂直反力 F_{N1}、F_{N2} 分别作用于前、后车轮；在水平方向上，发动机输出的动力通过传动系统传递到驱动轮上，产生转矩 M_t，通过轮胎与地面的附着作用，产生推动汽车前进的纵向反力——驱动力 F_t；汽车在制动时，同样产生一个与 M_t 方向相反的制动转矩，作用于车轮，产生一个与汽车行驶方向相反的制动力，迫使汽车减速或停止。

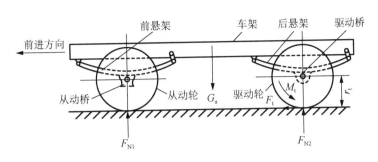

图 7-1　轮式行驶系统的组成和受力情况

汽车的驱动力 F_t 需克服驱动轮本身所遇到的滚动阻力，由车架经从动轮悬架传递给从动桥，使从动轮克服其滚动阻力；另外，其通过驱动桥、驱动悬架传递给车架，最后经车身克服空气阻力、坡道阻力、加速阻力。只有当驱动力足以克服上述各种阻力之和时，汽车才能保持前进。

由于驱动力作用在驱动轮与地面接触处，驱动力对车轮中心产生的力矩使汽车前部具有向上抬起的趋势，从而使作用于前轮的垂直载荷减小，后轮上的垂直载荷增加。汽车突然加速行驶时，这种作用更加明显。

同样，汽车制动时，地面将产生作用于车轮的一个与汽车行驶方向相反的制动力，制动力对车轮中心产生的力矩同样有使汽车后部向上抬起、前部下沉的趋势，从而使作用于后轮的垂直载荷减小，前轮上的垂直载荷增大。紧急制动时，这种作用更加明显。

汽车在弯道上或路面坡度较大的道路上行驶时，由于离心力或汽车质量 G_a 在横向坡道上的分力的作用，使汽车具有侧向滑动趋势，路面将阻止车轮侧滑而产生路面作用于车轮的侧向力，这些力由行驶系统来传递和承受。

7.2　汽车行驶系统的类型

常见的行驶系统有轮式行驶系统、半履带式行驶系统、全履带式行驶系统和车轮—履带式行驶系统等多种类型，但应用最为广泛的是轮式行驶系统。

1）轮式行驶系统：直接与路面接触的部分是车轮，如图 7-1 所示。

2）半履带式行驶系统如图 7-2 所示。前桥装有滑撬或车轮，用来实现转向，后桥装有履带，以减少对地面的压力，防止汽车下陷，同时履带上的履刺加强了附着作用，使汽车具有很高的通过能力。

图 7-2　半履带式行驶系统

3）全履带式行驶系统：行驶系统中直接与路面接触的部分是履带，如图 7-3 所示。

4）车轮—履带式行驶系统：行驶系统中直接与路面接触的部分既有车轮又有履带，如图 7-4 所示。

图 7-3　全履带式行驶系统

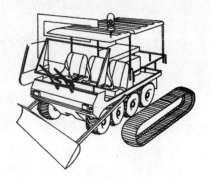

图 7-4　车轮—履带式行驶系统

本 章 小 结

1）本章学习了汽车行驶系统的作用。

2）汽车行驶系统主要结构形式有轮式行驶系统、半履带式行驶系统、全履带式行驶系统和车轮—履带式行驶系统等，其中轮式行驶系统在汽车中应用最为广泛。

复习思考题

1）汽车行驶系统的作用是什么？由哪些总成组成？这些总成各起什么作用？

2）汽车行驶系统主要受到哪些作用力？

3）汽车的驱动力和制动力是如何起作用的？

第8章　车架与车桥

教学目标

1．掌握车架和车桥的作用与类型。
2．熟悉转向桥的构造与工作原理。
3．熟悉转向桥定位的定义、内容与作用。

8.1　车　架　概　述

车架是连接在各车桥之间形似桥梁的一种结构，是整个汽车的安装基础。

8.1.1　车架的作用及要求

汽车静止时，车架承受垂直载荷。汽车行驶时，车架会受到比静止载荷大 3～4 倍甚至更大的弯曲应力，若路面不平，车架还将受到转矩的作用。因此，要求车架强度高、刚度适合；结构简单、质量小，同时应尽可能降低汽车的重心，并使汽车获得较大的前轮转向角，以保证汽车行驶的稳定性和转向的灵活性。

1．车架的作用

车架的作用是安装汽车的各总成和部件，使它们保持正确的相对位置，并承受来自汽车和地面的各种静动载荷。

2．车架的要求

车架是整个汽车安装的基础，因此对车架的机构及稳定性有比较高的要求，下面简要叙述车架应该满足的条件，即对车架的要求。

1）车架的结构首先应满足汽车总体的布置要求。
2）车架应具有足够的强度和合适的刚度，以满足承受各种静、动载荷。
3）车架结构简单，质量应尽可能小，便于机件拆装、维修。
4）车架的结构形状尽可能有利于降低汽车质心和获得大的转向角，以提高汽车行驶的稳定性和机动性。这一点对轿车和客车尤为重要。

8.1.2 车架的类型与构造

汽车车架按结构形式可分为边梁式车架、中梁式车架、综合式车架和无梁式车架。许多轿车、公共汽车没有单独的车架，而以车身代替车架，主要部件连接在车身上，这种车身称为承载式车身。这种结构的车身底板用纵梁和横梁进行加固，车身刚度好，质量小，但制造要求高。

1. 边梁式车架

边梁式车架是由两根位于两边的纵梁和若干根横梁通过铆接或焊接而连接成的坚固的刚性构架。边梁式车架便于安装车身和总体布置总成，有利于改装变形车和发展多品种车型，因此被广泛用于载重汽车和特种车，如图 8-1 所示。

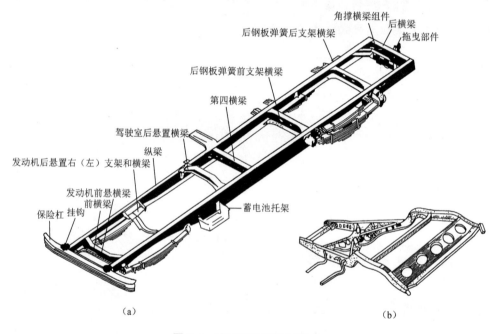

（a）   （b）

图 8-1 边梁式车架结构形式

（a）东风 EQ1092 型汽车车架；（b）轿车车架

2. 中梁式车架

中梁式车架只有一根位于中央而贯穿汽车全长的纵梁，又称脊骨式车架，如图 8-2 所示。中梁的断面可做成管形、槽形或箱形。中梁的前端做成伸出支架，用以固定发动机，而主减速器壳通常固定在中梁的尾端，形成断开式后驱动桥。中梁上的悬伸托架用以支承汽车车身和安装其他机件。若中梁是管形的，传动轴可在管内穿过。中梁式车架有较大的扭转刚度并使车轮有较大的运动空间，便于采用独立悬架，车架较轻，减小了整车质量，重心也较低，行驶稳定性好。但这种车架制造工艺复杂，精度要求高，总成安装比较困难，维修也不方便，故目前应用不多。

3．综合式车架

综合式车架是中梁式车架的一种变形，纵梁前段是边梁式的，用以安装发动机；中后部是中梁，悬伸出来的支架可以固定车身，如图 8-3 所示。这种结构制造工艺复杂，目前应用也不多。

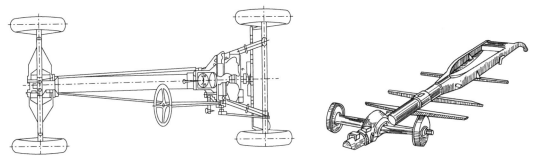

图 8-2　中梁式车架　　　　　　　　　　　图 8-3　综合式车架

4．无梁式车架

无梁式车架是以车身兼代车架，所有的总成和零部件都安装在车身上，作用于车身的各种力和力矩均由车身承受。所以，这种车身又称承载式车身，如图 8-4 所示。大众桑塔纳轿车、一汽奥迪 100 型轿车均采用无梁式车身。

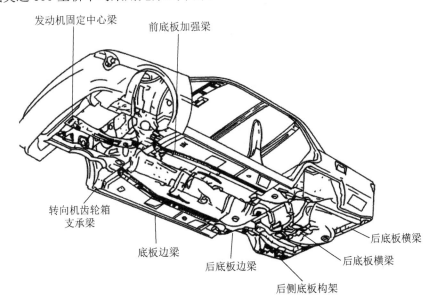

图 8-4　无梁式车架

8.1.3　车架的损伤原因与维修

1．车架常见的损伤及原因

车架常见的损伤形式有变形、裂纹、腐蚀和连接松旷。车架的变形形式有如下几种：

（1）车架侧向弯曲

车架前部或后部的侧向弯曲通常是指汽车受到撞击，使车架前后发生侧向变形的结果。弯曲会使汽车自行向轴较短的一侧跑偏。

（2）车架向下弯曲（下陷）

车架向下弯曲通常是因为车架前部或后部直接受到撞击所致。这种情况发生时，车架边梁的前部或后部相对于车架中心有向上拱起的变形。

（3）车架纵向弯曲

车架发生纵向弯曲时，发动机罩与前保险杠之间的距离小于规定值，或后轮与后保险杠的距离小于规定值。车架纵弯曲是由于车架正前方或正后方受到撞击引起的，会造成车架的一侧或两侧的轴距变小。

（4）车架扭曲

车架扭曲是指车架一个角翘曲，高于其余的角，车架扭曲通常由翻车事故引起。

2．车架的检修

车架通常在汽车大修时进行总成修理，修理前应清除旧涂层。轿车车架检修的先进设备已经同车身的整形合并，兼容车架和车身的两种检修功能，由计算机控制完成。但国内多数企业仍采用"对角线"法及常规的拉、压器具检修车架，按照检验、校正、重铆及断裂修理的基本顺序进行。

（1）变形的检修

双桥汽车的平行边梁式车架，以钢板弹簧支座上钢板销承孔的轴线为基准，构成三个矩形框，如图 8-5 所示。通过测量每个矩形框两条对角线的长度差及其位置度误差来判断车架在垂直方向和水平方向上的变形。

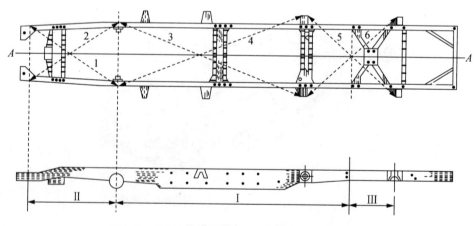

图 8-5　车架钢板弹簧座孔中心距及对角线的检测

1）检修车架变形的准备：

① 左、右同名钢板弹簧支座上的钢板销孔同轴度误差不大于 2mm。否则，应先进行校正。

② 车架宽度公差为-3～+4mm。

③ 纵梁上翼面与腹面的直线度公差为 1000∶3，纵梁全长不大于 1%。

④ 纵梁腹面对于上翼面的垂直度公差为腹面高度的 1%。

2）两对角线的技术条件：

① 用细钢丝作对角线，并用专用工具牵引，如图 8-6 所示。

② 两对角线长度差不大于 5mm，否则表示车架有水平扭曲。

③ 两对角线交叉，其位置度误差不得大于 2mm。否则，表示车架垂直方向上发生翘曲变形。

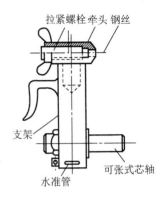

图 8-6　对角线牵具

车架变形后，应进行校正。待校正合格后再进行修理，以减小校正应力。

（2）车架裂纹的焊修

车架的焊修宜选用成本低的快捷焊接法，但必须严格遵守焊接工艺要求，否则将影响焊接质量。其步骤如下：

1）认真清洁除锈，必须彻底清除接头两侧的旧漆层。

2）在裂纹两端打止裂口，开坡口。

3）选用碱性的低氢焊条。

4）采用直流电源，大电流。

5）电源反接。

6）多层多道焊。采用多层多道焊有利于获得很好的效果，同时用锤击效应，可适当降低焊速，以防止产生淬硬组织，即可配合大电流又可提高生产效率。

7）在环境温度低于 0℃条件下焊接，接头周围应预热至 100℃。

（3）车架补块的应用

补块挖补法宜用于修理车架产生的腐蚀和纵梁腹面上的短裂纹，以及翼面和腹面过渡处的贯通性裂纹。常用的补块有椭圆形补块和三角形补块，可从旧车架上割取。椭圆形补块用于修补腹面上的裂纹，三角形补块用于修补贯通性裂纹，如图 8-7 所示。

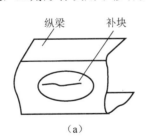 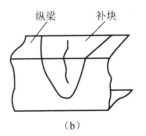

（a）　　　　　　　　　　　（b）

图 8-7　补块的应用

（a）椭圆形补块；（b）三角形补块

（4）覆板的应用

覆板紧贴在纵梁外侧的上翼面和腹面上，用于纵梁完全断裂或接近完全断裂处，以加强纵梁局部的强度，与纵梁铆接或焊接。对使用覆板的要求有以下几点：

1）覆板长度为 400～600mm，只能覆焊一层，禁止焊多层，以防止局部刚度过大，影响纵梁的弹性。

2）使用覆板后，不得形成新的危险断面。

3）覆板翼面与腹面的过渡处和纵梁上翼面与腹面的过渡处不能贴合，覆板边缘较纵梁边缘小 5mm，如图 8-8 所示。

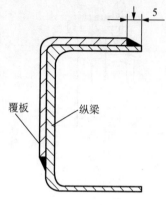

图 8-8　覆断截面

4）只覆上翼面和腹面，不得覆下翼面。

5）腹面端面尖角处不得有裂纹。

（5）车架的重铆

车架纵、横梁连接铆钉松动后，将影响车架的刚度和弹性，车架修理时应取下松动的铆钉。重铆的具体要求如下：

1）直接将旧铆钉的直径扩大 0.5～1mm，更换加大的新铆钉。

$$L = 1.1\sum\delta + 1.4d$$

式中　L——铆钉的长度；

　　　$\sum\delta$——板料总厚度；

　　　d——铆钉的直径。

2）铆接质量：

① 铆接头的飞边不大于 3mm。

② 铆接头与板料缝隙不大于 0.1mm。

③ 钢板弹簧座、拖车钩支座等铆成后，允许与板料局部有缝隙，但缝隙不得大于 0.3mm。

8.2　车　桥　概　述

1．作用

车桥通过悬架和车架（或承载式车身）相连，两端安装汽车车轮，其作用是传递车架（或承载式车身）与车轮之间各方向作用力及其所产生的弯矩和转矩。

2．类型

根据汽车悬架类型及传动系统（前置发动机前轮驱动、前置发动机后轮驱动、四轮驱动等）的不同，车桥的类型如下：

1）按悬架的结构不同，车桥分为整体式车轿、断开式车轿。整体式车桥的中部是刚性实心或空心梁，与非独立悬架配用；断开式车桥为活动关节式结构，与独立悬架配用。

2）按车轮的作用不同，车桥分为转向桥、驱动桥、转向驱动桥、支持桥四种类型。

在后轮驱动的汽车中，前桥不仅用于承载，还起到转向作用，称为转向桥；后桥不仅用于承载，还起到驱动作用，称为驱动桥。

越野车和前轮驱动汽车的前桥，除了承载和转向的作用外，还兼起驱动的作用，称为转向驱动桥。

只起支承作用的车桥称为支持桥。支持桥除了不能转向外，其他功能和结构与转向桥相同。本章主要介绍转向桥和转向驱动桥。

8.3 转 向 桥

1. 转向桥的作用与结构

（1）转向桥的作用

汽车前桥一般是转向桥，又称驾驶桥。它能使装在前桥两端的车轮偏转一定的角度，以实现汽车转向。同时，它还承受和传递车轮与车架之间的垂直力、垂直反力及其产生的弯矩；水平方向的道路阻力、制动力及其产生的水平弯矩和转矩都会影响汽车的正常运行，使汽车在行驶中发生不同程度的转向沉重、方向不稳、行驶跑偏、前轮摇摆等故障，增加了驾驶员的劳动强度，甚至影响行驶的安全性。汽车在行驶过程中，车轮上的各种力均需经过车桥传递给悬架至车架，故转向桥首先应该有足够的强度和刚度。其次，应使转向传动机件的摩擦阻力尽可能减少；还应保持车轮具有正确的定位角和合适的转向角，从而保证汽车行驶的稳定性和操纵轻便性。

（2）转向桥的结构

各种车型的整体式转向桥结构基本相同，都是由前轴、转向节、主销和轮毂四部分组成。前轴是转向桥的主体。下面以东风 EQ1090 型汽车的前桥为例讲述转向桥的结构，如图 8-9 所示。

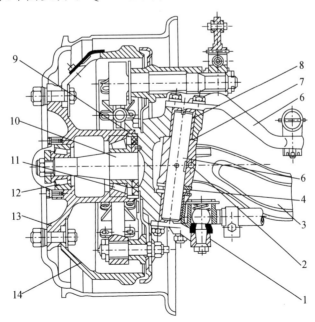

图 8-9 东风 EQ1090 型汽车转向桥结构

1—梯形臂；2—锥形锁销；3—前梁；4—推力滚子轴承；5—主销；6—转向节臂；7—调整垫片；8—衬套；
9—油封；10—转向节；11、12—圆锥滚子轴承；13—轮毂；14—制动鼓

2. 转向桥主要零部件

（1）前轴

前轴是转向桥的主体，以承受垂直弯矩为主，一般用中碳钢经模锻和热处理而制成。为提高抗扭强度，减小质量，采用工字形断面，在接近两端处各有一个加粗部分成拳形，其中有通孔，主销即插入此孔内。中部向下弯曲成凹形，其目的是使发动机位置得以降低，从而降低汽车质心，拓展驾驶员视野，减小传动轴与变速器输出轴之间的夹角。

前轴上平面有两处用以支承钢板弹簧的加宽面，其上钻有安装 U 形螺栓用的四个通孔和一个位于中心的钢板弹簧定位坑。此外，在前轴两端还制有前轮最大转向角限位块（或限位螺钉）。在主销孔部位有锥形孔，以安装锥形锁销，防止主销转动。

（2）转向节

转向节是车轮转向的铰链，它是一个叉形件，上下两叉有安装主销的两个同轴孔，转向节轴颈用来安装车轮。转向节上销孔的两耳通过主销与前轴两端的拳形部分相连，使前轮可以绕主销偏转一定角度而使汽车转向。为了减小磨损，转向节销孔内压入青铜衬套，衬套的润滑用装在转向节上的注油嘴注入润滑脂润滑。为使转向灵活，在转向节下耳与前轴拳形部分之间装有压力轴承。在转向节上耳与拳形部分之间还装有调整垫片，以调整其间隙。

转向节轴上有两道轴颈，内大外小，用来安装内外轮毂轴承。靠近两叉根部有呈方形的凸缘，其上的通孔用来固定制动底板。一般在左、右转向节的下叉上各有一个带键槽的锥孔，分别安装左、右梯形臂。在左转向节的上叉上也有一个带键槽的锥孔，用以安装转向节臂。

（3）主销

主销的作用是铰接前轴及转向节，使转向节绕着主销摆动以实现车轮的转向。主销的中部切有凹槽，安装时用主销固定螺栓与它上面的凹槽配合，将主销固定在前轴的拳形孔中。主销与转向节上的销孔是动配合，以便实现转向。

由于各种车型前轴的结构不同，其主销形式也不相同，常见的有实心圆柱形、空心圆柱形、圆锥形和阶梯形四种，如图 8-10 所示。

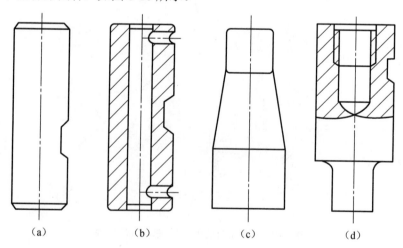

（a）　　　　　　（b）　　　　　　（c）　　　　　　（d）

图 8-10　主销形式

（a）实心圆柱形；（b）空心圆柱形；（c）圆锥形；（d）阶梯形

（4）轮毂

轮毂用于连接制动鼓、轮盘和半轴凸缘，它通过内、外两圆锥滚柱轴承装在转向节轴颈上。轴承的松紧度可通过调整螺母加以调整，调整后用锁紧垫圈锁紧。

在轮毂外端装有端盖，以防止泥水和尘土侵入；内侧装有油封、挡油盘，以防止润滑油进入制动器。

8.4 车轮定位

车轮定位包括转向轮定位（又称前轮定位）和后轮定位。

8.4.1 转向轮定位

为了保证汽车直线行驶的稳定性和操纵的轻便性，减少轮胎和其他机件的磨损，转向车轮、转向节、前轴三者与车架的安装应保持一定的相对位置关系，这种安装位置称为转向轮定位。它包括主销后倾角、主销内倾角、前轮外倾角及前轮前束四个参数。

1. 主销后倾角

主销后倾角γ是转向轴线向前或向后倾斜的角度。主销后倾角是从侧面观察时，测量转向轴线至垂直线之间的角度而得。

从垂直线向后倾斜，称为正主销后倾角；向前倾斜则称为负主销后倾角。转向轴线的中心线与地面有一个交点，轮胎与路面接触面有一个中心点，这两个点之间的距离l称为主销后倾移距，如图 8-11 所示。

主销后倾角能形成回正的稳定力矩。如果汽车具有正主销后倾角，当其直线行驶时，若转向轮偶然受到外力作用而稍有偏转，将使汽车行驶方向向右偏离。这时，由于存在主销后倾移距，外倾推力就会对车轮形成绕主销轴线作用的力矩，其方向正好与车轮偏转方向相反。在此力矩作用下，将使车轮恢复原来中间的位置，从而保证了汽车稳定的直线行驶。故此力矩称为稳定力矩。但此力矩不宜过大，否则在转向时为了克服此稳定力矩，驾驶员须在转向盘上施加较大的力（即所谓的转向盘沉重）。

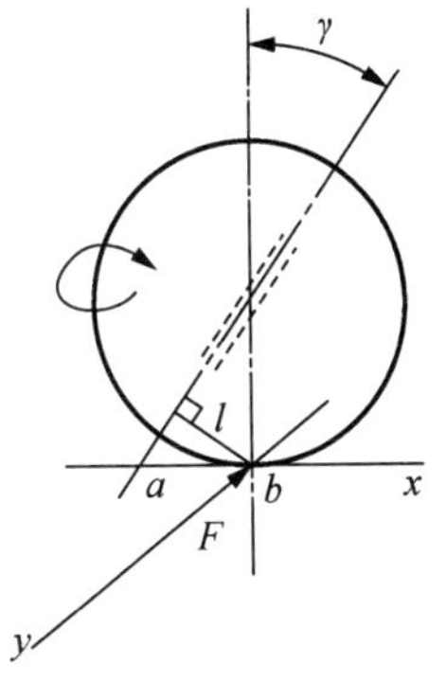

图 8-11 主销后倾示意图

2. 主销内倾角

在汽车的横向平面内（汽车的前后方向），主销上部向内倾斜一个角度，这个主销轴线与垂线之间的夹角β称为主销内倾角，车辆向左或向右转向时，车轮会围绕主销轴线转动，该轴线称为转向轴线。在减振器上支承轴承和下悬架臂球节之间，画一条假想直线，也是转向轴线。

主销内倾角β有使车轮自动回正的作用。当转向车轮在外力作用下由中间位置偏一个角度时，车轮的最低点将陷入路面以下，但实际上车轮边缘不可能陷入路面以下，而是将转向轮连同整个汽车前部向上抬起一个相应的高度，这样汽车本身的重力有使转向轮恢复原来中间位置的效应，即能自动回正。主销内倾角的另一个作用是使转向轻便。主销内倾使主销轴线与路面的交点到车轮中心平面与地面交线的矩减小，转向时路面作用在转向轮上的阻力矩减小，从而可降低转向时驾驶员加在转向盘上的力使转向操作轻便，同时也可以减小因路面不平而从转向轮传递到转向盘的冲击力。

主销内倾角不宜过大，也不宜过小。主销内倾角越大或转向轮转角越大，汽车抬起越高，转向轮自动回正作用越强烈，但转向越费力，故一般主销内倾角 β 不大于 8°。如图 8-12 所示，主销内倾角存在，缩短了转向臂 a，减小了阻力臂，使转向轻便，同时减小从转向轮传递到转向盘上的冲击力。

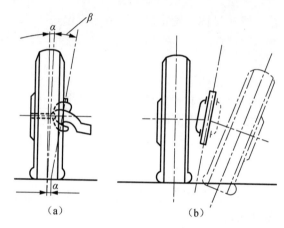

图 8-12　主销内倾示意图

主销内倾角通过前梁的设计来保证，由机械加工来实现。加工时将前梁两端的主销轴线上端内倾斜就形成了内倾角。

3．前轮外倾角

向汽车前后方向看车轮，轮胎并非垂直安装，而是稍微倾斜。在汽车的横向平面内，前轮中心平面向外倾斜一个角度 a，称为前轮外倾角，如图 8-12（a）所示。

轮胎呈现八字形张开时称为负外倾，而呈现 V 字形张开时称正外倾。前轮外倾角 a 具有提高转向操纵的轻便性和车轮工作安全性的作用。如果空车时车轮的安装正好垂直于路面，则满载时车桥将因承载变形而可能出现车轮内倾，这样将加速汽车轮胎的偏磨损。另外，路面对车轮的垂直反作用力沿轮毂的轴向分力将使轮毂压向轮毂外端的小轴承，加重了外端小轴承及轮毂紧固螺母的负荷，降低它们的使用寿命，严重时会损坏外端的锁紧螺母而使车轮松脱，造成交通事故。因此，为了使轮胎磨损均匀和减轻轮毂外轴承的负荷，安装车轮时应预先使其有一定的外倾角，以防止车轮内倾。

外倾角不宜过大，否则也会使轮胎产生偏磨损。

随着汽车装用的扁平子午线轮胎的不断普及，并由于子午线轮胎的特性（轮胎花纹刚性大，胎体比较软，外胎面宽），若设定较大外倾角，会使轮胎偏磨，缩短轮胎的使用寿命。现在的汽车一般将外倾角设定为 1° 左右。为改善前桥的稳定性，早期汽车的车轮采用正外倾角，使轮胎与面成直角，防止在中间高于两边的路面上行驶时，轮胎不均匀磨损。在现代汽车中，由于悬架和车桥比过去的坚固，加之路面平坦，所以，在车轮调整上，倾向于采用接近 0° 的外倾角。某些汽车甚至采用负外倾角，以改善转向性能，这样在汽车转向时可避免车身过分倾斜。

4. 前轮前束

俯视车轮，汽车的两个前轮的旋转平面并不完全平行，而是稍微有一些角度，这种现象称为前轮前束。在通过两前轮中心的水平面内，两前轮的前边缘距离 B 小于两前轮后边缘距离 A，A 与 B 之差称为前轮前束，如图 8-13 所示。

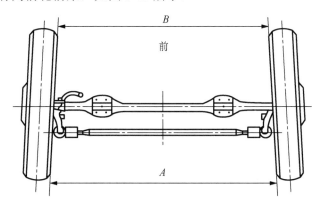

图 8-13 前轮前束示意图

像内八字一样前端小后端大的称为前束，像外八字一样后端小前端大的称为后束或负前束。

前轮前束的作用是消除由车轮外倾而引起的前轮"滚锥效应"，即车轮有了外倾角后，在滚动时，就类似于圆锥滚动，从而导致两侧车轮向外滚开。转向横拉杆和车桥的约束使车轮不可能向外滚开，车轮将在地面上出现边滚边向内滑移的现象，从而增加了轮胎的磨损。为了消除车轮外倾带来的这种不良后果，在安装车轮时，汽车两前轮的中心平面不平行，两轮前边缘距离 B 小于后边缘距离 A。这样可使车轮在每一瞬时滚动方向接近于向着正前方，从而在很大限度上减轻和消除了由于前轮外倾而产生的不良后果。

前轮前束可通过改变横拉杆的长度来调整。调整时，可根据各生产厂所规定的测量位置，使两轮前后距离差 $A-B$ 符合规定的前束值。测量位置通常取两轮胎中心平面处的前后差值，也可以选取两车轮刚圈内侧面处的前后差值。一般前束值为 $0 \sim 12\text{mm}$，有的汽车为与负前轮外倾角相配合，其前束也取负值即负前束（如大众桑塔纳轿车前束为 $-3 \sim -1\text{mm}$）。

在前两个车轮定位中，主销后倾和主销内倾都具有使车轮自动回正及保证汽车直线行驶稳定性的作用，但其区别在于：主销后倾角的回正作用随着车速的增高而增大，而主销内倾的回正作用几乎与车速无关。

8.4.2 后轮定位

后轮与后轴之间的相对安装位置关系，称为后轮定位。随着车速的不断提高，为了保证汽车高速行驶的稳定性，在结构设计上应确保汽车具有不足转向特性。为此，转向轮定位的

内容已扩展到非转向轮（后轮）。汽车后轮具有一定程度的外倾角和前束。

1．后轮外倾角

像前轮外倾角一样，后轮外倾角也对轮胎磨损和操纵性有影响。理想状态是四车轮的运动外倾角均为零，这样轮胎和路面接触良好，从而得到最佳的牵引性能和操纵性能。

后轮外倾角不是静态的，它随悬架的上下移动而变化。汽车加载后悬架下沉就会引起车轮外倾角改变。为了对载荷进行补偿，采用独立后悬架的大多数汽车常有一个较小的正后轮外倾角。

2．后轮前束

如同前轮前束一样，后轮前束也是后轮定位的一个重要内容。如果前束不当，后轮轮胎也会被擦伤，甚至引起转向不稳定及降低制动效能。像后轮外倾角一样，后轮前束也不是一个静态量。悬架摇动和反弹时，后轮前束会发生变化。另外，滚动阻力和发动机转矩对后轮前夹也有影响。对于前驱动汽车，前驱动轮宜前束，后从动轮宜负前束。前后驱动汽车则相反，即前轮宜负前束，独立悬架的后驱动轮应尽可能为前束。

8.5　转向驱动桥

在全轮驱动的越野汽车和一些轿车上，前桥除作为转向桥外，还兼起驱动桥的作用，故称为转向驱动桥，如图 8-14 所示。

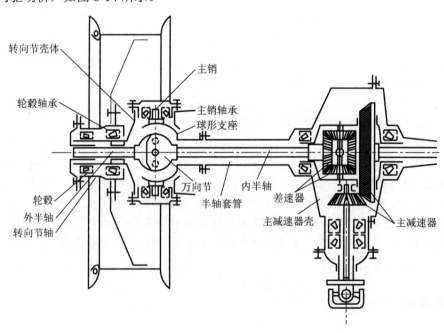

图 8-14　转向驱动桥示意图

　　转向驱动桥与一般驱动桥一样，有主减速器和差速器。但是，在转向时转向车轮需要绕主销偏转一个角度，故与转向轮相连的半轴必须分成内外两段（内半轴和外半轴），其间用万向节（一般多用等角速度万向节）连接，同时主销也因而分制成两段。转向节轴颈部分做成中空的，以便外半轴穿过其中。

　　目前，许多现代轿车采用了发动机前置前轮驱动的布置形式，其前桥既是转向桥又为驱动桥。此种类型的转向驱动桥多采用麦弗逊式独立悬架，其特点是结构简单，布置紧凑，具有良好的接近性，便于维修，且转弯直径小，机动性好。

　　图 8-15 所示即为大众桑塔纳 2000 轿车转向驱动桥。图 8-15 中未画出中间主减速器和差速器。其动力经主减速器和差速器传递至左、右内半轴和左、右内等角速度万向节及左、右半轴（传动轴），并经球笼式左、右外等角速度万向节及左、右外半轴凸缘传递到左、右两轮毂，驱动车轮旋转。当转动转向盘时，通过转向装置总成 13 和转向横拉杆 12 使前轮偏转，以实现转向。

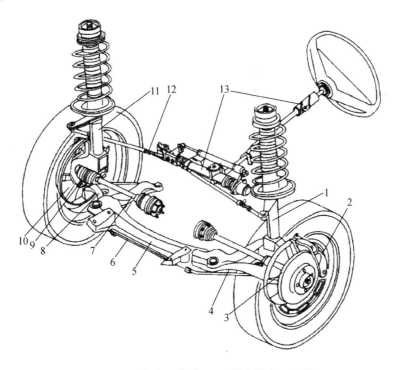

图 8-15　大众桑塔纳 2000 轿车转向驱动桥

1、11—悬架；2—前轮制动器总成；3—制动鼓；4、8—下摆臂；5—副车架；6—横向稳定器；7—传动半轴总成；
9—球形接头；10—车轮轴承壳；12—转向横拉杆；13—转向装置总成

8.6　车桥的维修

　　本节只介绍转向桥的维修。转向桥直接关系到汽车行驶的稳定性和安全性，在长期的运行中转向桥承受路面传来的各种力和力矩及冲击载荷，其零件会发生各种损耗，如磨损、变形、裂纹和车轮定位参数改变等。这些都会影响汽车的正常运行，使汽车在行驶过程中出现不同程度的转向沉重、方向不稳、行驶跑偏、前轮摇摆等故障，增加了驾驶员的操作难度，甚至影响到行驶的安全性。

1．前轴的检修

前轴的损耗形式主要是主销孔、钢板弹簧座、定位孔的磨损及前轴的变形与裂纹。

（1）前轴的磨损

1）钢板弹簧座平面磨损大于 2mm，定位孔磨损大于 1mm，应堆焊后加工修复或更换新件。

2）主销轴承孔的磨损。主销轴承孔与主销的配合间隙：轿车不大于 0.1mm；载货汽车不大于 0.20mm。磨损超过极限值后，可采用镶套法或修理尺寸法修复。主销孔端面磨损后可采用堆焊进行加工修理或更换新件。

（2）前轴变形的检修

前轴不但容易变形，而且由于几何形状复杂，变形后会影响汽车的操纵稳定性。在检验、校正前轴变形时，合理地选择检验、校正基准极为重要又比较困难。推荐的基准有三个：①以两钢板弹簧座平面的公共平面为基准，前轴主销孔轴线内倾角的大小应符合原设计规定；②以垂直于该公共平面并通过两钢板弹簧座定位孔轴线的平面为基准，前轴主销孔轴线扭转角不得大于30′，该轴线在基准平面法线方向的位置度公差为4mm；③前轴两主销孔轴线间的距离应符合原设计规定。

2．转向节的检修

转向节的重点检修内容是检修磨损与隐伤。

（1）隐伤的检修

转向节的油封轴颈处，因其断面的急剧变化，容易产生应力集中，是一个典型的危险断面，易产生疲劳损坏，造成转向节轴颈断裂。因此，二级维护和修理时要对转向节轴进行隐伤检验，一旦发现疲劳裂纹，只能更换，不许焊修。

（2）磨损的检修

1）转向节轴磨损的检修。轴颈与轴承的配合间隙：轴颈直径不大于 40mm 时，配合间隙为 0.04mm；轴颈直径大于 40mm 时，配合间隙为 0.05mm。转向节轴颈磨损超标后应更换新件。

2）转向节轴锁止螺纹的检修。损伤不多于 2 牙。锁止螺母只能用扳手拧入，若能用手拧入，说明螺纹中径磨损松旷，应予以修复或更换转向节。

（3）主销衬套的更换

主销衬套与主销的配合间隙大于 0.15mm 时必须更换，以免引起汽车前轮摆振等故障。

3．轮毂的检修

（1）轮毂轴承孔磨损的检修

轮毂轴承孔与轴承座的配合过盈不得小于 0.09mm。

（2）轮毂变形的检修

轮毂变形会引起车轮的不平衡，影响汽车行驶的稳定性和制动性。轮毂变形可通过测量凸缘的圆跳动来检测，其圆跳动公差不超过 0.15mm。

4．前轮定位参数的调整

前轮定位是保证汽车行驶稳定性的关键因素，因此前轮定位参数检测和调整是汽车总装后的一项重要作业，同时在汽车二级维护时也必须进行检查和调整。汽车前轮定位参数如表 8-1 所示。

表 8-1　汽车前轮定位参数

型号	主销后倾角	主销内倾角	车轮外倾角	车轮前束	最大转向角
解放 CA1092	1°30′	8°	1°	2～4mm	左 38°
东风 EQ1090E	2°30′	6°	1°	1～5mm	右 30°30′
红旗 CA7220	-0°30′±30′	14.16°	1.16°	0°±5′	
普通大众桑塔纳	-30′±30′	14°12′	前轮-30′±20′ 后轮-1°40′±20′	前轮+5′±5′ 后轮+25′±15′	
本田雅阁	3°±1°		前轮0°±1° 后轮-0°25′±30′	0±3mm	内 39°±2° 外 30°
丰田皇冠	-45°±45′	7°20′	空载 25′±30′ 满载 30′±30′	4±1mm	

（1）整体式车桥前束值的调整

整体式车桥中主销内倾角、主销后倾角、前轮外倾角这三个定位参数由车桥的结构保证，大小一般不可调，但其前束值可通过改变横拉杆的长度予以调整。

（2）断开式车桥前轮定位参数的调整

断开式车桥的主销内倾角及主销后倾角由结构来保证，一般不需要且不能进行调整。但是，其前轮外倾角是可以调整的。通常前轮外倾角与主销内倾角的调整同时进行，前轮外倾角调整好后，则主销内倾角也调整好了。前束值的调整仍然通过调整横拉杆的长度来实现。

5．前轮最大转向角的检查和调整

将前轮转向角调到最大的目的是获得最小的转弯半径，以保证汽车的通过性和机动性。最大转向角如表 8-1 所示。

转向角最简易的检查方法：将转向盘向左或向右旋到底，前轮胎应不与翼子板、钢板、直拉杆等机件碰擦，并有 8～10mm 的距离。各种汽车规定的最大转向角，是以既能保证转向的灵活性，又能保证轮胎不与其他机件碰擦而设置的。

调整方法是旋出或旋入转向节上的转向角限位螺栓，或转动转向节壳上的一个调整螺栓进行调整，调整完毕后必须旋紧锁紧螺母。

6．轮毂轴承预紧度的调整

车轮应能灵活地在轮毂轴承上旋转而无卡滞，且在轴向松动量不能过大或过小。轴向松动量过大，会使车轮旋转时产生晃动和噪声，它是由车轮轮毂轴承间隙过大或转向节衬套磨损引起的；轴向松动量过小，会使车轮旋转卡滞发热。

调整车轮轮毂轴承间隙时用千斤顶将车轮顶起，拆去轮毂盖，拧下锁紧螺母，取下锁片与锁止垫圈，同时向前、后两个方向转动车轮，使轴承的圆锥形滚柱正确地位于轴承圈的锥面上。拧紧后，反方向旋松调整 1～2 个锁紧垫片的孔位，使调整螺母上的止动销与销环上的邻近孔重合，再装上锁紧垫圈与锁紧螺母。

本 章 小 结

1）车架作用：支承连接汽车的各零部件，并承受来自车内外的各种载荷。车架可分为边梁式车架、中梁式车架、综合式车架和无梁式车架。

2）汽车车桥的作用：传递车架（或承载式车身）与车轮之间各方向作用力及其所产生的弯矩和转矩。

3）转向桥主要由前轴、转向节、主销和轮毂四部分组成；转向节由上、下两叉和支承轮毂的轴颈构成，汽车转向时使转向节绕主销摆动。

4）转向轮定位参数有主销后倾角、主销内倾角、前轮外倾角和前轮前束四个。

复习思考题

1）汽车车架的作用是什么？对汽车车架有什么要求？

2）常用汽车车架有哪些类型？各自的特点分别是什么？

3）汽车转向桥由哪些部件组成？其装配关系如何？

4）前轮定位的概念是什么？前轮定位的参数有哪些？各自的定义和作用分别是什么？

5）转向驱动桥与转向桥在结构上有何区别？

6）车桥常见的损耗形式有哪些？

7）如何检测车架的变形？

第9章 车轮与轮胎

教学目标

1. 掌握汽车车轮的作用、结构和分类。
2. 掌握汽车轮胎的作用、结构形式和规格表示方法。
3. 了解汽车车轮和轮胎的维护保养方法。

车轮与轮胎是汽车行驶系统中的重要部件，位于汽车车身与路面之间，起支承汽车和装载质量，传递汽车与路面之间的各种力和力矩，缓冲车轮受路面颠簸所引起的振动，保持汽车的行驶方向等作用。

9.1 车 轮

9.1.1 车轮的作用与分类

车轮介于轮胎和车桥之间，其作用是安装轮胎并传递和承受轮胎、车桥之间的各种力和力矩。

车轮是外部装轮胎、中心装车轴并承受负荷的旋转部件，它是由轮毂、轮辋和轮辐组成的。按照轮辐的结构形式不同，车轮分为辐板式和辐条式两种主要形式。在辐板式车轮中，又根据所用材料的不同分为钢板型和合金型。

1. 辐板式车轮

辐板式车轮如图 9-1 所示，由挡圈、辐板、轮辋及气门嘴孔等组成。用以连接轮辋和轮毂的圆盘称为辐板。辐板大多是冲压制成的，也有铸造制成的，后者主要用于重型汽车。

轿车的车轮辐板所用钢板较薄，常冲压成起伏多变的形状，以提高刚度。为了减小车轮的质量和利于

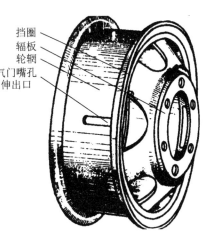

挡圈
辐板
轮辋
气门嘴孔
伸出口

图 9-1 辐板式车轮

制动毂的散热，有些轿车采用了铝合金铸造加工的轮辋。为了保证高速行驶的平衡性，还加有平衡块。

2．辐条式车轮

辐条式车轮的轮辐是钢丝辐条（主要用于赛车和某些高级轿车）或与轮毂铸成一体的铸造辐条（用于承载质量较大的重型汽车上），如图9-2所示。

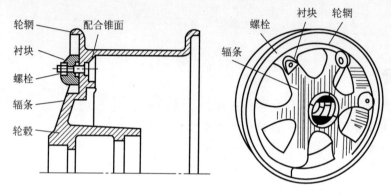

图9-2　辐条式车轮

9.1.2　车轮的结构

1．轮辐

轮辐是支承轮辋和轮毂的部分。

2．轮辋

（1）轮辋的类型

轮辋常见类型主要有两种：深槽轮辋［图9-3（a）］和平底轮辋［图9-3（b）］。此外，还有对开式轮辋［图9-3（c）］、半深槽轮辋、深槽宽轮辋、平底宽轮辋、全斜底轮辋等。

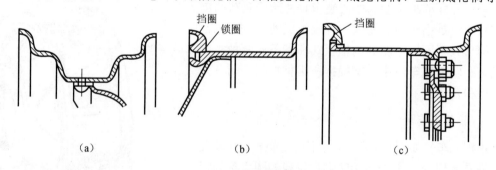

（a）　　　　　　　　　　　（b）　　　　　　　　　　　（c）

图9-3　轮辋断面

（a）深槽轮辋；（b）平底轮辋；（c）对开式轮辋

1）深槽轮辋：这种轮辋主要用于轿车（如红旗轿车）及轻型越野车（如北京吉普BJ2020）。它有带肩的凸缘，用以安放外胎的胎圈，其肩部通常略向中间倾斜，其倾斜角

一般是 $5°±10°$。

2）平底轮辋：这种轮辋的结构形式很多，是我国货车常用的一种形式。挡圈是整体的，用一个开口锁圈来防止挡圈脱出，在安装轮胎时，先将轮胎套在轮辋上，而后套上挡圈，并将它向内推，直至越过轮辋上的环形槽，再将开口的弹性锁圈嵌入环形槽中。

3）对开式轮辋：这种轮辋由内、外两部分组成，其内、外轮辋的宽度可以相等，也可以不等，二者用螺栓连成一体。拆装轮胎时，拆卸螺栓上的螺母即可。这种轮辋的挡圈是可拆的。有的无挡圈，而由与内轮辋制成一体的轮缘代替挡圈，内轮辋与辐板焊接在一起。

轮辋是轮胎装配和固定的基础，当轮胎装入不同轮辋时，其变形位置与大小不同。因此，每种规格的轮胎，最好配用规定的标准轮辋，必要时也可配用规格与标准轮胎相近的轮辋（容许轮辋）。如果轮辋使用不当，特别是使用过窄的轮辋时，会造成轮胎早期损坏。

近几年，为了适应提高轮胎负荷能力的需要，开始采用宽轮辋。实验表明，采用宽轮辋可以提高轮胎的使用寿命，并可改善汽车的通过性和行驶稳定性。

（2）轮辋的结构

轮辋根据主要由几个零件组成可分为一件式轮辋、二件式轮辋、三件式轮辋、四件式轮辋和五件式轮辋。一件式轮辋具有深槽的整体式结构，如图 9-4（a）所示。二件式轮辋可以拆卸为轮辋体和弹性挡圈两个主要零件，如图 9-4（b）所示。三件式轮辋可以拆卸为轮辋体、挡圈和锁圈三个主要零件，如图 9-4（c）所示。四件式轮辋可以拆卸为轮辋体、挡圈、锁圈和座圈四个主要零件，也可以拆卸为轮辋体、锁圈和两件挡圈，如图 9-4（d）所示。五件式轮辋可以拆卸为轮辋体、挡圈、锁圈、座圈和密封环五个主要零件，如图 9-4（e）所示。

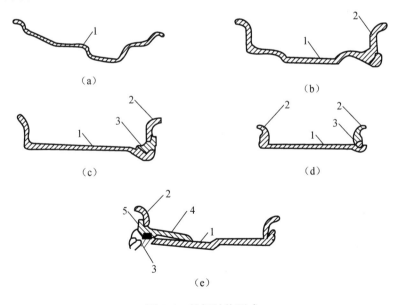

图 9-4　轮辋结构形式

（a）一件式轮辋；（b）二件式轮辋；（c）三件式轮辋；（d）四件式轮辋；（e）五件式轮辋

1—轮辋体；2—挡圈；3—锁圈；4—座圈；5—密封环

（3）轮辋的规格标记

1）国产轮辋轮廓类型及其代号。目前，轮辋轮廓类型有七种，深槽轮辋，代号 DC；深槽宽轮辋，代号 WDC；半深槽轮辋，代号 SDC；平底轮辋，代号 FB；平底宽轮辋，代号 WFB；全斜底轮辋，代号 TB；对开式轮辋，代号 DT，如图 9-5 所示。

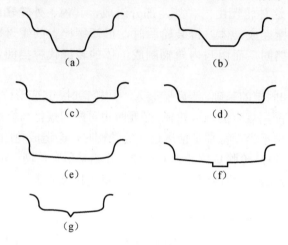

图 9-5　轮辋轮廓代号

（a）深槽轮辋（DC）；（b）深槽宽轮辋（WDC）；（c）半深槽轮辋（SDC）；（d）平底轮辋（FB）；
（e）平底宽轮辋（WFB）；（f）全斜底轮辋（TB）；（g）对开式轮辋（DT）

2）国产轮辋的规格代号。我国汽车轮辋规格用轮辋断面宽度（单位：in）、轮辋名义直径（单位：in）及轮缘代号（用拉丁字母作为代号）来表示。其中，直径数字前面的符号表示轮辋结构形式代号，符号"×"表示该轮辋为一件式轮辋，符号"-"表示该轮辋为两件或两件以上的多件式轮辋。在轮辋名义直径之后的拉丁字母表示轮缘的轮廓（E、F、J、JJ、KB、L、V 等）。有些类型的轮辋（如平底宽轮辋），其名义直径也代表了轮缘轮廓。最后的代号表示轮辋轮廓类型。

例如，东风 EQ1092 型汽车轮辋为 7.0-20，其含义为 7.0 表示轮辋断面宽度为 7in（1in=2.54cm）；20 表示该轮辋名义直径为 20in；"-"表示为多件式轮辋。

北京吉普 BJ2020 型汽车轮辋为 4.5E×16，表示轮辋断面宽度为 4.5in；16 表示该轮辋名义直径为 16in，轮缘代号为 E 的一件式轮辋。

新设计的轮辋用以下方式表示。

轿车：10×3.5C；15×16JJ；

轻型货车：16.5×6.00，15-5.5F（SDC）；

中型、重型货车：22-8.00V，22.5×8.25。

3．轮毂

轮毂用于连接制动鼓、轮盘和半轴凸缘，一般由圆锥滚柱轴承套装在半轴套管或转向节轴颈上。轮毂因车轮的不同，其结构有所不同。

9.2　轮　　胎

9.2.1　轮胎的作用与类型

（1）轮胎的作用

轮胎的作用是支撑汽车的全部质量；与路面直接接触，将汽车的驱动力和制动力传至路面，从而控制其起动、加速、减速、停车和转向；减弱由于路面不平所造成的振动。

（2）轮胎的类型

按照轮胎的花纹分：普通花纹轮胎、越野花纹轮胎和混合花纹轮胎。

按照轮胎胎体帘布层分：斜交轮胎和子午线轮胎。

按照轮胎的充气压力分：高压胎（0.5～0.7MPa）、低压胎（0.15～0.5MPa）和超低压胎（0.15MPa 以下）。低压胎弹性好，断面宽，接地面积大，散热性好，提高了汽车行驶的平顺性、稳定性，提高了轮胎的使用寿命，所以汽车上大多使用低压胎。

按照保持空气方法的不同分：有内胎轮胎和无内胎轮胎。无内胎轮胎在轿车上广泛采用，并开始在货车上使用。它没有内胎，空气直接压入外胎中，因此要求外胎与轮辋之间密封性好。其优点是消除了内、外胎之间的摩擦，且散热性好，胎温低，有利于车速的提高，结构简单，质量小，寿命长，耐刺穿性好。但材料、工艺要求高，途中维修困难。

9.2.2　轮胎的结构

1. 普通充气轮胎

普通充气轮胎由外胎、内胎和垫带组成，使用时安装在汽车车轮的普通可拆卸轮辋上，如图 9-6 所示。

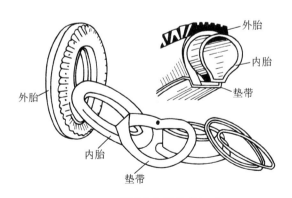

外胎

内胎

垫带

外胎

内胎

垫带

图 9-6　普通充气轮胎的组成

（1）外胎的结构

外胎是轮胎的框架。它必须具有足够的刚性，以阻止高压空气外泄，又必须具有足够的弹性，以吸收载荷的变化和冲击。它由许多层与橡胶粘接在一起的轮胎帘线（多股平行的高强度材料层）构成。

外胎由胎面、帘布层、缓冲层、胎圈四部分组成，如图 9-7 所示。

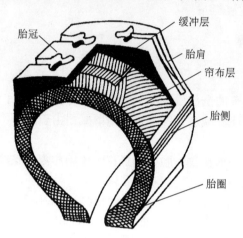

缓冲层
胎冠
胎肩
帘布层
胎侧
胎圈

图 9-7 外胎的结构

1）胎面。胎面是轮胎的外表面，可分为胎冠、胎肩和胎侧三部分。

胎冠的外部是耐磨的橡胶层，用于保护帘布层和内胎免受路面造成的磨损和外部损伤。胎冠与路面接触，并产生摩擦阻力，使车轮行驶和制动。为使轮胎与地面有良好的附着性能，防止纵、横向滑移，在胎面上制有各种形状的花纹，主要有普通花纹（包括纵向折线花纹和横向花纹）、混合花纹、越野花纹等。普通花纹如图 9-8（a）所示，其特点是花纹细而浅，花纹块接地面积大，因而耐磨和附着性较好。其中纵向折线花纹滚动阻力小，操纵性能好，噪声小，适合在较好的硬路面上高速行驶，广泛用于轿车、客车及货车等各种汽车；横向花纹有耐磨性好、不易夹石等优点，但滚动阻力大，所以仅用于货车。混合花纹如图 9-8（b）所示，由纵向折线花纹和横向花纹组合而成，在良好路面和恶劣路面上都可以提供稳定的驾驶性能，广泛用于客车和货车。越野花纹如图 9-8（c）所示，其凹部深而粗，在软路面上与地面附着性好，越野能力强，适用于矿山、建筑工地及其他在松软路面上使用的越野汽车轮胎。

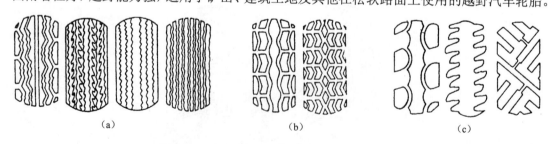

（a）   （b）   （c）

图 9-8 胎面花纹

（a）普通花纹；（b）混合花纹；（c）越野花纹

胎肩是较厚的胎冠与较薄的胎侧间的过渡部分，一般也制有各种花纹，以提高该部位的散热性能。

胎侧是贴在胎体帘布侧壁的薄橡胶层。它的主要作用是保护胎体侧部帘布层免受损伤，以及覆盖轮胎两侧，并保护胎体免受外部损坏。作为面积最大，弹性最强的轮胎部件，胎侧在行驶过程中，不断地在载荷作用下弯曲变形。胎侧标有厂家名称、轮胎尺寸及其他资料。

2）帘布层。胎体是外胎的骨架，由帘布层和缓冲层组成，其作用是承受负荷，保持轮胎外缘尺寸和形状。而帘布层是外胎的骨架，主要材料有棉线、人造丝、尼龙、聚酯纤维和钢丝等。为了保持外胎的形状和尺寸，使其具有足够的强度，帘布层由成双数的多层帘布用橡胶贴合而成，相邻的帘线交叉排列。帘布层数越多，轮胎的强度越大，但弹性下降。在帘布层与胎面之间，还有用上述材料制成缓冲层。

3）缓冲层。缓冲层是夹在胎体与胎面之间的纤维层，它可增强胎体与胎面的附着力，同时也有助于减弱路面传至胎体的振动。缓冲层广泛用于斜线轮胎。大客车、卡车及轻型卡车所有的轮胎都采用尼龙缓冲层；小客车所有的轮胎则采有聚酯缓冲层。

4）胎圈。为防止各种施加在轮胎上的作用力扯开轮辋，轮胎上设有固定边缘，即各层侧边都缠绕有坚固的钢丝，称为胎圈。轮胎内的加压空气迫使胎缘胀紧在轮辋边沿，使其牢固定位。

（2）内胎

内胎是装入外胎内部的一个环形橡胶管，外表面很光滑，上面装有气门嘴，以便充气。

（3）垫带

垫带是一个环形橡胶带，它垫在内胎和轮辋之间，保护内胎不被轮辋和胎圈磨损。

2. 普通斜交轮胎和子午线轮胎

普通斜交轮胎［图 9-9（a）］是一种较老式的结构，广泛应用于国产老式载货汽车。这种轮胎胎体帘布层中帘线与胎面中兴线约呈小于 90°角排列，并且一侧胎边穿过胎面到另一侧胎边，层层相叠，成为胎体的基础，所以称为斜交轮胎。其特点是行驶中轮胎噪声小；外胎面较柔软，在低速行驶时乘坐舒适性好；价格低廉。后来发展起来的带束斜交轮胎，即在斜交轮胎的基础上增加了沿圆周缠绕的斜交帘布层上的束带。这样使胎面更牢固，与地面接触时更加平整，减少了轮胎变形，使汽车行驶平稳，牵引效果好，防穿透性有所改善，延长了轮胎的使用寿命。

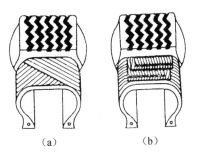

（a）　　　　　　　　（b）

图 9-9　轮胎的结构形式

（a）普通斜交轮胎；（b）子午线轮胎

目前，轿车上大多使用子午线轮胎［图9-9（b）］。这种轮胎使用钢丝或纤维植物制作的帘布层，其帘线与胎面中心的夹角接近90°，并从一侧胎边穿过胎面到另一侧胎边，帘线在轮胎上的分布好像地球的子午线，所以称为子午线轮胎。子午线轮胎具有帘布呈子午线环形排列，胎体与带束层帘布线形成许多密实三角网状结构的特点，因此，子午线轮胎帘布线的强度得到了充分利用，从而使帘布层可大量减少，减小了轮胎的质量，并大大提高了胎面的刚性，减少了胎面与路面的滑移现象，提高了轮胎的耐磨性。

与普通斜交轮胎相比，子午线轮胎质量小，轮胎弹性大，减振性能好，具有良好的附着性能，滚动阻力小，承载能力大，行驶中胎温低，胎面耐穿刺，轮胎使用寿命长。其缺点是轮胎成本高，胎侧变形大，容易产生裂口，并且侧向稳定性差。

3．无内胎轮胎

无内胎轮胎没有内胎和垫带，充入轮胎的气体直接压入无内胎的轮胎中，要求轮胎与轮辋之间有良好的密封性。其结构如图9-10所示。

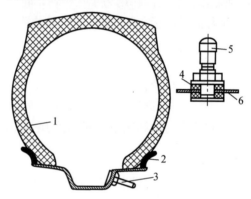

图9-10　无内胎轮胎的结构

1—硫化橡胶密封层；2—胎圈橡胶密封层；3—气门嘴；4—橡胶密封垫；5—气门嘴帽；6—轮辋

为了保证无内胎轮胎的密封性，与有内胎轮胎不同的是，无内胎轮胎的内壁附加了一层2～3mm的橡胶密封层，它是用硫化的方法黏附上去的。在密封层正对胎面的下方还贴有一层自黏层，起到自行将刺穿的孔上做出多道同心的环行槽纹的作用，在轮胎内空气压力的作用下，槽纹使轮圈紧紧地在粘轮辋边缘上，从而保证轮胎和轮辋之间的气密性；另外，气门嘴用橡胶密封垫直接固定在轮辋上，铆接轮辋和轮辐的铆钉外面涂上一层橡胶从内部塞入。

无内胎轮胎穿孔时压力不会急剧下降，仍然能继续安全行驶。无内胎轮胎中没有内胎故不存在内、外胎的摩擦和夹卡而引起的损坏；它可以直接通过轮辋散热，所以其工作温度低，使用寿命长；无内胎轮胎结构简单，质量较小。其缺点是轮胎爆破失效时，途中修理比较困难。无内胎轮胎近年来应用非常广泛，轿车大多使用无内胎轮胎。

4．应急轮胎

汽车上载有的备胎是某一条轮胎爆破或漏气时使用的轮胎。随着技术的进步，汽车的备胎也在发生着变化，以前汽车装备的备胎与正规轮胎规格相同，近年来生产的轿车装备的备胎大多为 T 型备胎。

T 型备胎中 T 是"temporary"的首字母，意思为"应急"或"临时"。轮胎爆破或漏气时，装上它后可以保证汽车行驶到维修站，并可以保证维修人员尽快修复故障轮胎或换上正规轮胎。因此，T 型备胎又称为应急轮胎。

这种应急轮胎比正规轮胎的尺寸小，是高压轮胎，其性能不如标准轮胎。因此，装用这种备胎时，需要在行驶过程中避免高速行驶或紧急制动，而且这种轮胎不宜用于驱动轮。但是，它具有可以缩小装备空间，增大行李箱的空间，减轻车重的优点。另外，这种应急轮胎成本低。其不足之处是爆破的轮胎无法装入原来存放备胎的地方，若行李箱装满东西，则无处收装爆破的轮胎。

此外，对于行李箱空间小的运动车，一般采用折叠备胎或紧凑性备胎。这种备胎也是应急使用，必须避免高速行驶，轮胎的侧面（胎侧）为折叠结构，收装空间比 T 型备胎小。

折叠备胎在折叠状态下不能使用，需要专用的压缩机和气瓶充气，待轮胎膨胀后才可使用。收装时，只要将空气放掉，按原状折好即可。

随着轮胎技术的发展，特种轮胎越来越多，现在雪地上行驶可以装用防滑轮胎及防滑钉轮胎。这样，在冰雪道路上行驶，就不需要装用防滑链，从而避免装卸防滑链的麻烦，且不会影响乘坐的舒适性和油耗，减少了装用防滑链后带来的轮胎损伤，提高了在不连续的冰雪道路上行驶的便利性。

9.2.3 轮胎的规格

轮胎的规格可用外胎直径 D、轮辋直径 d、断面宽度 B 和断面高度 H 的名义尺寸代号表示，如图 9-11 所示。

图 9-11 轮胎尺寸标记

（1）斜交轮胎规格

我国采用国际标准，斜交轮胎的规格用 $B-d$ 表示，载重汽车斜交轮胎和轿车斜交轮胎的尺寸 B 和 d 均以 in 为单位，B 为轮胎名义断面宽度代号，d 为轮辋名义直径代号。例如，

9.00-20 表示轮胎名义断面宽度 9.00in，轮辋名义直径 20in。

（2）子午线轮胎规格

国产子午线轮胎规格用 BRd 表示，其中 R 代表子午线轮胎（即 "radial" 的第一个字母）。国产轿车子午线轮胎断面宽 B 已全部改用米制单位 mm；载货汽车轮胎断面宽 B 有英制单位 in 和米制单位两种。而轮辋直径 d 的单位仍用英制单位 in。

随着轮胎的扁平化，仅用断面宽 B 和轮辋直径 d 已不能完全表示轮胎的规格。在断面宽 B 相同的情况下，断面高度 H 随不同扁平率而变化。轮胎按其扁平率——高度比 H/B 划分系列，目前国产轿车子午线轮胎有 80、75、70、65、60 共五个系列，数字分别表示断面高度 H 是断面宽度 B 的 80%、75%、70%、65% 和 60%。显然，数字越小，轮胎越扁平。

子午线轮胎规格示例如下：

175/70HR13 表示轮胎断面宽度为 175mm、扁平率为 70%、速度等级为 H、轮辋直径为 13in 的子午线轮胎。

（3）无内胎轮胎规格

按《载重汽车轮胎规格、尺寸、气压与负荷》（GB/T 2977—2016）规定，载货汽车普通断面子午线无内胎轮胎规格用 BRd 表示。有些子午线轮胎，采用在规格中加 "TL" 标志的方法。例如，轮胎 195/70SR14TL，表示轮胎的断面宽度为 195mm，扁平率为 70%，轮胎速度等级为 S 级，子午线轮胎，轮辋直径为 14in，无内胎轮胎。

（4）速度等级

近年来，汽车和轮胎的性能有很大的提高，要求轮胎的速度性能和汽车的最高速度相匹配。为此，需轮胎上标明其速度等级。国际标准化组织（ISO）制定的，并且已为一些国家所采用的速度标志（表 9-1）的特点是对各种速度均给出一个代号。其规定的速度等级代号既适用于轿车轮胎，又适用于货车轮胎，但是，它们的含义不完全相同。对于轿车轮胎（P～S 级），速度等级代号是指不许超过的最高速度；对于货车轮胎（F～N 级），速度等级代号是指随负荷降低可以超过的参考速度。

我国参照国际标准化组织规定的速度标志制定了自己的标准。根据《轿车轮胎规格、尺寸、气压与负荷》（GB/T 2978—2014）规定，轿车轮胎采用表 9-1 中 L～H 这 10 级速度标志符号及对应的最高行驶速度。同时，还要求对于不同轮辋直径的轮胎，最高行驶速度应符合表 9-2 中的规定。

表 9-1 速度标志表

速度标志	速度（km/h）	速度标志	速度（km/h）
A_1	5	J	100
A_2	10	K	110
A_3	15	L	120
A_4	20	M	130
A_5	25	N	140
A_6	30	P	150
A_7	35	Q	160

速度标志	速度（km/h）	速度标志	速度（km/h）
A_8	40	R	170
B	50	S	180
C	60	T	190
D	65	U	200
E	70	H	210
F	80	V	240
G	90	W	270

表 9-2　不同轮辋直径轮胎的最高行驶速度

轮胎结构	速度级别	不同轮辋直径轮胎的最高行驶速度（km/h）		
		10	12	≥13
斜交轮胎	P	120	135	150
子午线轮胎	Q	135	145	160
	S	150	165	180
	H		195	210

9.2.4　轮胎的性能

轮胎设计要为其特殊使用目的提供最佳性能。相反，特定条件下行驶的汽车要采用性能最合适的轮胎。

轮胎的性能包括滚动阻力、轮胎产生的热量、制动性能、胎面花纹噪声、驻波、浮滑现象、轮胎磨损。

（1）滚动阻力

轮胎的滚动阻力与轮胎的气压和弹性变形量有关。轮胎的气压越低和弹性变形量越大，轮胎的滚动阻力越大，但附着性能越好，行驶的方向稳定性好；反之，则滚动阻力小，但附着性能差，行驶的方向稳定性差。

（2）轮胎产生的热量

轮胎产生的热量是因为轮胎变形时非弹性变形引起的，轮胎非弹性变形时吸收能量并将其转化为热量，因为它们都是不良导体，不能使产生的热量快速散发，故热量积聚在轮胎材料内部，造成轮胎内部温度上升。过量的热量积聚，削弱了各橡胶层与轮胎帘线之间的贴合力，最终导致各橡胶层分离，甚至使轮胎爆裂。积聚在轮胎之间的热量因充气压力、载荷、车速、胎面纹槽深度及轮胎结构等因素而异。

（3）制动性能

轮胎与路面之间所产生的制动力可使汽车减速和停车。制动力的大小取决于路面条件、轮胎类型、轮胎结构及轮胎工作的其他条件。轮胎的制动性能可由其摩擦系数评估。摩擦系数越小，轮胎所产生的摩擦力越小，制动距离越长。

（4）胎面花纹噪声

胎面花纹噪声是轮胎最突出的工作声音。与路面接触的胎面纹槽中含有空气，这些空气密封在纹槽与路面之间，并受到压缩，当胎面离开路面时，受到压缩的空气便从纹槽中突然冲出，产生噪声。

（5）驻波

车轮行驶过程中，随着胎面新的部分与路面接触，轮胎便不断地变形。当该部分胎面离开路面时，轮胎内的空气压力及轮胎本身的弹性要将轮胎恢复原状。但当车速较高时，轮胎旋转速度过快，没有足够的时间来完成这一复原过程，在如此短暂的时间间隔中不断地重复这一过程，会使胎面振动，这些振动被称为驻波。储存在驻波中心的能量大部分转化为热量，使轮胎温度急剧升高。在某些情况下，这种存储的热量会导致爆裂，甚至在几分钟内将轮胎毁坏。一般来说，轿车轮胎的最大允许速度由出现驻波时的车速决定。

（6）浮滑现象（水滑现象）

如果车速太高，胎面没有足够的时间从路面上排开积水，不能附着在路面上，汽车便会在积水路面上打滑，这种现象称为浮滑现象。这是因为，当车速升高时，水的阻力也相应增大，从而迫使轮胎"浮"在水面上。其效果与滑水运动相似：滑水运动员会在低速时沉入水中，而当速度升高时，便开始水面上滑行。横向花纹轮胎的排水性能比纵向花纹轮胎的排水性能好。

（7）轮胎磨损

轮胎与路面之间的滚动和滑动摩擦力会使轮胎磨损，磨损程度与充气压力、载荷、车速、路面条件、温度有关。

9.3 车轮和轮胎的维护

车轮和轮胎的维护应结合汽车的维护强制执行。本节主要介绍轮胎的维护。轮胎的维护可分为日常维护、一级维护和二级维护。

9.3.1 轮胎的日常维护

日常维护包括出车前、行车中和收车后的检视，主要检视轮胎气压，以及有无不正常的磨损和损伤，并及时消除造成不正常磨损和损伤的因素。轮胎日常维护的作业内容如下：

（1）出车前检视

1）用气压表检查轮胎气压是否符合规定，气门嘴是否漏气，气门嘴帽是否安全，气门嘴是否碰擦制动鼓。

2）检查轮胎螺母是否紧固，翼子板、挡泥板、货厢等有无碰擦轮胎现象。

3）检查随车工具，如撬胎棒、千斤顶、轮胎螺母套筒扳手、气压表、手锤、挖石子钩等是否齐全。

（2）行车中检视

1）行驶途中检视结合途中停车、装卸等各种机会进行。

2）停车后应注意检查轮胎有无漏气现象，并查找漏气原因，予以排除。

3）检查花纹并取出夹石和花纹中的石子、杂物。

4）检查轮胎螺母是否松动，备胎架装置是否牢固，以及汽车机件有无碰擦轮胎的现象。

5）如途中换用备胎，收车后应将损坏的轮胎及时送修。

9.3.2　一级维护轮胎作业项目

1）紧固轮胎螺母，检查气门嘴是否漏气、气门嘴帽是否齐全，如发现损坏或缺少，应立即修理或补齐。

2）取出夹石和花纹中的石子、杂物，如有较深划痕应用生胶填塞。刺伤后若不及时补修，水气将进入胎体锈蚀钢丝帘线，造成早期损坏。

3）检查轮胎磨损情况，如有不正常磨损或起鼓、变形等现象，应查找原因，予以排除。

4）如需检查外胎内部，应拆卸解体，如有损伤应及时补修。

5）检查轮胎搭配和轮辋、挡圈、锁圈是否正常。

6）检查轮胎（包括备胎）气压，并按标准补足。

7）检查轮胎有无与其他机件刮碰现象，备胎架是否完好、紧固，如不符合要求，应予排除。

8）必要时（如单边偏磨严重）应进行一次轮胎换位，以保持胎面花纹磨耗均匀。

完成上述作业后应填写维护记录。

9.3.3　二级维护轮胎作业项目

除执行一级维护的各项作用外，还应进行以下各项维护项目。

1）拆除轮胎，按轮胎标准测量胎面花纹磨耗、周长及断面宽度的变化，作为换位和搭配的依据。

2）轮胎解体检查：

① 胎冠、胎肩、胎侧及胎内有无内伤、脱层、起鼓和变形等现象。

② 内胎、垫带有无咬伤、褶皱现象，气门嘴、气门芯是否完好。

③ 轮辋、挡圈和锁圈有无变形、锈蚀，并视情况涂漆。

④ 轮辋螺栓孔有无过度磨损或裂纹现象。

3）排除解体检查所发现的故障后，进行装合和充气。

4）高速车应进行轮胎的动平衡检测。

5）按规定进行轮胎换位。

6）发现轮胎有不正常的磨损或损坏，应查明原因并予以排除。完成上述作用后应填写维护记录。

9.3.4 轮胎的正确使用、换位和车轮动平衡检测

1. 轮胎的正确使用

（1）操持轮胎气压正常

轮胎的气压是决定轮胎使用寿命和工作良好与否的重要因素。轮胎的气压受到充气时气压、使用条件和气体缓慢泄漏等影响。保持轮胎气压的关键是定期检查轮胎气压。

轮胎气压过低时，造成胎侧变形加大，胎冠部向内凸起，胎面接地面积增大，滑移量增加，使胎肩部位磨损加剧；轮胎变形大，轮胎帘布层中的帘线应力增大，使轮胎温度升高，加速橡胶老化和帘布与橡胶脱层，帘布松散，甚至帘线折断。轮胎气压过低，会使滚动阻力增大，燃料消耗增加。

轮胎气压过高时，轮胎内部压力增加，接地面积减小，使轮胎的胎冠部位向外凸起，造成胎冠磨损加剧；由于轮胎的橡胶、帘布等材料过度拉伸，且气压高，使轮胎刚性增加，一旦遇到冲击，极易造成轮胎的爆破。但是，轮胎气压略高，有利于降低行驶阻力，节约燃料。

（2）防止轮胎超载

轮胎承受负荷的高低对使用寿命影响较大。轮胎承受的负荷较小时，使用寿命会大大延长，但是不利于提高运输生产效率。轮胎承受的负荷较大时，使用寿命随负荷的增加而缩短。其原因是轮胎超载后，帘布和帘线应力增大，容易造成帘布与橡胶脱层和帘线松散、折断，同时因为变形加大使轮胎接地面积增加，致使轮胎胎肩磨损加剧；轮胎超载后，变形加大使轮胎温度升高，一旦遇到障碍物极易引起轮胎爆破。

防止轮胎超载的关键是按标定的载量载货、载客，不得超载。另外，应注意货物装载的平衡，否则，会造成偏载后的局部超载，如图 9-12 所示。

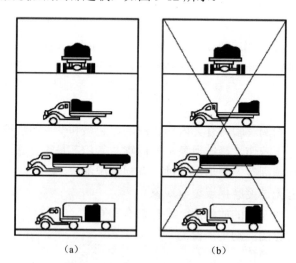

（a）　　　　　　　　　　（b）

图 9-12　载货汽车装载分布

（a）正确装载法；（b）不正确装载法

（3）合理搭配轮胎

合理搭配轮胎的目的是尽量使整个汽车上的轮胎磨损一致，使其有同等寿命。搭配轮胎的原则如下：装用新轮胎时，同一车轴上配同一规格、结构、层级和花纹的轮胎；货车双胎并装的后轮还需加上同一品牌。装用品质不同的轮胎时，前轮尽量使用最好的轮胎，备用轮胎使用较好的轮胎，直径较大的轮胎应该装在双胎并装的后轮外侧，翻新轮胎不得用于转向轮。

（4）精心驾驶汽车

汽车驾驶技术的好坏直接影响汽车的使用寿命。轮胎也是如此。精心驾驶汽车从而节省轮胎的驾驶操作要领是起步平稳，避免轮胎滑转；均匀加速，中速行驶，避免急加速和急减速；转弯减速，避免高速转弯引起的轮胎横向滑移；以滑代制，避免紧急制动造成轮胎拖磨。

（5）保持良好的底盘技术状况

轮胎的异常磨损与底盘技术状况有关，如前轮定位中的前轮外倾与前轮前束配合不当、轮毂轴承松旷、转向传动机构间隙过大、车轮不平衡、轮辋变形、悬架与车架变形或制动技术状况不良等都会引起轮胎的不正常磨损，因此保持良好的底盘技术状况是防止轮胎的不正常磨损的关键。

2．轮胎的换位

正确的轮胎换位可使轮胎磨损均匀，可延长 20% 左右的使用寿命。轮胎换位应结合汽车的二级维护定期进行。

常用的换位方法有循环换位法和交叉换位法，如图 9-13 所示。装用普通斜交轮胎的六轮二桥汽车常用交叉换位法，并在换位的同时翻面。

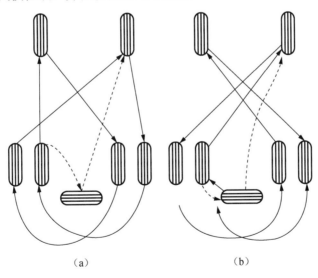

图 9-13　六轮二桥轮胎换位

(a) 循环换位法；(b) 交叉换位法

四轮二桥汽车采用斜交轮胎也可用交叉换位法，如图 9-14（a）所示；子午线轮胎宜用单边换位法，如图 9-14（b）所示。

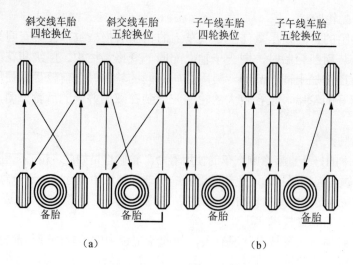

图 9-14　四轮二桥轮胎换位

（a）交叉换位法；（b）单边换位法

3．车轮动不平衡的检测

（1）车轮动不平衡的危害

车轮动不平衡时，造成车轮的跳动和偏摆，使汽车的有关零件受到损坏，使用寿命缩短。对于高速行驶的汽车来说，还容易造成行驶不安全。

（2）车轮动不平衡的原因

车轮动不平衡的主要原因是质量分布不均匀；轮辋、制动鼓变形；轮毂与轮辋加工质量不佳，如中心不准、轮胎螺栓孔分布不均、螺栓质量不佳、安装位置不正确等。

（3）车轮动不平衡的检测和调整

车轮动不平衡对汽车的危害很大，因此必须对车轮进行动不平衡的检测和调整。车轮动不平衡的检测和调整要在专用的仪器上进行，如图 9-15 所示。具体方法和步骤不再赘述。

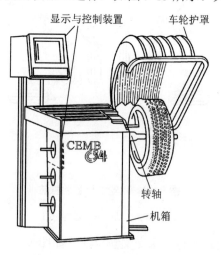

图 9-15　离车式车轮动平衡机

9.4　车轮和轮胎的故障诊断

1. 车轮常见故障诊断

车轮常见故障为轮毂轴承过松或过紧。轮毂轴承过松造成车轮摆振及行驶不稳，严重时还会使车轮甩出。此时，将车轮支起，通过用手横向摇晃车轮，即可诊断出轮毂轴承是否松旷。一旦发现轴承松旷，必须立即修理。轮毂轴承过紧会造成汽车行驶跑偏。全部轮毂轴承过紧时，会使汽车滑行距离明显减小。轮毂轴承过紧会使汽车行驶一段距离后，轮毂处温度明显上升，有时甚至使润滑脂熔化甩入制动鼓。轮毂轴承过紧时，将车轮支起后，转动车轮将明显感到费力、沉重。

2. 轮胎常见故障诊断

发动机通过传动系统带动轮胎旋转，这意味着轮胎属于传动系统的一部分。前轮轮胎还会根据转向盘的运动，改变汽车的运动方向，因此，轮胎也属于转向系统的一部分。此外，轮胎也用于支承车重及吸收路面振动，所以，轮胎还是悬架系统的一部分。因此，在进行轮胎的故障诊断排除分析时，一定要考虑轮胎与车轮、转向、悬架之间的关系。另外，轮胎的使用不当和维护不良也可能导致轮胎本身及相关系统的故障。因此，轮胎故障诊断排除分析的第一步便是检查轮胎，应该使用正确，维护恰当。

轮胎的主要故障是使轮胎花纹异常磨损。检查轮胎花纹异常磨损，可以发现故障的早期征兆和原因，以便及时排除影响轮胎寿命的不良因素，防止早期磨损和损坏。

轮胎异常磨损，除磨损过快外，还有其他各种特征。轮胎异常磨损的原因除气压过高、过低外，主要是底盘技术状况变坏，如前轮定位不良、轮毂轴承松旷、横拉杆球节和主销衬套间隙过大，车轮不平衡，轮辋变形或不配套，车桥或车架变形和钢板弹簧技术状况不良等。轮胎异常磨损的特征与原因如表 9-3 所示。

表 9-3　轮胎异常磨损的特征与原因

特征	原因	特征	原因
胎冠过度磨损	气压过高	单边磨损	前轮外倾角失准，后桥壳变形
胎肩过度磨损	气压过低	杯形（贝壳形）磨损	悬挂部件和连接车轮的部件（球节、轴承、减振器、弹簧衬套等）磨损，汽车不平衡

续表

特征	原因	特征	原因
锯齿（羽毛）状磨损	前束失准主销衬套或球节松旷	第二道花纹过度磨损（只出现在子午线胎上）	轮辋太窄而轮胎太宽，不配套

本 章 小 结

1）车轮由轮毂、轮辋及轮辐组成，按照轮辐的构造可以分为辐板式和辐条式两种形式。

2）子午线轮胎的帘布层层数一般比普通斜交轮胎减少 40%～50%，极大提高了胎面的刚度和强度。

3）轮胎的换位及动不平衡检测。

复习思考题

1）车轮有什么作用？由哪几部分组成？常见的类型有哪几种？

2）轮胎有什么作用？有几种形式？

3）不同花纹轮胎各有什么特点？

4）子午线轮胎与普通轮胎相比有什么优点？

5）轮胎换位应如何进行？

6）汽车轮胎的保养和维护有哪些内容？

第10章 悬 架

教学目标

1．了解汽车悬架的作用及组成，掌握悬架系统的分类，以及非独立悬架、独立悬架及其他类型悬架的结构类型。

2．了解悬架的主要零部件结构，掌握悬架系统的基本维修方法。

3．了解电控悬架的结构原理、主要功能及工作模式，掌握电控悬架系统的基本检修方法。

10.1 悬架系统概述

悬架结构形式和性能参数的选择合理与否，对汽车行驶平顺性、操纵稳定性和舒适性有很大的影响。常见的悬架有麦弗逊悬架、双叉臂式悬架、多连杆式悬架等。

10.1.1 悬架的作用与组成

舒适性是轿车重要的使用性能之一。舒适性与车身的固有振动特性有关，而车身的固有振动特性又与悬架的特性相关。所以，汽车悬架是保证乘坐舒适性的重要部件。同时，汽车悬架作为连接车架（或车身）与车轴（或车轮）的传力机件，是保证汽车行驶安全的重要部件。因此，汽车悬架往往列为重要部件编入轿车的技术规格表，作为衡量轿车质量的指标之一。

若汽车车架（或车身）直接安装于车桥（或车轮）上，则由于道路不平，地面的冲击会使人会感到十分不舒服，这是因为没有悬架装置。汽车悬架是车架（或车身）与车轴（或车轮）之间的弹性连接装置的统称。它的作用是弹性地连接车桥和车架（或车身），缓和行驶中汽车受到的冲击力，保证货物完好和人员舒适；衰减由于弹性系统引进的振动，使汽车行驶中保持稳定，改善操纵稳定性；同时，悬架系统传递垂直反力、纵向反力（牵引力和制动力）和侧向反力及这些力所造成的力矩作用到车架（或车身）上，以保证汽车行驶平顺；并且当车轮相对车架跳动时，特别在转向时，车轮运动轨迹要符合一定的要求，因此悬架系统还起使车轮按一定轨迹相对车身跳动的导向作用。

一般悬架系统由弹性元件、减振器、导向机构和横向稳定杆组成。弹性元件用来承受并传递垂直载荷，缓和由于路面不平引起的对车身的冲击。弹性元件的种类有钢板弹簧、螺旋弹簧、扭杆弹簧、油气弹簧、空气弹簧和橡胶弹簧。减振器用来衰减由于弹性系统引起的振动，减振器的类型有筒式减振器，阻力可调式新式减振器，充气式减振器。导向机构用来传递车轮与车身间的力和力矩，同时使车轮按一定运动轨迹相对车身跳动，通常导向机构由控制摆臂式杆件组成。导向机构的种类有单杆式导向机构或多连杆导向机构。钢板弹簧作为弹性元件时，可不另设导向机构，它本身兼有导向作用。在某些轿车和客车上，为防止车身在转向等情况下发生过大的横向倾斜，在悬架系统中加设横向稳定杆，目的是提高横向刚度，使汽车具有不足转向特性，改善汽车的操纵稳定性和行驶平顺性。

10.1.2　悬架的分类

现代汽车悬架的发展十分迅速，不断出现崭新的悬架装置。根据控制形式不同，悬架分为被动式悬架和主动式悬架。目前，多数汽车上采用被动式悬架，如图 10-1 所示，也就是汽车姿态（状态）只能被动地取决于路面及行驶状况和汽车的弹性元件，以及导向机构、减振器这些机械零件。20 世纪 80 年代以来，主动式悬架开始在部分汽车上应用，并且还在进一步研究和开发中。主动式悬架可以能动地控制垂直振动及车身姿态（状态），根据路面和行驶工况自动调整悬架刚度和阻尼。

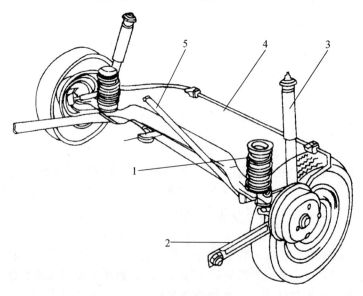

图 10-1　汽车被动式悬架

1—横向推力杆；2—横向稳定器；3—减振器；4—纵向推力杆；5—弹性元件

根据汽车导向机构不同，悬架又可分为独立悬架、非独立悬架，如图 10-2 和图 10-3 所示。

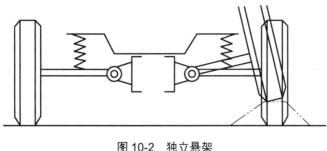

图 10-2　独立悬架

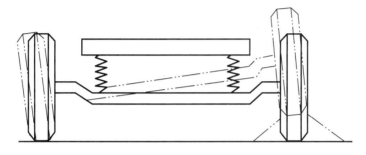

图 10-3　非独立悬架

　　独立悬架是两侧车轮分别独立地与车架（或车身）弹性地连接，当一侧车轮受冲击，其运动不直接影响另一侧车轮，独立悬架所采用的车桥是断开式的。这样可降低发动机的安装位置，有利于降低汽车重心，并使结构紧凑。独立悬架允许前轮有大的跳动空间，有利于汽车转向，便于选择软的弹簧元件使平顺性得到改善。同时，独立悬架非簧载质量小，可提高汽车车轮的附着性。

　　非独立悬架的特点是两侧车轮安装于一整体式车桥上，当一侧车轮受冲击力时会直接影响另一侧车轮，当车轮上下跳动时定位参数变化小。若采用钢板弹簧作为弹性元件，它可兼起导向作用，使结构大为简化，降低成本。目前，非独立悬架广泛应用于货车和大客车，有些轿车后悬架也有采用。非独立悬架非簧载质量比较大，高速行驶时悬架受到的冲击载荷比较大，汽车行驶时的平顺性较差。

10.2　非独立悬架结构类型

　　非独立悬架主要有钢板弹簧式非独立悬架、螺旋弹簧式非独立悬架和空气弹簧式非独立悬架三种。

　　对于钢板弹簧式非独立悬架，钢板弹簧作为非独立悬架的弹性元件，它兼起导向机构的作用，因而使悬架系统大为简化，常被用于货车的前后悬架中，如图 10-4 所示。

　　对于螺旋弹簧式非独立悬架，螺旋弹簧作为弹性元件，只能承受垂直载荷，所以其悬架系统要加设导向机构和减振器。螺旋弹簧式非独立悬架常用于轿车的后悬架，如图 10-5 所示。

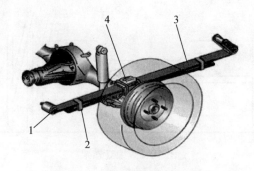

图 10-4　钢板弹簧式非独立悬架

1—卷耳；2—弹簧夹；3—钢板弹簧；4—中心螺栓

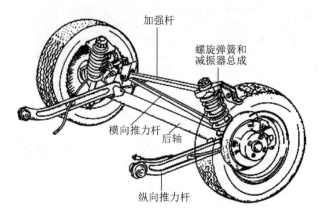

图 10-5　螺旋弹簧式非独立悬架

对于空气弹簧式非独立悬架，空气弹簧作为弹性元件。空气弹簧和螺旋弹簧一样，只能传递垂直力，其纵向力和横向力及其力矩由纵向推力杆和横向推力杆来传递，这种悬架中也需要有减振器，如图 10-6 所示。

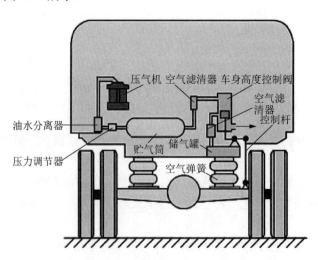

图 10-6　空气弹簧式非独立悬架

10.3 独立悬架的结构类型

独立悬架的左、右车轮不是通过整体车桥相连接的，而是通过悬架分别与车架（或车身）相连，每侧车轮可独立运动。独立悬架在轿车和载重量 1t 以下的货车前悬架中广为采用，轿车后悬架上的采用也在增加。越野车、矿用车和大客车的前轮也有一些采用独立悬架。

根据导向机构不同的结构特点，独立悬架可分为双横臂式独立悬架、单横臂式独立悬架、纵臂式独立悬架、斜置单臂式独立悬架、多杆式独立悬架及滑柱（杆）连杆（摆臂）式独立悬架等。目前采用较多的有以下三种形式：双横臂式独立悬架、滑柱连杆式独立悬架、斜置单臂式独立悬架。根据弹性元件采用不同，分为螺旋弹簧式独立悬架、钢板弹簧式独立悬架、扭杆弹簧式独立悬架、气体弹簧式独立悬架。其中，采用较多的是螺旋弹簧独立悬架。

1. 双横臂式（双叉式）独立悬架

图 10-7 为双横臂式独立悬架。其上、下两摆臂不等长，选择合适长度比例，可使车轮和主销的角度及轮距变化不大。这种独立悬架广泛应用在轿车前轮。双横臂的臂一般做成 A 字形或 V 字形。V 形臂的上、下两个 V 形摆臂的一端以一定的距离，分别安装在车轮上，另一端安装在车架上。

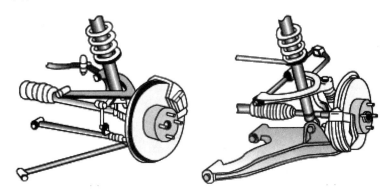

图 10-7 双横臂式独立悬架

不等长双横臂上臂比下臂短，如图 10-8 所示。当汽车车轮上下运动时，上臂比下臂运动弧度小。这将使轮胎上部轻微地内外移动，而底部影响很小。这种结构有利于减少轮胎磨损，提高汽车行驶的平顺性和方向稳定性。

2. 滑柱摆臂式独立悬架

这种悬架目前在轿车中采用较多，如图 10-9 所示。滑柱摆臂式悬架将减振器作为引导车轮跳动的滑柱，螺旋弹簧与其装于一体。这种悬架将双横臂上臂去掉并以橡胶作支承，允许滑柱上端做少许角位移；内侧空间大，有利于发动机布置，并降低汽车的重心。车轮上下运动时，主销轴线的角度会有变化，这是因为减振器下端支点随横摆臂摆动。以上问题可通过调整杆系设计，使其布置合理得到解决。

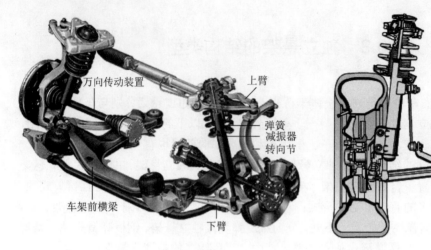

图 10-8　不等臂悬架　　　　　　　　　图 10-9　滑柱摆臂式独立悬架

一汽奥迪 100 型轿车前悬架即采用这种形式。筒式减振器装在滑柱桶内，滑柱桶与转向节刚性连接，螺旋弹簧安装在滑柱桶及转向节总成上端的支承座内，弹簧上端通过软垫支承在车身连接的前簧上座内，滑柱桶的下端通过球铰链与悬架的横摆臂相连。当车轮上下运动时，滑柱桶及转向节总成沿减振器活塞运动轴线移动，同时，滑柱桶的下支点随横摆臂摆动。

3．斜置单臂式独立悬架

斜置单臂式独立悬架如图 10-10 所示。这种悬架是单横臂式独立悬架和单纵臂式独立悬架的折中方案。其摆臂绕与汽车纵轴线具有一定交角的轴线摆动，选择合适的交角可以满足汽车操纵稳定性的要求。这种悬架适于做后悬架。

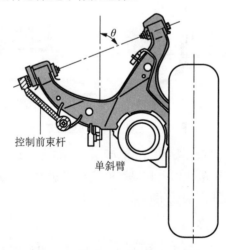

图 10-10　斜置单臂式独立悬架

4．多杆式独立悬架

独立悬架中多采用螺旋弹簧，因而对于侧向力、垂直力及纵向力需加设导向装置，即采用杆件来承受和传递这些力。因此，一些轿车上为减轻车重和简化结构采用多杆式独立悬架，如图 10-11 所示。上连杆 9 通过上连杆支架 11 与车身（或车架）相连，上连杆 9 外端与第三连杆 7 相连。上连杆 9 的两端都装有橡胶隔振套。第三连杆 7 的下端通过重型止推轴承与转向节连接。与普通的下摆臂相同，下连杆 5 的内端通过橡胶隔振套与前横梁相连接。球铰将下连杆 5 的外端与转向节相连。多杆式前悬架系统的主销轴线从下球铰延伸到上面的轴承，它与上连杆和第三连杆无关。多杆式悬架系统具有良好操纵稳定性，可减小轮胎磨损。这种悬架减振器和螺旋弹簧不像麦弗逊悬架那样沿转向节转动。

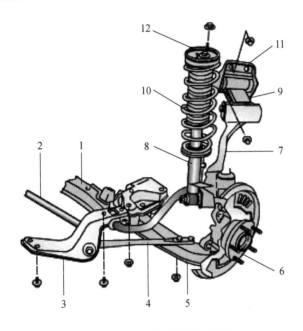

图 10-11 多杆式前悬架系统

1—前悬架横梁；2—前稳定杆；3—拉杆支架；4—黏滞式拉杆；5—下连杆；6—轮毂转向节总成；
7—第三连杆；8—减振器；9—上连杆；10—螺旋弹簧；11—上连杆支架；12—减振器隔振块

10.4 其他结构类型的悬架

1. 麦弗逊悬架

麦弗逊悬架是最为常见的一种悬架，图 10-12 是麦弗逊悬架结构图。

麦弗逊悬架主要由 A 型叉臂和减振机构组成。叉臂与车轮相连，主要承受车轮下端的横向力和纵向力。减振机构的上部与车身相连，下部与叉臂相连，承担减振和支持车身的任务，同时还要承受车轮上端的横向力。图 10-13 所示的三连杆式麦弗逊悬架广泛用于轿车前悬架中。

螺旋弹簧
减振器
转向节
横向稳定器
横摆臂

图 10-12　麦弗逊悬架结构图

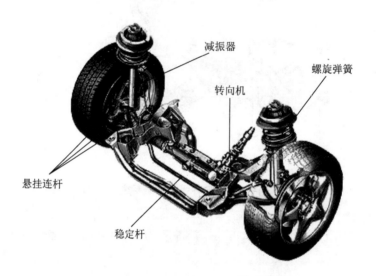

减振器
螺旋弹簧
转向机
悬挂连杆
稳定杆

图 10-13　三连杆式麦弗逊前悬架构造图

麦弗逊悬架的设计特点是结构简单，质量小，占用空间小，响应速度和回弹速度快，所以悬架的减振能力也相对较强，但抗侧倾和制动能力弱，稳定性较差。目前，麦弗逊悬架多用于家用轿车的前悬架。

2. 扭转梁式悬架

扭转梁式悬架的结构中，两个车轮之间没有硬轴直接相连，而是通过一根扭转梁进行连接，扭转梁可以在一定范围内扭转。如果一个车轮遇到非平整路面，扭转梁仍然会对另一侧车轮产生一定的干涉，严格来说，扭转梁式悬架属于半独立式悬架，如图 10-14 所示。

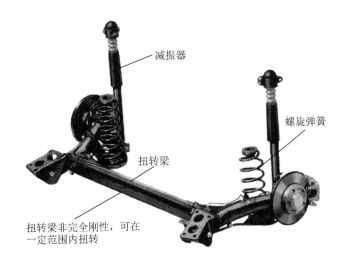

图 10-14　扭转梁式悬架构造图

目前，市场上绝大多数经济型家用轿车采用图 10-15 所示的悬架结构配置。

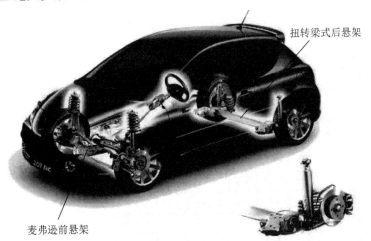

图 10-15　前后悬架构造示意图

3．空气悬架

空气悬架是指采用空气减振器的悬架，主要通过空气泵来调整空气减振器的空气量和压力，可改变空气减振器的硬度和弹性系数。通过调节泵入的空气量，可以调节空气减振器的行程和长度，实现底盘的升高或降低，如图 10-16 所示。

空气悬架相对于传统的钢制悬架系统来说具有很多优势。例如，汽车高速行驶时，悬架可以变硬，以提高车身稳定性；在低速或颠簸路面行驶时，悬架可以变软来提高舒适性。

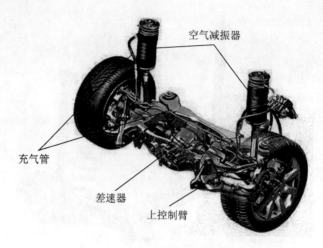

图 10-16　空气悬架结构图

10.5　悬架的主要零部件

1. 悬架的弹性元件

悬架采用的弹性元件常见的有钢板弹簧、螺旋弹簧、空气弹簧和油气弹簧等。

钢板弹簧是在汽车悬架中使用最为广泛的弹性元件，其结构如图 10-17 所示。它是由若干片等宽但不等长（厚度既可以相等又可以不等）的合金弹簧片组合而成的一根等强度的弹簧梁。

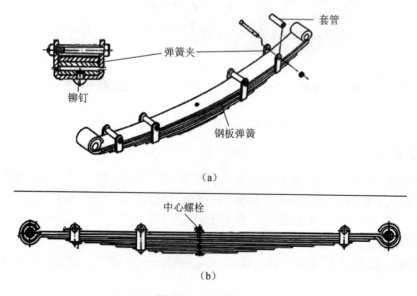

（a）

（b）

图 10-17　钢板弹簧

（a）对称式钢板弹簧；（b）非对称式钢板弹簧

螺旋弹簧是由弹簧钢卷制而成的，可分为刚度不变的圆柱形螺旋弹簧和刚度可变的圆锥形螺旋弹簧。

空气弹簧是在一个密封的容器中充入压缩空气，利用气体可压缩性实现其弹性作用。空气弹簧具有较理想的非线性弹性特性，加装高度调节装置后，车身高度不随载荷增减而变化，弹簧刚度可设计得较低，汽车的乘坐舒适性好，如图 10-18 所示。

图 10-18　空气弹簧

油气弹簧可以用于独立悬架也可以用于非独立悬架，它以气体作为弹性介质，以液体作为传力介质，不但具有良好的缓冲能力，还具有减振作用，同时可以调节车架的高度，适合重型汽车和大客车使用。油气弹簧中的气体通常为惰性气体，常选择氮气。图 10-19 是两级压力式油气弹簧示意图。

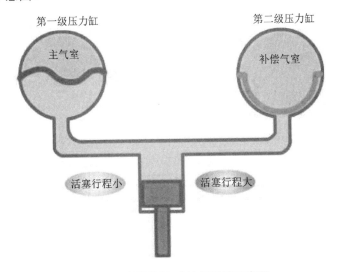

图 10-19　两级压力式油气弹簧示意图

2．悬架的减振器

减振器在汽车中的作用是迅速衰减由车轮通过悬架弹簧传递给车身的冲击和振动，以提高汽车行驶的平顺性。

减振器按工作原理可以分为双作用式减振器和单作用式减振器。在压缩和伸张两行程均能起到减振作用的减振器称为双作用式减振器，仅在伸张行程中起作用的减振器称为单作用式减振器，如图 10-20 所示。

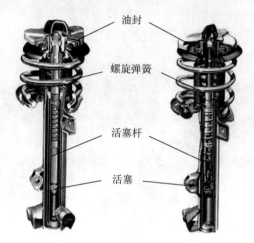

图 10-20　减振器构造图

双作用筒式减振器（又称双筒式减振器）一般具有四个阀，即压缩阀、伸张阀、流通阀和补偿阀，如图 10-21 所示。流通阀和补偿阀是一般的单向阀，其弹簧力很弱。当阀上的油压作用力与弹簧力同向时，阀处于关闭状态，完全不通；当油压作用力与弹簧力反向时，只要有很小的油压，阀就能开启。压缩阀和伸张阀是卸载阀，其弹簧力较强，预紧力较大，只有当油压增大到一定程度时，阀才能开启；当油压降低到一定程度时，阀将自行关闭。

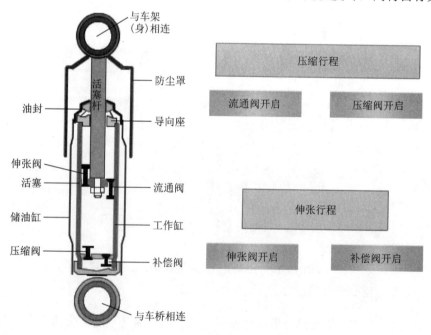

图 10-21　双作用筒式减振器的工作原理

在压缩行程，当汽车车轮滚上凸起或滚出凹坑时，车轮移近车架，减振器受压缩，减振器活塞下移，活塞下面的腔室容积变小，油压升高，油压经过流通阀到达活塞上腔，油压上腔被活塞杆占去一部分，上腔内增加的容积小于下腔内减小的容积，故还有一部分油液推开压缩阀，流进储油缸筒。这些阀对油液的节流作用产生了对悬架压缩运动的阻尼力。

　　在伸张行程，当汽车车轮滚进凹坑或滚离凸起时，车轮相对车身移开，减振器受拉伸，此时减振器活塞向上移动。活塞上腔油压升高，流通阀关闭。上腔内的油压便推开伸张阀流入下腔。同样，由于活塞杆的存在，自上腔流来的油液还不足以补充下腔所增加的容积，下腔内产生一定的真空度，这时储液缸中的油液便推开补充阀流入下腔进行补充。此时，这些阀的节流作用产生了对悬架伸张运动的阻尼力。

　　3．横向稳定器

　　横向稳定器作为被动式悬架系统的一种辅助装置，在汽车行驶过程中，主要承受车身（或车厢）侧倾时传来的侧倾力矩，从而提高悬架系统抵抗侧倾运动的能力，达到改善汽车平顺性和操纵稳定性的目的。它对汽车的垂直振动特性的影响很小。因此，在被动式悬架系统中，横向稳定器是改善汽车平顺性和操纵稳定性的一种最为简单、有效的装置，如图 10-22 所示。

连接杆

横向稳定杆

横向稳定杆支座

图 10-22　横向稳定器示意图

　　杆式横向稳定器的构造如图 10-23 所示。弹簧钢制成的横向稳定杆 3 呈扁平的 U 形，横向安装在汽车的前端或后端（也有的轿车前后均有）。稳定杆 3 中部的两端自由地支承在两个橡胶套筒 2 内，而套筒 2 则固定在车架上。横向稳定杆的两侧纵向部分的末端通过支杆 1 与悬架下摆臂上的弹簧支座 4 相连。

　　当车身只做垂直移动且两侧悬架变形相等时，横向稳定杆在套筒内自由转动，且不起作用。当两侧悬架变形不等且车身相对于路面横向倾斜时，车架的一侧移近弹簧支座，横向稳定杆的该侧末端相对于车架向上移，而车架的另一侧远离弹簧支座，相应的横向稳定杆的末端则相对于车架向下移；然而，在车身和车架倾斜时，横向稳定杆的中部对于车架并无相对运动。这样，在车身倾斜时，横向稳定杆两边的纵向部分向不同方向偏转，于是稳定杆便被扭转。弹性的稳定杆所产生的扭转的内力矩妨碍了悬架弹簧的变形，从而减小了车身的横向倾斜和横向角振动。

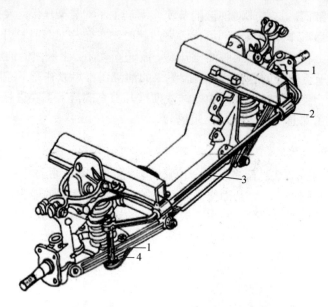

图 10-23　杆式横向稳定器的构造

1—支杆；2—套筒；3—横向稳定杆；4—弹簧支座

10.6　悬架系统的检修

悬架系统的维修主要是对各元件的安装及功能检查，要求元件不得有松动、变形、磨损过度、间隙过大、弹力减弱等缺陷；特别是悬架臂变形、衬套及球头节磨损，将使车轮定位失准，易发生故障。

1．钢板弹簧的检修

用钢板弹簧试验器、样板、新旧件进行对比、直观视检等方法进行检验。钢板弹簧出现裂纹、折断或弧高、曲率半径发生明显变化时，更换新件。

更换钢板弹簧时，其长度、宽度、厚度及弧高应符合原厂要求。

钢板弹簧夹箍及固定支架出现裂纹时，应更换。弹簧夹箍铆接松动时，应重新铆紧。

钢板弹簧销衬套磨损超过 1mm 时，应更换衬套。

钢板弹簧 U 形螺栓及中心螺栓螺纹损伤超过 2 牙或产生裂纹时，应更换。

2．减振器的检修

用手推拉减振器活塞杆应有较大的运动阻力，全行程阻力大小均匀，不得有空行程及卡滞现象，且伸张行程的阻力大于压缩行程的阻力，否则应更换减振器。

减振器有轻微漏油时可继续使用，严重漏油时应更换新件，不允许添加减振器油后继续使用。

10.7　电控悬架系统

悬架系统根据控制形式的不同可分为被动式悬架和主动式悬架两种。被动式悬架无法在汽车行驶过程中根据路面状况随时调节刚度和阻尼。主动式悬架又称电控悬架，它可以根据汽车的运动状况和路面状况主动做出反应，以抑制车身的振动与摆动，使悬架始终处于最佳的减振状态。

目前，不少中、高档轿车和大型客车装备了电子控制空气悬架系统（ECAS），这种悬架的刚度、阻尼及车身高度能够自动适应汽车不同载重量、不同道路条件及不同行驶工况的需要，在保证汽车具有良好操纵性和燃油经济性的前提下，使汽车的舒适性得到进一步提高。

10.7.1　电控空气悬架的结构原理

电控空气悬架系统由信号输入装置、悬架刚度及减振器阻尼力调节装置、车身高度调节装置及悬架 ECU 等组成，如图 10-24 所示。

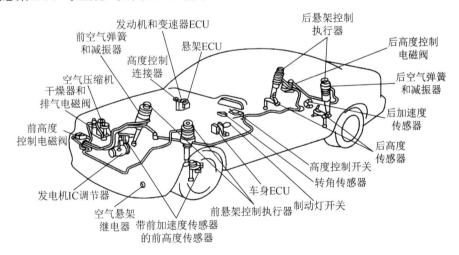

图 10-24　电控空气悬架结构示意图

悬架 ECU 采集的信号主要有车速、转向角度、压力信号、制动开关状态、车身垂直加速度、悬架模式选择、实际车身水平高度及驾驶员选择的车身高度等，它的控制原理如图 10-25 所示。

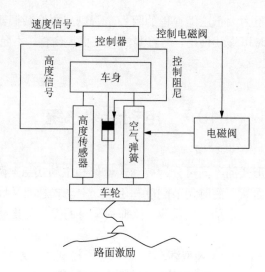

图 10-25　悬架 ECU 控制原理

10.7.2　电控空气悬架系统的主要功能

对于传统的机械式悬架系统，其钢板弹簧的刚度、减振器的阻尼力及车身高度都是固定不变的，只能被动地吸收因地面不平引起的车轮跳动，因而乘坐不太舒适。电控空气悬架系统装配了传感器、ECU 和执行器，能够根据不同的车速、行驶状态、装载质量及乘客人数的变化，对弹性元件的刚度、减振器的阻尼力及车身的高度等自动地进行无级调节，无须驾驶员调节，大大提高了乘坐的舒适性和操纵的稳定性。

1．控制减振器的阻尼力

电控空气悬架系统通过车速传感器、转向角度传感器和车身高度传感器采集信号，由悬架 ECU 计算和处理后，指令电磁式或步进电动机式执行器动作，以调节减振器的阻尼力。当汽车急转弯、急加速和紧急制动时，能够抑制汽车后挫、点头和侧翻，防止汽车剧烈变化，提高汽车的操纵稳定性。

2．调节弹性元件的刚度

电控空气悬架系统通过改变减振器弹性系数的方式，调节减振器的刚度，使汽车能够按照实际行驶的需要，自由地选择模式。

3．调节车身的高度

如果汽车车身长时间离地面太高，在行驶过程中会感觉非常颠簸，好像没有安装减振器一样；如果车身离地面太低，行驶中汽车底盘下部容易碰撞凸起的地面，会使汽车无法行驶。电控空气悬架系统的主要功能是在各种工况下，使车身的高度始终保持在合理范围之内。电控空气悬架系统通过控制空气压缩机、高度控制阀和排气阀动作，使空气弹簧自动压缩或伸长，从而降低或升高底盘的离地间隙，使车身保持在合适的高度上。当汽车高速行驶时，电控空气悬架系统使车身高度降低，以减小空气阻力，提高操纵的稳定性；当汽车在恶劣路面行驶时，电控空气悬架系统使车身高度增加，以提高汽车的通过性；当关闭点火开关时，因乘客和行李减少，电控空气悬架系统使车身高度降低，以保持良好的驻车状态。

10.7.3 电控空气悬架系统的工作模式

有的新车存在急转弯时车身抖动的现象，更换相同型号的减振器后仍存在上述问题，产生原因可能是电控空气悬架系统的"软""硬"工作模式调整和选择不当。性能良好的空气悬架系统的标准是汽车制动不点头、加速不后仰、转弯不外甩、乘坐不晕车、恶劣路面升高走、良好路面降低跑、普通路面舒适、高速路面安全。如果不符合上述要求，就要对系统进行设置或修理。下面以一汽奥迪轿车装备的空气悬架系统为例予以说明。

1. 操作按键介绍

首先按下多媒体人机交互（MMI）系统控制面板上的 CAR 键（图 10-26），调出 MMI 显示屏上的可调式空气悬架系统菜单，然后转动操纵旋钮，并且按下相应的键，就可以设置所需要的悬架模式。在显示屏上，当前模式用白色高亮显示，调整方向用白色的上箭头或下箭头表示，因故障或系统限制不允许选择的模式用灰色显示。

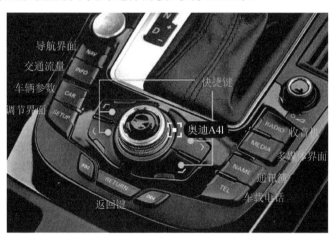

图 10-26 一汽奥迪 A4L2.0T 轿车的控制面板

2. 空气悬架的工作模式

一汽奥迪 A8 空气悬架的工作模式如图 10-27 所示。

（1）自动模式

在自动模式下（正常车身高度），减振器的特性将调整到适合本车的最佳状态。当车速高于 120km/h（在高速公路上）时，汽车的车身高度在 30s 内自动降低 15mm；当车速低于 70km/h 2min 后，车身高度自动升高，或在车速低于 35km/h 时立即降低。

（2）舒适模式

在舒适模式下（正常车身高度），减振器的特性将调整到舒适状态，不执行高速公路降低车身高度功能。

图 10-27　一汽奥迪 A8 空气悬架的工作模式

（3）动态模式

在动态模式（车身高度比正常高度低 15mm）下，减振器自动调整为运动型配置，没有高速公路降低车身高度的功能。

（4）高位模式

高位模式又称提升模式，在该模式下，车身高度比正常高度提升 15mm。当汽车低速行驶且需要极高的离地间隙时，可以选择高位模式。在车速高于 100km/h 的情况下，系统会自动取消高位模式，返回之前设置的模式；当车速不足 80km/h 时，可以用手动方式设置高位模式；当牵引挂车以 50km/h 的速度行驶时，自动取消高位模式，返回之前设置的模式。

3．空气弹簧的放气与充气

空气弹簧的放气与充气必须在汽车静止的状态下进行，而且故障存储器中不得有故障信息。具体操作方法如下：连接专用诊断仪，进入空气悬架系统，选择 04 功能——"基本设置"，然后进入下列显示组——显示组 20：储压器放气；显示组 21：前桥空气弹簧放气；显示组 22：后桥空气弹簧放气；显示组 23：储压器充气（最大压力 16bar，1bar=10^5Pa）；显示组 24：前桥空气弹簧充气；显示组 25：后桥空气弹簧充气。

注意：

1）空气弹簧放气会导致车身降低，需要防范人身伤害。

2）建议在熄火前降低车身高度。一般来说，发动机熄火后电控空气悬架系统停止工作，系统本身不会造成车身歪斜的现象。但是，如果电控空气悬架系统管路漏气，如电磁阀到各气室间的管路密封性变差，就可能在发动机熄火一段时间后出现车身歪斜的现象。

4．空气悬架系统指示灯显示解读

一汽奥迪轿车在仪表盘上安装了空气悬架系统指示灯，该指示灯显示的含义如下。

1）黄色指示灯点亮：说明系统存在故障，此时应连接诊断仪，读取故障信息。

2）黄色指示灯闪烁：说明汽车的车身高度过高或过低。

3）绿色低位指示灯点亮：说明汽车的车身低于正常的高度。

4）绿色低位指示灯闪烁且黄色指示灯点亮：说明汽车的车身高度极低。

注意：如果车身高度过低，并且不得不在电控空气悬架系统有故障的情况下牵引，则必须使用悬架弹簧挡块。

5．两种特殊模式的设置

（1）举升模式的启用与禁止

空气悬架的举升模式适用于将轿车装上火车、轮船、货车、飞机等运输工具时，所以又称装载模式。具体设置方法：连接 V.A.G.5051 等诊断仪，进入控制单元 J197，在自诊断中选择引导性故障查询，输入空气悬架系统的地址码 34，选择功能 16，进入启用授权，再用键盘输入不同的代码，就可启用或解除举升模式。设置举升模式后，禁止调节轿车的车身高度。

（2）千斤顶模式的设置

利用升降台或千斤顶维修装备有空气悬架系统的一汽奥迪轿车，如果不熟悉该系统的工作特性，有可能发生空气悬架系统异常动作甚至损坏的现象。为此，需要通过 MMI 显示屏进行千斤顶模式（即维修模式）的设置，以一汽奥迪 A8 轿车为例，该模式的设置步骤如下：

1）接通点火开关，按住 MMI 的功能键 CAR。

2）在保持一定时间后，MMI 显示屏出现主菜单"ADAPTIVE AIR SUSPENSION"（自适应空气悬架）。

3）按压功能键 SETUP，出现功能菜单"ADAPTIVE AIR SUSPENSION"。

4）通过旋转或按压操作键，将菜单调整到所需要的操作模式——CAR JACK MODE（千斤顶模式），并且选择"ON"选项，结束设置。此时就可以利用千斤顶对一汽奥迪轿车进行操作了。

设置一汽奥迪轿车空气悬架系统千斤顶模式时，需要注意以下几个问题：

1）如果 MMI 出现故障，可以连接诊断仪，然后在引导性故障查询中启用和禁用千斤顶模式。

2）如果在 MMI 上启用了千斤顶模式，那么只能在 MMI 中禁用它。

3）如果通过诊断仪的自诊断功能禁用了千斤顶模式，则可以在 MMI 上启用。

10.8　电控空气悬架的检修

1．更换气压减振器后的匹配方法

对于一汽奥迪轿车，在拆卸和安装空气悬架控制单元 J197、更换气压减振器及排除某些有关空气悬架系统的疑难故障时，需要对电控空气悬架系统重新编码，然后匹配车身高度的默认位置。

例如，一辆 2007 款一汽奥迪 A6L 轿车，搭载 3.2LAUK 发动机，出现车身高度不能调节的故障。连接专用诊断仪，进入电控空气悬架系统，读到故障码"01437"，其含义是没有基本设定或设定不正确。观察 MMI 的悬架调节图，显示为灰色。仪表盘上的悬架指示灯闪烁，悬架调节不起作用，说明系统进入了失效保护状态。给每个气压减振器充气，然后使用气压表检测，发现左前减振器有泄漏，其他三个减振器正常。检查蓄压器及其管路正常。更换新的气压减振器，故障码仍然无法消除，故执行如下气压减振器的匹配程序：

1）测量车身高度的几个数据，①高度 X，指车轮中心至挡泥板中部下边缘的距离，单位为 mm；②尺寸 a，指轮辋的直径；③尺寸 b，指轮辋上边缘至挡泥板中部下边缘之间的距离。

2）根据公式 $X=a/2+b$，计算前后左右车身的高度。再执行如下步骤：①连接专用诊断仪，进入空气悬架系统；②在引导性功能中，执行悬架控制单元 J197 的默认位置匹配（无论最后的执行结果如何，这一步都应执行）；③进入自诊断 15，输入授权访问码 31564，登录；④选择通道号 12，分别进入组号 1、2、3、4，并输入左前、右前、左后、右后车轮中心至对应挡泥板中部下边缘的垂直距离；⑤选择组号 5、输入数字 1，保存上述数据。这样，悬架控制单元就记忆了当前四个车轮的高度参数。

注意：一汽奥迪 A6L 轿车前桥的高度测量数据一般为 384mm，后桥的高度测量数据为 388mm（各车型可能有区别）。

完成上述操作后，悬架调节功能恢复正常，MMI 悬架调节图的显示由灰色变成了亮白色，故障被排除。

2．几种常见车型空气悬架系统的检修

（1）保时捷 Cayenne E2 轿车

该车型空气悬架系统手动设置车身高度及关闭系统的方法如下：

1）前提条件。发动机已经起动，车门已经关闭。

2）设置方法。按压中控台上的跷板开关。如果想让车身升高，应向前轻按跷板开关，车身高度会升高一个级别；如果想让车身降低，应向后轻按跷板开关，车身高度会降低一个级别。

关闭车身高度自动控制的方法：接通点火开关，向前按压跷板开关 10～15s，然后松开跷板开关，直到仪表盘多功能显示屏上显示"车辆水平控制功能关闭"。

3）状态显示。操作者所选择的车身高度由跷板开关旁边的 LED 显示。在切换过程中，该 LED 闪烁，随后持续点亮。但是，自动切换的位置不会在仪表盘多功能显示屏上显示。

4）千斤顶模式。如果需要使用千斤顶升举汽车，必须手动设置标准车身高度，然后关闭车身高度自动控制功能。

（2）奔驰 W220 S 系列轿车

奔驰轿车采用自适应阻尼控制悬架系统（ADS），该系统能够依据路况、荷重、车辆加速度及驾驶员的操控来自动调节减振器的刚性（即软硬程度）。驾驶员可以通过开关设置悬架的工作模式，如舒适（COMFORT）或运动（SPORT）。当选择运动模式时，仪表盘上的红色指示灯点亮。该车通过两个电磁阀的不同 ON/OFF 组合，使减振器的阻尼力可以在四个等级之间变换，即硬（FIRM）、正常（NORMAL）、软（SOFT）和舒适（COMFORT）。

奔驰 W220 S 系列轿车车身高度的调节也可以通过驾驶室内的车身控制按键进行设置。按一下该按键，车身自动升高 25mm。若再按一下，车身高度将恢复到正常状态。

（3）福特轿车

当点火开关处于 RUN（运转）位置时，电控空气悬架系统都处于工作状态。在点火开关转至 OFF 位置后，悬架 ECU 仍然保持通电状态 1h，通电 1h 的目的是让悬架 ECU 在乘员下车和取出行李后进行车身调平校正。因此，在点火开关转至 OFF 位置 1h 内，禁止对电控空气悬架系统进行维修操作。

在检修空气悬架系统的任何部件之前，在用举升机举起汽车、用千斤顶顶起汽车、跨接起动发动机及牵引装有空气悬架系统的汽车之前，必须切断空气悬架系统的电源，其方法是关闭空气悬架开关或拆下蓄电池的接地线。如果不切断空气悬架系统的电源，在维修过程中可能导致空气弹簧的意外充气或放气，从而引起车身移动。

为了预防空气弹簧或电控悬架系统发生突发性故障，必须遵守下列规定：在任何情况下，只要空气弹簧内有压力，千万不要拆卸空气弹簧；空气弹簧安装到汽车之前应进行折叠操作，不要试图安装没有折叠的空气弹簧或给没有折叠的空气弹簧充气；在为空气弹簧充气前，不要给悬架系统施加任何负荷。

福特轿车空气弹簧悬架系统中有一个车门传感器（又称门控灯开关、车门开关），悬架 ECU 利用车门传感器输入的信号来实现两个功能：一是在任何一个车门打开时，空气弹簧立即停止排气；二是如果需要的话，进行车身调平校正。

本 章 小 结

在本章中，主要介绍了汽车悬架的作用及组成，悬架系统的分类，独立悬架、非独立悬架及其他类型悬架的结构类型，悬架的主要零部件结构，悬架系统的基本维修；同时，学习了电控悬架的结构原理、主要功能及工作模式，以及电控悬架系统的基本检修。

随着汽车电控技术在汽车底盘上地不断运用，电控悬架是今后汽车悬架的发展趋势之一。

复习思考题

1）独立悬架与非独立悬架的特征区别是什么？
2）悬架系统的检修一般包含哪几部分？
3）电控空气悬架的组成有哪些？其结构原理是什么？
4）电控悬架与普通被动式悬架的区别主要是什么？

第11章　汽车转向系统

1. 掌握转向系统主要零部件的作用、类型及组成。
2. 掌握转向器的类型、构造及工作原理。
3. 掌握动力转向装置的组成、类型及工作原理。
4. 了解四轮转向系统的工作过程。
5. 熟悉并掌握汽车转向系统的故障与检修方法。

汽车在行驶的过程中，根据交通和道路情况的变化，驾驶员需要经常改变汽车的行驶方向。同时，由于汽车在直线行驶时，转向轮往往会因受到路面侧向干扰力的作用而自行偏转，从而改变汽车的行驶方向。因此，驾驶员需要通过一套专门的机构来控制汽车的行驶方向。这套专设的机构，即为汽车转向系统。转向系统的作用是改变或恢复汽车行驶方向。汽车转向性能的好坏直接影响汽车行驶的安全性和操纵性。

汽车转向系统包括转向操纵机构、转向器和转向传动机构三个基本组成部分。转向操纵机构是驾驶员操纵转向器的工作机构。转向器是将转向盘的转动变为转向摇臂的摆动或齿条轴的直线往复运动，并对转向操纵力进行放大的机构。转向器一般固定在汽车车架或车身上，转向操纵力通过转向器后一般会改变传动方向。转向传动机构是将转向器输出的力和运动传递给车轮（转向节），并使左、右车轮按照一定关系进行偏转的机构。

汽车转向系统按动力源的不同，分为机械式转向系统和动力式转向系统。

11.1　转向系统常用术语

汽车在转弯时各个车轮都做纯滚动以减少附加阻力和轮胎磨损，此时，各轮的轴线必须相交于一点，交点 O 称为汽车的转向中心，如图 11-1 所示。

转弯半径：由转向中心 O 到外转向轮与地面接触点的距离称为汽车的转弯半径。汽车的转弯半径越小，汽车的机动性越好。

转向梯形：转向梯形就是由前桥，左、右转向节臂，转向横拉杆组成的梯形。其作用是保证转向时左、右车轮按一定的比例转过一个角度。

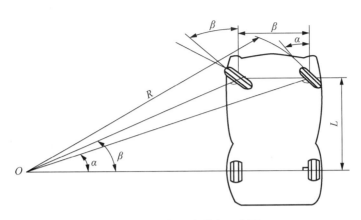

图 11-1　双轴汽车转向示意图

　　转向角传动比：转向盘转角增量与同侧转向节臂带动的车轮偏转角增量之比。转向角传动比越大，则克服一定的地面转向阻力矩所需的转向盘上的转向力矩越小，驾驶员的操纵力越小。但是，若转向角传动比过大，则转向操纵不灵敏。

　　转向盘自由行程：转向盘在空转阶段的角行程称为转向盘自由行程。转向盘自由行程对缓解路面冲击和避免驾驶员的过度紧张有利，但不宜过大，以免影响转向系统的灵敏性。一般转向盘从汽车直行的中间位置向任意方向的自由行程不超过 25° 时必须进行调整。

　　转向器的传动效率：转向输出功率与输入功率之比。当作用力从转向盘传到转向摇臂时称为正向传动，传动效率称为正传动效率；反之，转向摇臂所受到的道路冲击力传到转向盘，称为逆向传动，传动效率称为逆传动效率。可逆式转向器的正、逆传动效率都较高，有利于汽车转向后转向轮自动回正，也容易将恶劣路面对车轮的冲击传递到转向盘，出现"打手"现象。不可逆式转向器逆传动效率很低，驾驶员因不能得到路面反馈的信息而丧失"路感"。极限可逆式转向器的正传动效率远大于逆传动效率，有一定"路感"的情况下可实现车轮自动回正。

11.2　机械式转向系统的构造与维修

　　机械式转向系统以驾驶员的体力为转向动力来源，所有传动部件均为机械结构，如图 11-2 所示。驾驶员对转向盘 1 施加一个转向力矩，该力矩通过转向轴 2 输入机械转向器 8。从转向盘到转向轴这一系列部件和零件即属于转向操纵机构。作为减速传动装置的转向器中有 1～2 级减速传动副（图 11-2 中所示转向器为单级减速传动副）。经过转向器放大后的力矩和减速后的运动传递到转向横拉杆 6，再传递给固定于转向节 3 上的转向节臂 5，使转向节和它所支承的转向轮偏转，从而改变了汽车的行驶方向。转向横拉杆和转向节臂属于转向传动机构。

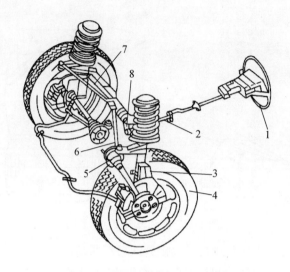

图 11-2　机械式转向系统示意图

1—转向盘；2—转向轴；3—转向节；4—转向轮；5—转向节臂；6—转向横拉杆；7—转向减振器；8—机械转向器

11.3　转向操纵机构

转向操纵机构由转向盘、转向轴、转向管柱、万向节及转向传动轴等组成，它的作用是将驾驶员的操纵力传给转向器和转向传动机构，使转向轮偏转。

为了保证驾驶员的安全，同时也为了更加舒适、可靠地操纵转向系统，现代汽车通常在转向操纵机构上增设相应的安全、调节装置。这些装置主要反映在转向轴和转向管柱的结构上。有些转向系统考虑了悬架变形的影响，在转向操纵机构中增加了一个挠性万向节。还有些转向系统，由于总体布置的要求，转向盘与转向器的轴线相交成一定的角度，采用了万向传动装置。

1．转向盘

转向盘又称方向盘，由轮缘、轮辐和轮毂组成，如图 11-3 所示。轮辐样式不一，一般有 2～4 根轮条。轮毂孔具有细牙内花键，借此与转向轴相连。转向盘上一般装有扬声器按钮，有些轿车的转向盘上还装有车速控制开关和安全气囊。

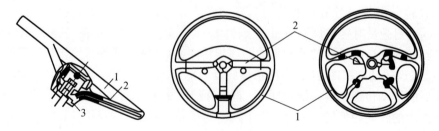

图 11-3　转向盘

1—轮缘；2—轮辐；3—轮毂

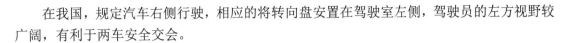

在我国，规定汽车右侧行驶，相应的将转向盘安置在驾驶室左侧，驾驶员的左方视野较广阔，有利于两车安全交会。

2. 转向柱

转向柱包括转向轴和转向管柱。常见的有如下几种形式：可分离式安全转向柱、缓冲吸能式安全转向柱和可调式转向柱。

（1）可分离式安全转向柱

可分离式安全转向柱分为上下两端，当发生撞车时，上下两端相互分离或相互滑动，从而有效地防止转向盘对驾驶员的伤害。

可分离式安全转向柱不含吸能装置，如图 11-4 所示，正常行驶时，上、下转向轴 2 和 3 通过销钉 5 配合来传递转向力矩。当撞车时，上、下转向轴及时分开，避免了转向盘随车身后移，从而保证了驾驶员的安全。

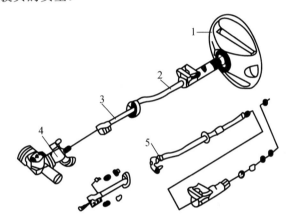

图 11-4　可分离式安全转向柱

1—转向盘；2—上转向轴；3—下转向轴；4—转向器；5—销钉

（2）缓冲吸能式安全转向柱

缓冲吸能式安全转向柱有以下几种类型。

1）如图 11-5 所示，钢球滚压变形式转向柱也分为上、下两段，上转向管柱 7 比下转向管柱 5 稍粗，可套在下转向管柱的内孔中，二者之间压入带有塑料隔套 3 的钢球 2，隔套起钢球保持架的作用。钢球与上、下转向管柱压紧并使之结合在一起。这种转向操纵装置的转向轴也分为两段，上转向轴 1 和下转向轴 6 通过安全销 4 相连。

当汽车碰撞时，加在转向管柱上的轴向压力首先使安全销 4 破坏，接着使上、下管柱轴向移动收缩，这时钢球边转动边在上、下转向管柱的壁上挤压出沟槽，使之变形并消耗冲击能量。

2）网状管柱变形式转向柱。网状管柱变形式转向柱的转向轴分为上下两段，如图 11-6 所示。

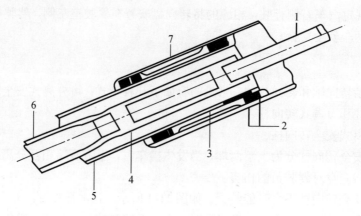

图 11-5　球式能量吸收装置

1—上转向轴；2—钢球；3—塑料隔套；4—安全销；5—下转向管柱；6—下转向轴；7—上转向管柱

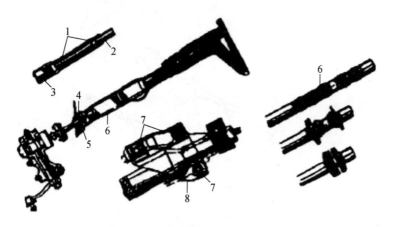

图 11-6　网状管柱变形式转向柱

1—塑料销；2—上转向轴；3—下转向轴（管）；4—法兰盘；5—下托盘；6—转向管柱；7—塑料安全销；8—上托架

转向管柱 6 的部分管壁制成网格状，当转向管柱受到压缩时很容产生轴向变形，并消耗一定的变形能量。车身上固定管柱的上托架 8 通过两个塑料安全销 7 与管柱连接，当这两个安全销被剪断后，整个管柱即可前后自由移动。

3）波纹管变形式转向柱如图 11-7 所示。

当汽车发生碰撞时，下转向管柱 7 向上移动，在第一次冲击的作用下，限位块 2 首先被剪断并消耗能量，与此同时转向管柱和转向轴都做轴向收缩。在受到第二次冲击时，上转向轴 3 下移，压缩波纹管 6 使之收缩变形并消耗冲击能量。

（3）可调式转向柱

1）斜度可调式转向柱。斜度可调式转向柱是为适应各种驾驶姿势而设置的，驾驶员可以自由选择转向盘位置。斜度调整式转向柱依照倾斜铰点的位置可分为下铰点型（图 11-8）和上铰点型（图 11-9）两种。

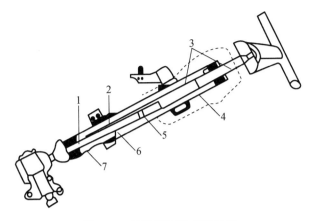

图 11-7　波纹管变形式转向柱

1—下转向轴；2—限位块；3—上转向轴；4—上转向管柱；5—细齿花键；6—波纹管；7—下转向管柱

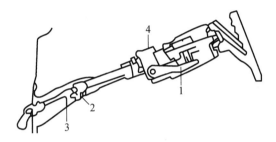

图 11-8　下铰点型斜度调整式转向柱

1—倾斜杠杆；2—枢轴；3—万向节；4—断开式套管固定架

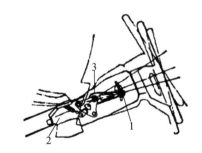

图 11-9　上铰点型斜度调整式转向柱

1—倾斜杠杆；2—断开式套管固定架；3—枢轴

2）伸缩式转向柱。伸缩式转向柱可使转向盘的位置向前和向后调整，以适应驾驶姿势。伸缩式转向柱安装在滑动轴上，而滑动轴可以在主轴内侧前后滑动。紧固伸缩杠杆的锁紧螺栓定位在滑动轴内侧，滑动轴内侧的端头有一个楔形锁，当驾驶员转动伸缩杠杆时，锁紧螺栓在滑动轴内侧前后移动，如图 11-10 所示。

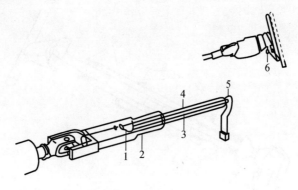

图 11-10　伸缩式转向柱

1—楔形锁；2—主轴；3—锁紧螺栓；4—滑轴；5、6—伸缩杠杆

目前，出现了电子控制可调式转向柱，发动机熄火后转向盘会自动缩进，方便驾驶员上下车。

3．转向锁止机构

转向锁止机构是为了保护汽车，防止驾驶员离开汽车时遭受偷窃而设置的。当钥匙从点火开关上拔出后，转向轴便被锁定在转向柱上。这样，即使不用点火开关钥匙而将发动机起动，汽车也不能够行驶。

4．转向操纵机构的检修

1）拆卸后应检查转向柱有无弯曲、安全连轴节有无磨损或损坏、弹簧弹性是否失效，如有则应修理或更换新件。

2）转向盘是否移位检查：双手紧握转向盘，在轴向和径向方向用力摇晃，由此了解转向盘与转向轴的安装情况、轴承是否松旷等。

检查转向盘大螺母是否紧固，支承轴承是否完好无松旷，管柱装置是否稳固，支撑架是否无断裂，装置螺栓是否紧固，如有则应修理或更换新件。

检查传动轴万向节不松旷，滑动叉扭转间隙符合要求，各横销螺栓紧固，弹簧垫完好，防尘套完好无损。

3）测量转动盘转向阻力：可用弹簧秤拉动转向盘边缘进行测量。

4）转向盘自由行程检查。汽车每 12000km 应检查转向盘自由行程，不同配置的汽车应按说明书执行。检查方法：起动发动机（机械转向无须起动发动机），转动转向盘使前轮处于直线行驶位置。轻轻移动转向盘，感觉到阻力或转向轮就要开始移动时，测量转向盘外缘的移动量（或测量转向盘转动角度）。如果不符合要求，应检查转向器间隙、调整转向球头销等。

11.4　转　向　器

转向器是汽车转向系统的一个重要部件，它的好坏直接影响汽车转向时的操纵灵敏性。其作用是增大由转向盘传到转向节的力并改变力的传递方向，获得所要求的摆动速度和角度。常见的类型有齿轮齿条式转向器、循环球式转向器和蜗杆曲柄销式转向器。

1．齿轮齿条式转向器

（1）结构

齿轮齿条式转向器主要由转向器壳体 8、转向齿轮 9、转向齿条 5 等组成，如图 11-11 所示。转向器通过转向壳体 8 的两端用螺栓固定在车身上。

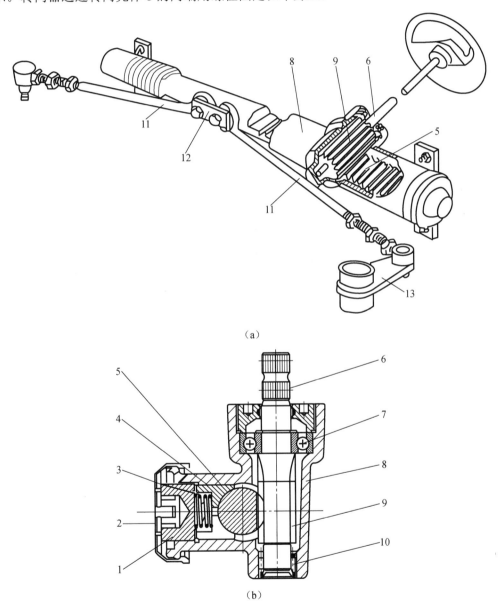

（a）

（b）

图 11-11　齿轮齿条式转向器

1—调整螺塞；2—罩盖；3—压簧；4—压簧垫块；5—转向齿条；6—齿轮轴；7—球轴承；8—转向器壳体；
9—转向齿轮；10—滚子轴承；11—转向横拉杆；12—拉杆支架；13—转向节

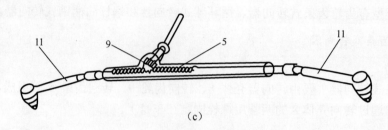

（c）

图 11-11 齿轮齿条式转向器（续）

齿轮齿条式转向器结构简单，加工方便，传动效率高，操纵轻便，在汽车上得到了广泛应用。

（2）检修

1）零件出现裂纹时应更换，横拉杆、齿条在总成修理时应进行隐伤检验。

2）转向齿条的直线度误差应符合技术要求。

3）齿面上无疲劳剥蚀及严重磨损。

4）若出现左右大转角时转向沉重，且又无法调整，应更换转向齿轮轴承。

2．循环球式转向器

（1）结构

循环球式转向器是目前国内外汽车应用最广泛的一种转向器。与其他形式的转向器相比，循环球式转向器在结构上的主要特点是具有两级传动副，如图 11-12 所示。

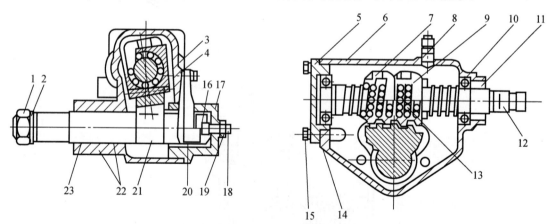

图 11-12 循环球式转向器

1—螺母；2—弹簧垫圈；3—转向螺母；4—转向器壳体垫片；5—转向器壳体底盖；6—转向器壳体；7—导管卡子；8—加油螺塞；9—钢球导管；10—球轴承；11、23—油封；12—转向螺杆；13—钢球；14—调整垫片；15—螺栓；16—调整垫片；17—侧盖；18—调整螺钉；19—锁紧螺母；20—滚针轴承；21—齿扇轴（摇臂轴）；22—滚针轴承

循环球式转向器传动效率高（90%～95%），操纵轻便，转向结束后自动回正能力强，使用寿命长。但因其逆传动效率也很高，故容易将路面冲击传给转向盘而产生"打手"现象。不过，随着路面条件的改善，这个缺点并不明显。因此，循环球式转向器广泛用于各类汽车。

（2）检修

1）壳体及盖的检修：用检视法检查转向器壳体及盖是否有裂纹。若存在不影响功能的裂纹，可用粘补法进行修复；若裂纹严重，应予更换。

用直尺及塞尺检查壳体及盖的平面度。其接合面的平面度误差应不大于 0.1mm，否则应修磨平整。

2）转向摇臂轴的检修：用磁力探伤法检查裂纹。转向摇臂不得有任何性质的裂纹存在，若有裂纹，应更换。

用检视法检查齿扇有无剥落和点蚀。若有轻微剥落和点蚀，可用油石将剥落点蚀磨平后使用；若严重剥落、变形，则应更换。

用检视法检查端部的花键和螺纹。若花键有明显的扭曲，应更换新件；螺纹损伤 2 牙以上，应更换或堆焊车削后套螺纹修复。

3）转向螺杆及螺母总成的检修：用检视法检查钢球滚道。钢球滚道应无金属剥落现象和明显的磨损凹痕，否则应换用新件。

用磁力探伤法检查转向螺杆与转向螺母应无裂纹，若有，应更换新件。

用百分表检查转向螺杆的圆跳动。利用百分表与 V 形铁测量转向螺杆轴径对中心的跳动量，该值不得大于 0.08mm，否则需校正。

用百分表检查转向螺杆与转向螺母的配合间隙。将装配好的转向螺杆及螺母总成固定，轴向和径向推拉转向螺母，并用百分表检查其配合间隙，该值不得大于 0.05mm，否则应更换全部钢球。

用游标卡尺检查钢球的直径。钢球的规格、数量应符合原厂规定，直径差不得大于 0.01mm，以保证工作中各钢球均匀受力。

用检视法检查导管。导管如有破裂、舌头部位损伤，应更换。

用检视法检查转向螺杆与转向螺母的表面。转向螺杆轴径磨损可电镀修复；齿条表面若有剥落和严重损伤，应更换。

4）轴承检修：用检视法检查。轴承表面有裂痕、压坑、剥落或保持架扭曲变形应成套更换新件。

用检视法检查钢球或滚针有无磨损、剥落、碎裂等，若有，应成套更换新件。

5）油封检查：转向摇臂轴油封和转向螺杆油封刃口若有损坏或油封橡胶老化，应更换新件。

3．蜗杆曲柄销式转向器

蜗杆曲柄销式转向器的传动副是蜗杆和指销。按指销数目的不同，可分为单销式和双销式两种。单销式和双销式在结构上基本一样，图 11-13 是东风 EQ1090E 型汽车双指销蜗杆曲柄销式转向器。

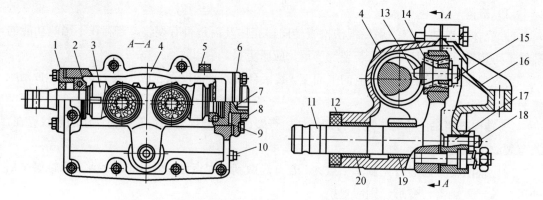

图 11-13　东风 EQ1090E 型汽车双指销蜗杆曲柄销式转向器

1—上盖；2、9—角接触球轴承；3—转向螺杆；4—转向器壳体；5—加油螺塞；6—下盖；7—调整螺塞；8、15、18—螺母；
10—放油螺塞；11—摇臂轴；12—油封；13—指销；14—双列圆锥滚子轴承；16—侧盖；17—调整螺钉；19、20—衬套

　　当汽车直线行驶时，两个指销分别与蜗杆的螺旋槽相啮合。汽车转向时，驾驶员通过转向盘带动转向蜗杆转动，与其相啮合的指销一边自转一边以曲柄为半径绕摇臂轴线在蜗杆的螺纹槽内做圆弧运动，从而带动曲柄，进而带动转向摇臂摆动，并通过转向传动机构使汽车转向轮偏转而实现汽车转向。

11.5　转向传动机构

　　转向传动机构的作用是将转向器输出的转向力传递给转向轮，并推动转向轮发生偏转，以实现汽车转向。同时，其还衰减因路面不平引起的振动，以稳定汽车行驶方向，避免转向盘"打手"。

1. 组成

　　转向传动机构的组成和布置因转向器的结构形式、安装位置和悬架类型而不同。转向传动杆件一般布置在前轴之后，这种布置简单且能保证转向轮之间的转角关系。若发动机位置很低或前桥为驱动桥，杆件布置困难，也可以布置在前轴的前面，如图 11-14 所示。

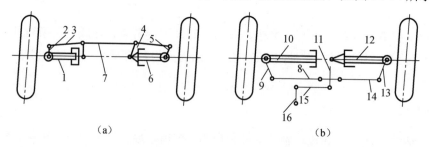

（a）　　　　　　　　　　　　　　　（b）

图 11-14　转向传动杆件布置示意图

（a）前置转向梯形机构；（b）后置转向梯形机构

1、10—左摆臂；2—左转向节；3—左横拉杆；4、14—右横拉杆；5—右转向节臂；6、12—右摆臂；
7、15—转向直拉杆；8—左拉杆；9、13—转向节臂；11—摆杆；16—转向摇臂

转向传动机构按照悬架不同可分为与非独立悬架配用的转向传动机构和与独立悬架配用的转向传动机构两大类。

转向传动机构主要由转向摇臂、转向直拉杆、转向节（包括转向节臂和梯形臂）、转向横拉杆等组成。

转向摇臂（又称转向垂臂）连着转向器和转向直拉杆，同时支承转向直拉杆。转向盘和转向器的运动传递给转向摇臂，再由转向摇臂传递给转向机构，使前轮转向。

转向直拉杆是连接转向摇臂和转向节臂的杆件。转向直拉杆通过转向节臂与转向节相连。转向横拉杆两端经左、右梯形臂与转向节相连。转向节臂和梯形臂带锥形柱的一端与转向节锥形孔相配合，用键和锁紧螺母防止松动。

转向横拉杆是连接左、右梯形臂的杆件。

2．检修

（1）横拉杆及前桥转向臂的检修

1）检查槽形螺母是否松脱，如松脱，应拧紧。检查开口销、盖的装配情况。

2）使转向盘从直行状况向左、向右反复转动 60° 左右，此时检查横拉杆、前桥转向臂等是否松脱、松旷。

3）检查转向臂，左、右横拉杆相连接处的磨损和装配情况，如转向前臂出现明显的变形或裂纹，应更换新件。

2）若横拉杆出现明显的变形或裂纹，应更换新件。

3）转向传动机构中的自锁螺母拆卸后，应全部更换。

4）检查转向减振器的漏油情况。若渗漏严重，应更换或分解修理，更换密封圈等零件。查看支承是否开裂，若有，应更换。检查减振器的工作行程，须拆卸下来试验。不符合要求时，应更换减振器总成。

11.6　动力转向系统

重型汽车和超低压胎的轿车转向时阻力较大，为了方便驾驶员操纵，改善转向系统的技术性能，一般采用动力转向系统。动力转向系统有液压式和电动式两种。

11.6.1　液压动力转向系统

1．液压动力转向系统的组成、类型

液压动力转向系统一般由转向油泵、转向油管、储油罐、转向轴、转向拉杆等组成，如图 11-15 所示。

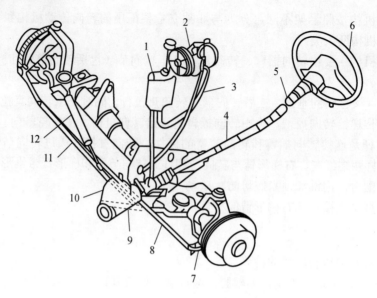

图 11-15   液压动力转向系统示意图

1—储油罐；2—转向油泵；3—转向油管；4—转向中间轴；5—转向轴；6—转向盘；7—转向节臂；
8—转向横拉杆；9—转向摇臂；10—整体式转向器；11—转向直拉杆；12—转向减振器

根据系统内液流方式的不同，液压动力转向系统可分为常压式液压动力转向系统和常流式液压动力转向系统两种，如图 11-16 和图 11-17 所示。

常压式液压动力转向系统：无论转向盘处于正中位置还是转向位置、转向盘保持静止还是转动，系统管路中的油液总是保持高压状态。

常流式液压动力系统：转向油泵始终工作，但液压动力转向系统不工作时，油泵处于空转状态，管路的负荷要比常压式的小。现在大多数液压动力转向系统都采用常流式。

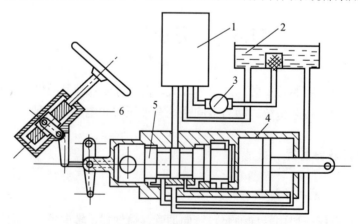

图 11-16   常压式液压动力转向系统示意图

1—储能器；2—储油罐；3—转向油泵；4—动力转向缸；5—转向控制阀；6—机械转向器

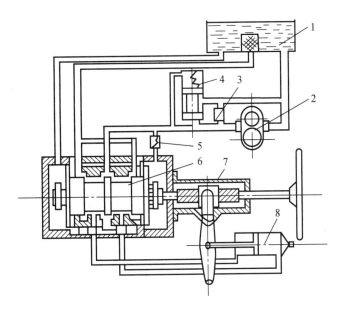

图 11-17　常流式液压动力转向系统示意图

1—储油罐；2—转向油泵；3—安全阀；4—转向控制阀；5—单向阀；
6—转向控制阀；7—机械转向器；8—转向动力缸

2. 转向油泵

转向油泵又称转向液压泵、助力泵，它是液压动力转向系统的能源。其作用是将输入的机械能转换为液压能输出。通常情况下，转向油泵安装在发动机前侧，由发动机曲轴通过传动带驱动，如图 11-18 所示。

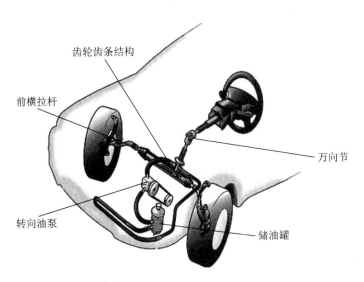

图 11-18　转向油泵的布置形式

转向油泵的常见形式有四种：滚柱式转向油泵、叶片式转向油泵、径向滑块式转向油泵和齿轮式转向油泵。其中，以齿轮式转向油泵和叶片式转向油泵（图 11-19）应用较多。

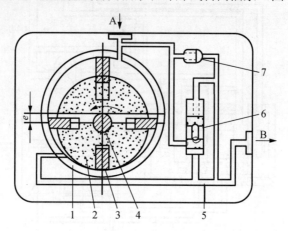

图 11-19　叶片式转向油泵示意图

1—定子；2—转子；3—叶片；4—转子轴；5—节流孔；6—流量控制阀；7—限压阀；A—进油口；B—出油口

如图 11-19 所示，转子和定子不同心，有一个偏心距 e，转子旋转时叶片靠离心力紧贴定子内表面，并在定子内表面做往复运动，工作腔容积由大到小、由小到大地周期性变化产生压力差而完成泵油工作。

叶片式转向油泵是容积式油泵，其输出油量随转子转速升高而增大，输出的油压取决于动力转向系统的负荷。为了限制发动机转速较高时输出油量过大、油温升高以及限制输出油压，防止油压过高损坏机件、破坏油封，通常在油泵的进、出油道之间设有溢流阀和安全阀。

3．流量控制阀

流量控制阀一般组装在转向油泵内部，位于转向油泵进油口和出油口之间，与转向油泵齿轮并联。流量阀体内的柱塞在弹簧的作用下处于下极限位置。柱塞下方通向油泵出油腔，上方通向转向油泵出油口。在出油腔与出油口之间有量孔，当油液自出油腔以一定速度流过量孔时，由于量孔的节流作用，量孔外侧出油口压力低于内侧出油腔压力。转向油泵流量越大，节流作用越强，量孔内外压差越大。当转向油泵量孔增大到规定值，使柱塞两端压差足以克服弹簧的预紧力，并进一步压缩弹簧，将柱塞向上推到柱塞下密封带高于径向油孔的下边缘时，转向油泵出油腔与进油腔相通，出油腔的一部分油液经流量控制阀流入进油腔，经量孔输出流量减小。当流量减小到不足以平衡弹簧力时，柱塞便在弹簧力作用下重新切断进油腔与出油腔的通路。这样，转向油泵的流量便被控制在 9.5～16.0L/min。

4．转向控制阀

转向控制阀直接安装在动力转向器总成中。常见的转向控制阀有滑阀式和转阀式两种，其工作原理基本相同，都是通过滑阀式转向控制、转阀式转向控制阀的运动，进行油路和油压的控制，从而推动工作缸中的活塞运动，实现转向器的助力作用。转阀式转向控制阀在动力转向系统中比较常用。

（1）滑阀式转向控制阀

滑阀式转向控制阀是阀芯沿轴向移动来控制油液流量和流动的转向控制阀。图 11-20（a）为常流式滑阀，图 11-20（b）为常压式滑阀。

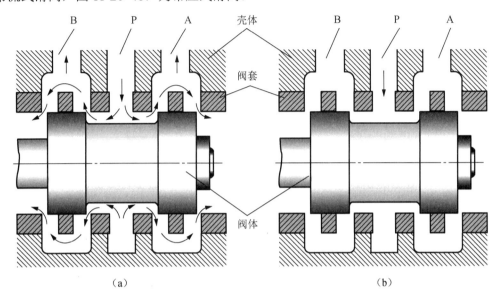

图 11-20　滑阀式控制阀

（a）常流式滑阀；（b）常压式滑阀

A—通动力缸左腔油道；B—通动力缸右腔油道；P—通液压泵输出管路的油道

当阀体处于图 11-20 中所示位置时，常流式滑阀的 P、A、B 油路相通，无助力作用；常压式滑阀的 P、A、B 油路互不相通，也无助力作用。

常流式滑阀与常压式滑阀的不同之处：当转向盘处于中位时，采用常压式滑阀的液压系统中的工作管路保持高压，采用常流式滑阀的液压系统无高压，只在转向时才提高压力。

常流式滑阀的结构简单，液压泵寿命长，消耗功率少，因此被广泛应用。常压式滑阀配合储能器，可以使用功率较小的液压泵，并在液压泵不运转的情况下保持一定的转向助力能力，部分重型汽车采用常压式滑阀。

（2）转阀式转向控制阀

阀体绕其轴线转动来控制油液流量的转向控制阀，称为转阀式转向控制阀。转阀式转向控制阀的结构如图 11-21 所示。

转阀式转向控制阀的工作原理如图 11-22 所示。

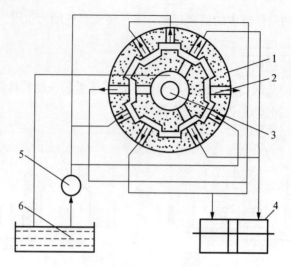

图 11-21　转阀式转向控制阀的结构

1—阀套；2—阀芯；3—扭杆；4—动力油缸；5—转向油泵；6—储油罐

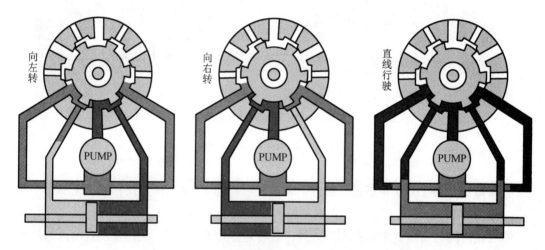

图 11-22　转阀式转向控制阀的工作原理

　　转阀式转向控制阀有四个互相连通的进油道，其中两个与动力缸的左、右腔连通。当阀体转过一个小角度时，从液压泵来的压力油经进油道进入动力油缸，推动油缸运动实现转向。

5．动力转向机构布置

　　根据机械式转向器、转向动力缸和转向控制阀三者在转向装置中的布置和连接关系的不同，液压动力转向装置分为整体式、半整体式和转向加力器三种。

　　整体式动力转向器：机械转向器、转向动力缸和转向控制阀三者设计为一体，如图 11-23（a）所示。

　　半整体式动力转向器：机械转向器和转向控制阀组合成一个整体，转向动力缸是单独设置，如图 11-23（b）所示。

转向加力器：机械转向器独立，转向控制阀和转向动力缸组合成一体，如图11-23（c）所示。

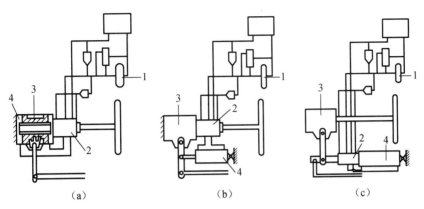

图 11-23 液压动力转向机构布置示意图

（a）整体式动力转向器；（b）半整体式动力转向器；（c）转向加力器
1—转向液压泵；2—转向控制阀；3—机械转向器；4—转向动力缸

11.6.2 电控动力转向系统

1．电控动力转向系统的结构、类型

根据动力源的不同，电控动力转向系统（EPS）可分为液压式和电动式两种。

（1）液压式电控动力转向系统

液压式电控动力转向系统的原理与机械式液压动力转向系统的原理基本相同，不同的是油泵由电动机驱动，同时助力力度可变。车速传感器监控车速，ECU 获取数据后通过控制转向控制阀的开启程度改变油液压力，从而实现转向力度的大小调节。

液压式电控动力转向系统拥有机械式液压动力转向系统的大部分优点，同时降低了能耗，反应也更加灵敏，转向助力大小也能根据转角、车速等参数自行调节，更加人性化。不过，液压式电控动力转向系统引入了很多电子单元，其制造、维修成本也相应增加，稳定性不如机械式液压动力转向系统。随着技术的不断成熟，液压式电控动力转向系统的这些缺点正在被逐渐克服，其已经成为很多家用车型的选择。

（2）电动式电控动力转向系统

1）结构、原理。电动式电控动力转向系统应用越来越广泛，是汽车转向系统发展的方向。该系统由电动助力机直接提供转向助力，省去了液压式电控动力转向系统所必须的转向油泵、软管、液压油、传送带和装配在发送机上的带轮，节省能量，保护环境。另外，电动式电控动力转向系统还具有调整简单、装配灵活及多状况下提供转向助力的特点。

驾驶员在操纵转向盘转向时，转矩传感器检测转向盘的转向和转矩大小，并将其转换为电压信号传送给 ECU，ECU 综合转矩传感器信号、转动方向和车速信号等向电动机控制器发出指令，使电动机输出相应大小和方向的转向助力转矩，从而产生辅助动力。转向盘处于中位时，ECU 不向电动机控制器发出指令，电动机不工作。电动式电控动力转向系统的结构及工作原理如图 11-24 所示。

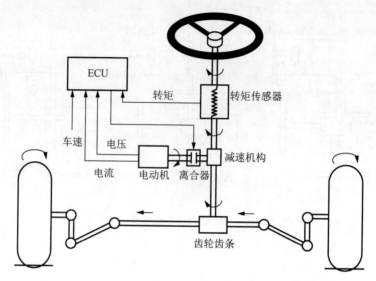

图 11-24 电动式电控动力转向系统的结构及工作原理

2）类型。电动式电控动力转向系统有转向轴助力式、齿轮助力式、齿条助力式等类型，如图 11-25 所示。

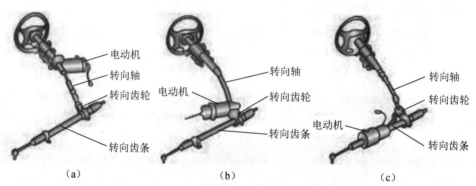

（a） （b） （c）

图 11-25 电动式电控动力转向系统的类型

（a）转向轴助力式；（b）齿轮助力式；（c）齿条助力式

转向轴助力式电动式 EPS 的电动机固定在转向轴一侧，并装有一个电磁控制的离合器，通过减速机构与转向轴相连，直接驱动转向轴助力转向。齿轮助力式电动式 EPS 的电动机和减速机构与小齿轮相连，直接驱动齿轮助力转向。齿条助力式电动式 EPS 的电动机和减速机构则直接驱动齿条提供助力。

2．EPS 的关键部件

（1）转矩传感器

当驾驶员操纵转向盘时，转向传感器根据输入力的大小，产生相应的电压信号，电控动力转向系统就可以检测出操纵力的大小，同时根据车速传感器产生的脉冲信号又可测出车速，再控制电动机的电流，形成适当的转向助力。

转矩传感器具有检测转向盘的操纵方向和操纵力的功能。在任何情况下，利用电位表即可检测出该传感器的信号，转向传感器如图 11-26 所示。

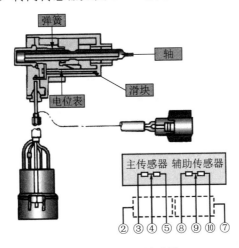

图 11-26　转向传感器

（2）电动机

电控动力转向系统所用的电动机是将汽车用电动机加以改进。有的电动机转子外圆表面开有斜槽，有的则改变定子磁铁的中心处或端部的厚度。电动机工作有一定速度范围，若超出此范围，则由离合器使电动机停转并消除电动机惯性的影响。同时，当转向系统发生故障时，离合器分离，此时恢复手动控制转向，保证汽车正常行驶。

（3）电磁离合器

图 11-27 为电磁离合器的结构，主要由电磁线圈、主动轮、从动轮、压板等组成。工作时，电流通过滑环进入电磁线圈，主动轮便产生电磁吸力，花键的压板被吸引，并与主动轮压紧。此时，电动机的输出转矩经过输出轴→主动轮→压板→花键→从动轮传递给执行机构（蜗轮蜗杆减速机构）。电磁离合器的主要作用是保证电动助力只作用在预定的车速范围内。

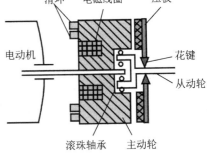

图 11-27　电磁离合器的结构

（4）减速机构

如图 11-28 所示，减速机构主要由蜗轮和蜗杆构成，蜗杆的动力来自电磁离合器和电动机，经蜗轮减速增扭后，传递给转向轴，再通过其他部件传递给转向轮，以实现转向助力。

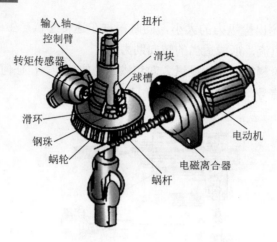

图 11-28　减速机构

（5）ECU

电动式动力转向 ECU 及其控制系统如图 11-29 所示。工作时，转向转矩和转向角信号经过 A/D 转换器输入中央处理器（CPU），中央处理器根据这些信号和车速计算出最优化的助力转矩。

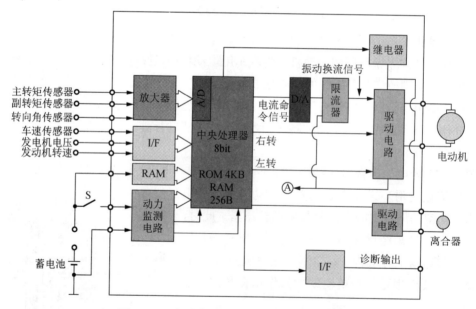

图 11-29　电动式动力转向 ECU 及其控制系统

11.6.3　四轮转向系统

为了使汽车具有更好的操纵稳定性，一些汽车在后轮上也安装了转向系统。汽车采用四轮转向系统（4WS）的目的是在汽车低速行驶时，依靠逆向转向（前、后车轮的转角方向相反）获得较小的转向半径，改善汽车的操纵性；在汽车以中、高速行驶时，依靠同向转向（前、后车轮的转角方向相同）减小汽车的横摆运动，使汽车可以高速变换行进路线，提高转向时的操纵稳定性。

　　轿车四轮转向系统按控制后轮转向器工作的方式不同分为全液压控制式、机-电控制式、液-电联合控制式、机-液-电联合控制式。无论哪种控制方式，其特点是汽车转向时后轮偏转的方向和转角的大小受车速高地的控制，并随车速高低变化。

　　1. 四轮转向系统的转向特性

　　低速转向时的行驶轨迹比较如图 11-30 所示，四轮转向系统依靠逆向转向（前、后车轮的转角方向相反）获得较小的转向半径。

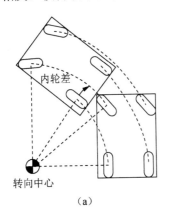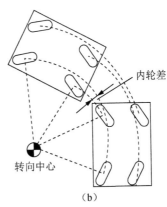

（a）　　　　　　　　　　　　　（b）

图 11-30　低速转向时的行驶轨迹比较

（a）二轮转向系统；（b）四轮转向系统

　　中、高速转向时的行驶轨迹比较如图 11-31 所示，四轮转向系统依靠同向转向（前、后车轮的转角方向相同）减小汽车的横摆运动，使汽车可以高速变换行进路线。

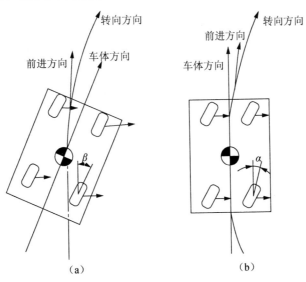

（a）　　　　　　　　　　　　　（b）

图 11-31　中、高速转向时的行驶轨迹比较

（a）二轮转向系统；（b）四轮转向系统

2．四轮转向系统的优点

四轮转向系统具有以下显著的优点：

1）在转向时能够基本保持汽车质心侧偏角为零，且能够改善汽车对转向盘输入的动态响应特性，在一定程度上改善了横摆角速度和侧向加速度的瞬态响应性能指标，显著增强汽车高速行驶时的稳定性。当在高速行驶中转向时，四轮转向系统通过后轮与前轮的同相转向，能有效降低/消除汽车侧滑事故的发生概率，显著增强汽车高速行驶时的稳定性及安全性，进而缓解驾驶员在各种路况下（尤其是在风雨天）高速驾车的疲劳程度。

2）缩小汽车低速转向时的转弯半径。在低速转向时，汽车因前后轮的反向转向能够缩小转弯半径达20%。四轮转向技术使大型汽车具有如同小型汽车的操纵及泊车敏捷性。

3）提高了汽车的挂车能力。通过转向后轴对挂车的转向牵引，四轮转向系统极大地提高了转向操纵的随动性和正确性，改善了汽车挂车行驶的操纵性、稳定性及安全性。

3．机-电控制式轿车四轮转向系统

机-电控制式轿车四轮转向系统可以使轿车在低速转向时，后轮与前轮方向相反；在中、高速转向行驶时，前、后轮保持相对稳定的平衡，让汽车的前进方向与其车身方向保持一致，以获得稳定的转向特性。

机-电控制式轿车四轮转向系统的组成如图11-32所示，其前、后转向机构机械连接。转向盘的偏转传递到前轮的转向器（齿轮齿条式）中的齿条，齿条带动横拉杆左右移动，使前轮转向；同时，前转向器中的从动小齿轮转动，并通过转向连接轴将转动传递到后转向器。

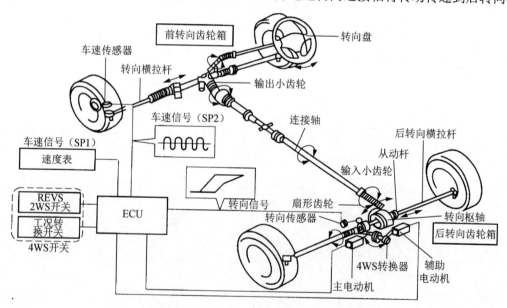

图 11-32　机-电控制式轿车四轮转向系统的组成

四轮转向系统的 ECU 根据转角传感器、车速传感器的输入信号进行各项控制。四轮转向系统电控系统框图如图11-33 所示。

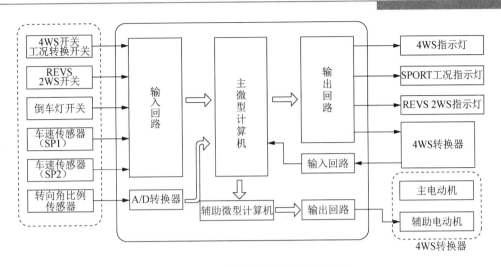

图 11-33　四轮转向系统电控系统框图

4. 机-液-电控制式轿车四轮转向系统

机-液-电控制式轿车四轮转向系统能够根据检测出的车身横摆角速度来控制后轮的转向量，由检测到的数值对后轮的转角做相应的增减，使车身方向与前进方向的误差很小，同时可抑制车身的自转运动。

机-液-电控制式轿车四轮转向系统由机械-液压系统与电子控制系统两大部分组成，如图 11-34 所示。

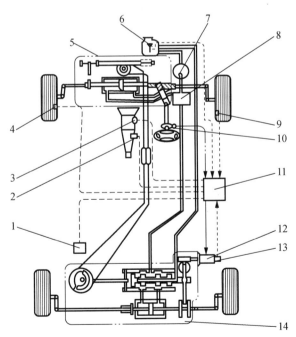

图 11-34　机-液-电控制式轿车四轮转向系统

1—横向摆动率传感器；2、4、9—速度传感器；3—空挡起动开关；5—前轮转向机构；6—储油罐；7—转向高压油泵；
8—流动分配器；10—转向传感器；11—ECU；12—脉冲式电动机；13—脉冲式电动机转角传感器；14—后轮转向机构

（1）结构

1）机械-液压系统。该系统主要由前轮转向机构、后轮转向机构、转向高压油泵及储油罐4部分组成。

① 前轮转向机构：如图 11-35 所示，当转向盘转动时，齿条水平移动，控制齿杆左右运动，控制齿条左右移动，与小齿轮连成一体的前带轮逆时针或顺时针旋转，前带轮的旋转通过缆绳传递到后轮转向机构的后带轮上。

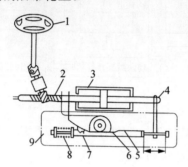

图 11-35　前轮转向机构

1—转向盘；2—齿轮齿条副；3—转向齿轮动力油缸；4—控制齿杆；5—控制齿条；
6—前带轮；7—小齿轮；8—中立弹簧；9—缆绳

控制齿杆有一自由行程，转向盘在左右 250° 范围时正好在此行程内，这时不会产生与前轮连带的后轮转向。因为实际高速行驶时不能进行大角度的转向，即转向盘转角小于250°，所以高速转弯时后轮转向机构不受前轮转向机构的控制。

② 后轮转向机构：如图 11-36 所示，主要由后带轮、凸轮、凸轮推杆、液压控制阀、滑阀套衬筒、滑阀套筒、滑阀、蜗杆、脉冲式电动机、小齿轮、滑阀控制杆、后轮动力油缸等组成。

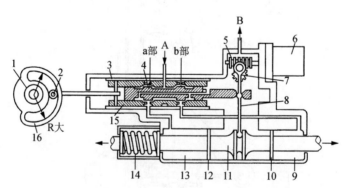

图 11-36　后轮转向机构

1—后带轮；2—凸轮推杆；3—衬套；4—滑阀；5—主动齿轮；6—脉动电动机；7—从动齿轮；8—阀控制杆；
9—液压缸右室；10、12—功率活塞；11—液压缸轴；13—液压缸左室；14—弹簧；15—阀套筒；16—控制凸轮

后带轮与凸轮制成一体，转动转向盘并通过机械传动传递至后带轮时，凸轮旋转，凸轮

推杆沿凸轮轮廓线运动，使滑阀套筒左右移动。当转向盘向左大于 250° 转动时，后带轮向右旋转，使凸轮向转动半径减小的方向运动，凸轮推杆被拉回左侧，滑阀套筒向左移动。反之，当转向盘向右大于 250° 转动时，滑阀套筒向右移动。通过滑阀和套筒的相对移动，a 部和 b 部产生不同的节流效果，控制转向高压油泵对后轮转向动力油缸左、右油室供油油路的通断。

当转向盘转角小于 250° 时，凸轮部转动，滑阀套筒固定不动。

脉冲式电动机根据 ECU 指令正向或反向旋转。蜗杆与脉冲电动机输出轴制成一体，与蜗杆啮合的小齿轮在蜗杆作用下，一边自转，一边向左或向右移动滑阀控制杆的上端与小齿轮的偏心销轴相连，因此滑阀控制杆在脉冲电动机带动下顺时针或逆时针摆动，从而使滑阀左右移动。

③ 转向高压油泵和储油罐：前者的作用是产生高压油液，后者的作用是储存并过滤油液。

2）电子控制系统。电子控制系统主要由传感器、脉冲电动机及 ECU 组成。

① 车速传感器：有三个车速传感器同时向 ECU 输送车速脉冲信号。

② 转向传感器：向 ECU 输送转动方向、角度及转速信息。

③ 横向摆动率传感器：向 ECU 输送车身摆动信号，监视车轮转向装置的工作是否可靠。

④ 电动机旋转角传感器：ECU 根据该传感器信号校正电动机旋转角度和方向。

⑤ 四轮转向系统 ECU：根据各传感器的脉冲信号控制脉冲电动机正转或反转。

（2）系统工作原理

1）汽车低速小转弯（转向盘转角小于 250°）时。转向盘转角小于 250°，前轮转向力不能传递至后轮转向机构。另外，因车速低，ECU 不驱动脉冲电动机正转或反转，滑阀与滑阀套筒无相对移动。a 部和 b 部不起节流作用，来自高压油泵的油液同时作用于后轮转向动力缸左右两侧，且两侧压力相等，后轮不转向，高压油液沿图 11-36 箭头方向流回储油罐。另外，低速转向时所受离心力很小，两前轮转向足以满足转向时的操纵稳定性。

2）汽车低速大转弯（转向盘转角大于 250°）时。若左转转向盘，滑阀套管在转向操作力作用下左移，滑阀在滑阀控制杆阻力的作用下静止不动，滑阀与其套筒产生相对位移，使 A、B 孔的右侧节流面积缩小。a 部右侧的节流作用切断了高压油泵至转向动力缸左室的油路，并使转向动力缸左室至储油罐的通路打开到最大限度。同时，b 部右侧的节流作用切断了高压油泵至储油罐的油路，并使高压油泵轴向左移动，动力油缸左室的油液经滑阀中心孔流回储油罐，从而推动后轮右转（逆向偏转）。由于动力油缸的左移，带动了控制阀杆绕上支点顺时针转动，又带动滑阀相对滑阀套筒左移，使已缩小的 a 部与 b 部的节流面积增大，动路油缸右室压力下降。油缸轴一旦移动到目标位置，a 部与 b 部的节流面积正好达到与车轮产生的外力相平衡的位置，不会使后轮产生过大的转向。

低速右转弯时与此相似。

3）汽车高速转弯时。ECU 通过车速传感器、转向传感器、电动机旋转角传感器的信号，控制脉冲式电动机运转。高速座转弯时，电动机旋转，在蜗轮和销齿轮作用下，控制阀杆绕下支点逆时针摆动，节流孔 A 与 B 左侧节流作用增大、高压油进入动力缸左室，使后轮同向偏转到目标位置。

高速右转弯时与此相似。

11.7 动力转向系统的检修

动力转向系统常见的故障有转向盘沉重或前轮摆动、转向盘单侧沉重、转向盘回正能力差、转向油泵有噪声或系统油压过高等。

1. 转向沉重或助力不足

（1）故障原因

1）油泵的传动带松动。

2）转向器油面过低。

3）转向器与转向管柱不对正。

4）下连接凸缘松转。

5）轮胎充气不当。

6）流量控制阀卡住。

7）油泵输出压力不足。

8）油泵内泄漏过大。

9）转向器内泄漏过大。

（2）故障诊断与排除

1）按规定调整传动带张力。

2）加油到规定油面，如油面过低，检查所有管路和接头，拧紧松动接头。

3）对正转向器和转向管柱。

4）松开夹紧螺栓，正确装配。

5）按规定压力充气。

注意：如果经 1）～5）项检查后仍找不出转向沉重的原因，应进行压力试验。为了检查 6）～9）项所列现象，需要对整个动力转向系统进行试验。

2. 动力转向液产生乳状泡沫、液面低及压力低

（1）故障原因

转向液中有空气或由于泵内泄漏造成液体损耗。

（2）故障诊断与排除

1）检查有无漏油并予以解决，排除系统中的空气。

2）若油面低，则过低的温度会使空气进入转向系统。如果液面正常，而油泵仍然起泡沫，将油泵从车上取下，将油箱与泵体分开，检查堵塞和壳体有无裂痕，如果堵塞松动或壳体外裂，应更换壳体。

3）转向泵原因造成的输出压力低。一般为流量控制阀卡滞或不能工作，或压力板与泵环未靠平。排除方法为消除毛刺或污垢，用转向液冲洗系统，必要时更换。

4）转向器原因造成压力低。一般是活塞环磨损或油缸严重磨损使压力降低，或由于阀环上、阀体间的油封漏油。排除方法为从车上取下转向器，拆开检查活塞环和油缸，并更换油封。

3. 快速地自右向左转动转向盘时，转向力瞬时增大

故障原因与排除：

1）泵内液面低，应按需要添油。

2）油泵传动带打滑，需张紧或更换传动带。

3）内泄漏过多，需按压力实验的方法检查泵压。

4. 发动机运转时转向，特别在原地转向时，转向盘颤动或跳动

故障原因与排除：

1）液面低，按需要添加转向液。

2）泵传动带松动，需按规定调整张力。

3）转动最大角度时，转向拉杆碰撞油底壳，需校正间隙。

4）泵压力不足，按压力实验方法检查泵压，如流量阀已坏，应予更换。

5）流量控制阀卡住，检查有无胶质或损坏，必要时进行更换。

5. 转弯或回正时转向器发出尖叫声

故障原因与排除：

滑阀上阻尼 O 形圈切断，需要更换阻尼 O 形圈。

6. 转向盘回正性能差

故障原因与排除：

1）轮胎充气不足，需按规定气压充气。

2）杆系球销润滑不足，需润滑杆系接头。

3）下连接凸缘和转向器调整器和转向柱。

4）前轮定位不准确，必要时加以检查和调整。把前轮放在前轮定位检查架上，拆开转向摇臂和摇臂轴的连接。用力转动前轮，如轮子转动或用很大的力才能转动，则检查转向系接头是否卡住。

5）转向杆系卡住，需更换接头。

6）主销球接头咬住，需更换主销接头。

7）转向盘与外罩摩擦，需把外罩对中。

8）转向柱轴承过紧或卡滞，需更换轴承。

9）滑阀卡住或堵塞，需取下滑阀加以清洗或更换。

10）回油软管扭曲或阻塞，需更换软管。

7. 汽车偏驶

故障原因与排除：

1）前轮定位未校正，按规定调整。

2）转向阀不稳定。现象及排除：转向时在偏驶方向上用的转向力很轻，而在相反方向上正常用力或用力大些，需更换转向阀。

本 章 小 结

本章介绍了转向系统的相关知识，包括转向系统常用术语、机械式转向系统的构造与维修、动力转向系统与四轮转向统的相关知识。

动力转向系统有液压式和电动式两种；四轮转向系统有机械式、液压式和电动式三种形式。

复习思考题

1）转向系统的功能是什么？有哪些类型？

2）绘制简图说明机械转向系统的组成。

3）各转向器的结构及检修过程是什么？

4）转向传动机构由哪些部分组成？

5）液压式动力转向系统和电动式动力转向系统的组成分别是什么？

6）四轮转向系统的优点是什么？

7）动力转向系统的检修步骤有哪些？

实训项目　转向系统的拆装与检修

一、实训内容

检查、调整转向器总成。

二、实训目的与要求

1）掌握转向器的检查与调整方法。

2）掌握汽车转向系统的就车检查与调整方法。

三、实训设备及工具、量具

1）汽车转向器总成一个。

2）相关挂图或图册若干。

3）汽车一辆。

4）常用工具、量具各一套。

四、学时及分组人数

2 学时，具体分组视学生人数和设备情况确定。

五、实训步骤及操作方法

1）将汽车停放在平坦坚实的场地。

2）利用驻车制动系统将汽车可靠地制动；装用手动变速器的汽车，将变速杆推入最低的前进挡；装用自动变速器的汽车将变速杆推入"P"挡。

3）两人配合，其中一人在车下观察，一人在车上转动转向盘。

4）朝一个方向缓慢转动转向盘至转向轮刚刚转动时，停止转动转向盘，记下转向盘的位置 A；朝相反方向缓慢转动转向盘至转向轮刚刚转动时，停止转动转向盘，记下转向盘的位置 B；测量由位置 A 至位置 B 转向盘所转过的转角。

5）一人在车上左右转动转向盘，另一人在车下观察转向传动机构中各连接球头销的工作情况。

6）在工作台上检查调整转向器：

① 转向器各部分应无任何旷动和异响。

② 转动转向轴，转向器应运转平稳灵活，无任何卡滞、发涩的现象；观察转向摇臂（齿条及拉杆），摆动（移动）是否平稳连续。

③ 若轴承间隙过大，可通过改变轴承端盖处垫片的厚度进行调整。

④ 若转向盘自由间隙过大，可利用侧盖处的调整螺栓进行调整（循环球式）。

注意：

1）注意操作安全，实训中严禁发动汽车，严禁解除汽车的驻车制动。

2）注意观察研究各部分的检查与调整装置。

思考：

1）转向系统常见故障有哪些？

2）简述转向沉重故障的诊断和排除方法。

第12章 汽车制动系统

1. 了解制动系统的作用、组成、类型和工作原理。
2. 掌握制动器的结构、原理及检修要求。
3. 掌握 ABS 的结构、类型、原理及检查要求。
4. 能根据制动系统故障，进行故障诊断与排除。

12.1 汽车制动系统概述

能够产生和控制汽车制动力的一套装置，称为制动系统。制动系统是汽车行驶时的主动安全装置，是确保汽车安全行驶的极其重要的装备。随着道路和汽车的高速发展，人们希望汽车的制动系统非常耐用和可靠，这样汽车可以在任何情况下安全、迅速地减速或停车。

12.1.1 制动系统的作用和组成

1. 作用

汽车制动系统是汽车上用以使外界（主要是路面）在汽车某些部分（主要是车轮）施加一定的力，从而对其进行一定程度强制制动的一系列专门装置。其作用是使行驶中的汽车按照驾驶员的要求进行强减速甚至停车；使已停驶的汽车在各种道路条件下包括在坡道上稳定驻车；使下坡行驶的汽车速度保持稳定。除此之外，制动系统还应包括以下功能：

1）提供平稳的停车功能。能使停车过程平顺柔和。

2）提供制动片的清干功能。当车辆在湿滑路面上行驶时系统会在固定间隔时间发出微弱的制动脉冲用来清干制动片上的水膜以保证可靠的制动。

3）塞车辅助制动功能。在发生塞车的情况下，驾驶员只需控制加速踏板。一旦把脚从加速踏板上挪开系统会自动施加一定的制动力以减速停车。这样驾驶员就不需要在加速踏板和制动踏板之间频繁地轮换。

4）起步辅助功能。可防止汽车向后或向前溜动。当汽车在斜坡上处于停止状态时迅速、有效地踩一下制动踏板然后踩加速踏板。

2．组成

汽车制动系统主要由以下三部分组成。

1）行车制动装置：使行驶中的汽车减速甚至停车。

2）驻车制动装置：使已停驶的汽车驻留原地，当行车制动出现故障时，驻车制动装置可以作为备用制动装置。

3）辅助制动装置：为了下长坡时减轻行车制动器的磨损而设置的装置。一般轿车很少采用辅助制动装置。

12.1.2　制动系统的类型

1．按制动力的传递方式分

汽车的制动系统由传动装置和制动器两部分组成。传动装置是指把驾驶员手拉拉杆或脚踩踏板产生的制动力传递到制动器的装置。根据力的传递方式，传动装置可分为机械式传动装置、液压式传动装置和气压传动装置等。

2．按制动能源分

1）人力制动系统。以驾驶员的肌肉作为唯一的制动能源的制动系统，汽车行车制动装置已经不适用人力机械式，只有驻车制动装置采用机械式制动系统。

2）动力制动系统。完全靠有发动机驱动的空气压缩机产生的气压能或液压泵产生的液压能进行制动的制动系统。

3）伺服制动系统。兼用人力和发动机动力进行制动的制动系统。

12.1.3　制动系统的工作原理

一般制动系统的工作原理可用图 12-1 所示的一种简单的液压制动系统示意图来说明。一个以内圈为工作表面的制动鼓 8 固定在车轮轮毂上，随车轮一同旋转。在固定不动的制动底板 11 上有两个支承销 12，支承两个弧形制动蹄 10 的下端。制动蹄的外圆面上用油管 5 与装在车架上的液压制动主缸 4 相连通。主缸活塞 3 可由驾驶员通过制动踏板机构来操纵。

制动系统不工作时，制动鼓的内圆面与制动蹄摩擦片的外圆面之间保持一定的间隙，使车轮和制动鼓可以自由旋转。

若使行驶中的汽车减速，驾驶员踩下制动踏板 1，通过推杆 2 和主缸活塞 3 使主缸内的油液在一定的压力下流入轮缸，并通过两个轮缸活塞 7 使两制动蹄绕支承销转动，上端向两边分开而以摩擦片压紧在制动鼓的内圆面上。这样，不旋转的制动蹄就对旋转着的制动鼓作用一个摩擦力矩 M_μ，其方向与车轮旋转方向相反。制动鼓将该力矩 M_μ 传到车轮后，由于车轮与路面间的附着作用，车轮对路面作用一个向前的周缘力 F_μ，同时路面也对车轮作用这一个向后的反作用力，即制动力 F_B。制动力 F_B 由车轮经车桥和悬架传递给车架及车身，迫使整个汽车产生一定的减速度。制动力越大，则汽车的减速度也越大。当放松制动踏板时，制动蹄回位弹簧 13 将制动蹄拉回原点，摩擦力矩 M_μ 和制动力 F_B 消失，制动终止。

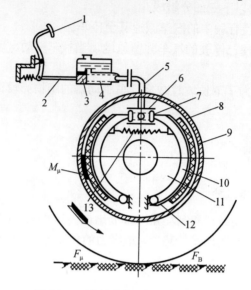

图 12-1　制动系统工作原理示意图

1—制动踏板；2—推杆；3—主缸活塞；4—制动主缸；5—油管；6—制动轮缸；7—轮缸活塞；
8—制动鼓；9—摩擦片；10—制动蹄；11—制动底板；12—支承销；13—制动蹄回位弹簧

在图 12-1 所示的制动系统中，主要由制动鼓 8、带摩擦片 9 的制动蹄 10 构成的对车轮施加制动力矩（即摩擦力矩 M_μ）以阻碍其转动的部件，称为制动器。

目前，各类汽车所用的车轮制动器可分为鼓式和盘式两大类。

12.2　液压制动系统

液压制动传动装置利用特制油液作为传力介质，将驾驶员施加于踏板上的力传递至制动器，推动制动蹄产生制动作用。

典型的液压制动传动装置如图 12-2 所示，制动时，驾驶员踩下制动踏板，在推杆的作用下，制动主缸将制动液通过前、后桥油管分别压入前、后制动轮缸，将制动蹄推向制动鼓，在制动器间隙小并开始产生制动力矩时，液压与踏板力方能继续增长直到完全制动。在此过程中，由于液压的作用，油管的弹性膨胀变形和摩擦元件的弹性压缩变形，踏板和轮缸活塞都可以继续移动一段距离。抬起制动踏板，制动蹄和轮缸活塞在回位弹簧作用下回位，将制动液压回制动主缸。

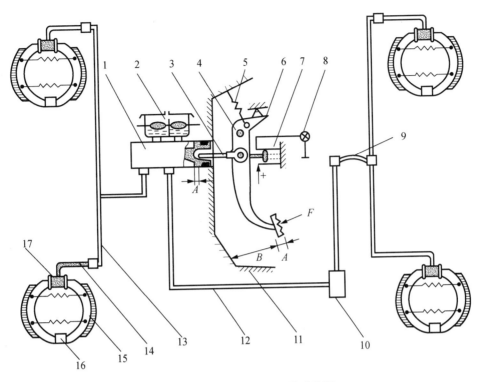

图 12-2　典型的液压制动传动装置

1—制动主缸；2—储液罐；3—主缸推杆；4—支承销；5—回位弹簧；6—制动踏板；7—制动灯开关；8—指示灯；
9—软管；10—比例阀；11—地板；12—后桥油管；13—前桥油管；14—软管；15—制动蹄；16—支承座；
17—制动轮缸；Δ—自由间隙；A—自由行程；B—有效行程

12.2.1　液压制动传动装置的布置形式

目前，由于交通法规的要求，所有汽车的行车制动系统均采用双管路制动系统。双管路液压制动传动装置利用彼此独立的双腔制动主缸，通过两套独立管路，分别控制两桥或三桥的车轮制动器。其特点是若有其中一套管路发生故障而失效，另一套管路仍能继续起制动作用，从而提高了汽车制动的可靠性和行车的安全性。

双管路液压制动传动装置的布置形式有如下几种：

（1）两桥制动器彼此独立性（H 型）

如图 12-2 所示，前轴制动器与后轴制动器各有一套管路，这种形式最为简单，可与单缸鼓式制动器配合使用。这种形式适用于前、后桥载荷分布较均匀，制动时轴荷转移量少，发动机前置后轮后驱的汽车，但缺点是某一管路失效时，前、后轴制动力分配的比值被破坏，使制动效能低于 50%。

（2）一个制动器两个轮缸彼此独立型（HH 型）

如图 12-3 所示，每套制动管路只对每个前、后轮制动器的半数轮缸起作用。任一套管路失效后，前、后制动力的比值与正常情况相同，剩余总制动力的可达正常值的 50%。这种布置适用于具有两个轮缸的制动器，如红旗 CA7560 型轿车。

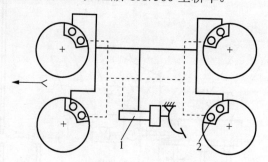

图 12-3　一个制动器两个轮缸彼此独立的方案

1—双腔主缸；2—双轮缸盘式制动器

（3）前、后轮制动器对角彼此独立型（X 型）

如图 12-4 所示，前、后轴对角线方向上的两个车轮共用一套管路，这种布置形式在任一管路失效时，剩余总制动力都能保持在正常值的 50%，且前后轴制动力分配比值保持不变，有利于提高制动稳定性。这种布置形式多用于发动机前置前轮驱动且单轮缸的轿车，如大众桑塔纳、广汽本田、天津一汽夏利等。这种布置形式存在一管路失效，制动跑偏问题，为此，多采用加大主销内倾角的办法，使主销的转点在力点之外，成为负值力臂产生抗偏力矩，保持制动时方向稳定性。

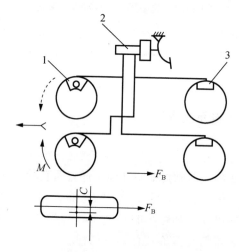

图 12-4　前后轮制动器对角彼此独立的方案

1—前轮缸；2—双腔轮缸；3—后轮缸

12.2.2　制 动 液

汽车制动液是液压制动系统采用的非矿油型传递压力的工作介质。制动液的质量是保证液压系统工作可靠的重要因素。对制动液的要求如下：

1）高温下不易汽化，否则，将在管路中产生气阻现象，使制动系统失效。

2）低温下有良好的流动性；不会使与之经常接触的金属件（铸铁、钢、铝或铜）腐蚀，橡胶件发生膨胀、变硬和损坏。

3）能对液压系统的运动件起良好的润滑作用。

4）吸水性差而溶水性良好，即能使渗入其中的水汽形成微粒而与之均匀混合，否则，将在制动液中形成水泡而大大降低汽化温度。

汽车制动液的选择应遵循使用合成型制动液，质量等级符合 FM SS NO.116 DOT 标准的要求。各种汽车制动液主要使用特性和推荐使用范围如表 12-1 所示。

表 12-1　各种汽车制动液主要使用特性和推荐使用范围

级别	制动液的主要特性	推荐使用范围
JG3	良好的高温抗气性能和优良的低温性能	相当于 ISO 4926：1978 和 DOT-3 水平，我国广大地区使用
JG4	良好的高温抗气性能和良好的低温性能	相当于 DOT-4 水平，我国广大地区使用
JG5	优异的高温抗气性能和低温性能	相当于 DOT-5 水平，特殊要求汽车使用

12.2.3　制动主缸

制动主缸的作用是将踏板输入的机械能转换为液压能。为了提高汽车的行驶安全性，一般采用串联双腔或并联双腔主缸结构。

串联双腔制动主缸结构如图 12-5 所示。该主缸相当于两个单腔制动主缸串联在一起而构成的，主缸内有两个活塞，后活塞右端连接推杆，前活塞位于缸筒中间把主缸内腔分为两个腔，两腔分别与前、后两条液压管路相通，经管路通往前、后制动轮缸。储液罐分别向前、后腔室供给制动液。

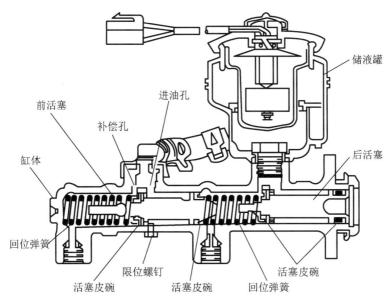

图 12-5　串联双腔制动主缸结构

踩下制动踏板，推动推杆而后推动活塞和皮碗，使皮碗掩盖住储液罐进油口，此油腔液压升高。在后腔液压和后腔弹簧力的作用下，推动前活塞向前移动，前腔压力也随之增高，前、后腔的制动液经管路通往前、后制动轮缸，使前、后轮制动器制动。

抬起制动踏板，踏板机构制动，主缸前、后腔活塞和轮缸活塞在各自的回位弹簧作用下回位，管路中的制动液借其压力推开回油阀流回主缸，制动终止。

其工作原理简单来说就是利用主缸前、后腔容积的变化来实现吸油、压油。

若与前腔连接的制动管路损坏漏油，则在踩下制动踏板时，只有后腔中能建立液压，前腔中无压力。此时，在液压差作用下，前活塞迅速前移到前端顶到主缸缸体。此后，后缸工作腔中液压能升高到制动所需的值。

若与后腔连接的制动管路损坏漏油，则在踩下制动踏板时，起先只是前缸活塞前移，而不能推动前活塞，这是因为后缸工作腔中不能建立液压。但是，在后缸活塞直接顶触前活塞时，前活塞前移，使前缸工作腔建立必要的液压而制动。

由上述可见，双回路液压制动系统中任一回路失效时，主缸仍能工作，只是所需踏板行程加大，将导致汽车的制动距离增长，制动效能降低。

12.2.4　制动轮缸

制动轮缸的作用是将液压力转变为轮缸活塞的推力，推动制动蹄压靠在制动鼓上，产生制动作用。轮缸是精度高而光洁的直筒。因制动器形式不同，轮缸的数目和形式各异，常见的有双活塞式、单活塞式、阶梯式等。

图 12-6 为双活塞式制动轮缸，缸内有两个活塞，两者之间形成缸内腔。制动时，制动液自油管接头和进油孔进入内腔，活塞在液压作用下外移，通过顶块推动制动蹄，使车轮制动。弹簧保证皮碗、活塞、制动蹄紧密接触，并保持两活塞之间的进油间隙。防护罩除防尘外，还可防止水分进入，以免活塞和轮缸生锈而卡住。在轮缸缸体上方还装有放气阀，以便放出液压系统中的空气。

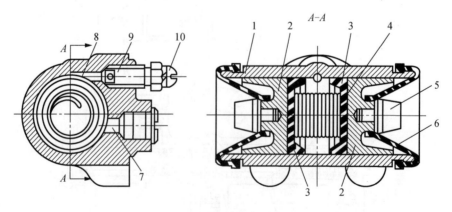

图 12-6　双活塞式制动轮缸

1—缸体；2—活塞；3—皮碗；4—弹簧；5—顶块（调整螺钉）；6—防护罩；

7—进油孔；8—放气孔；9—放气螺钉；10—防护螺钉

图 12-7 为单活塞式制动轮缸。为缩小轴向尺寸，液压腔密封件不用抵靠活塞端面的皮碗，而采用装在活塞导向面上切槽内的皮圈。进油间隙靠活塞端面的凸台保持。放气阀的中部有螺纹，尾部有密封锥面，平时旋紧压靠在阀座上。与密封锥面相连的圆柱面两侧有径向孔，与阀中心的轴向孔道相通。需要放气时，先取下橡胶护罩，再连踩几下制动踏板，对缸内空气加压，然后踩住制动踏板不放，将放气阀旋出少许，空气即随制动液排出。空气排尽后再将放气阀旋出。

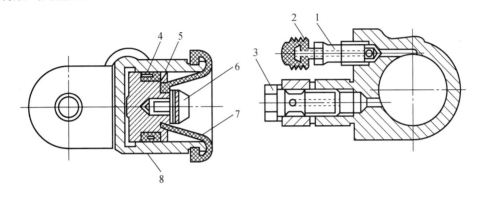

图 12-7　单活塞式制动轮缸

1—放气阀；2—橡胶护罩；3—进油管接头；4—皮圈；5—缸体；6—调整螺钉（顶块）；7—防护罩；8—活塞

12.2.5　鼓式制动器

鼓式制动器有内张型和外束型，现在的鼓式制动器基本上使用的是内张型。它的制动块位于制动轮缸（或凸轮）内侧，制动时，制动块向外张开，摩擦制动轮的内侧，以达到制动的目的。前者以制动鼓的内圆柱面为工作表面，在汽车上广泛应用。

1．鼓式制动器的结构、特点

鼓式制动器主要由制动轮缸（或凸轮）、制动蹄及制动鼓等组成，如图 12-8 所示。

鼓式制动器的特点是造价低，符合传统设计。但其动力稳定性差，在不同路面上的制动力变化很大，不易于掌控，制动效能比较差。鼓式制动器在使用一段时间后，要定期调校制动蹄的间隙，并定期清理内部的制动粉。制动块和制动鼓在高温下易发生变形，容易产生制动衰退发抖的现象，从而引起制动效率下降。

2．领从蹄式制动器的结构原理

图 12-9 为领从蹄式制动器示意图，其结构特点是两制动蹄的支承点都位于蹄的一端，两支承点与张开力作用点的布置均为轴对称式；轮缸中活塞的直径相等。汽车前进时制动鼓按图 12-9 中箭头方向旋转，当汽车制动时，前、后制动蹄在制动轮缸活塞推力作用下分别绕其下端的支承点旋转，由于前蹄在张开时的旋转方向与制动鼓方向相同，称为领蹄。反之，后蹄的张开方向与制动鼓旋转方向相反，称为从蹄。

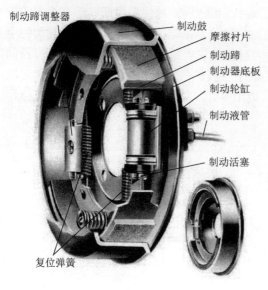

制动蹄调整器　制动鼓
摩擦衬片
制动蹄
制动器底板
制动轮缸
制动液管
制动活塞
复位弹簧

图 12-8　鼓式制动器

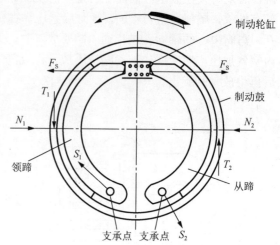

制动轮缸
制动鼓
领蹄
从蹄
支承点　支承点

图 12-9　领从蹄式制动器示意图

在制动过程中，制动鼓对两制动蹄作用的法向反力和切向反力分别等效于 N_1、N_2 和 T_1、T_2，为解释方便，假设力的作用点如图 12-9 所示。两蹄上的这些力分别由其支点的支承反力 S_1、S_2 所平衡。由图 12-9 可见，领蹄上的切向合力的作用结果使领蹄在制动鼓上压的更紧，表明领蹄具有"增势"作用。与之相反，从蹄具有"减势"作用。因此，虽然领、从蹄所受促动力 F_s 相等，但由于 N_1 大于 N_2，领、从蹄所产生的制动力矩不等，一般情况下领蹄产生的制动力矩约为从蹄制动力矩的 2～2.5 倍。倒车制动时，制动鼓旋转方向相反，后蹄变为领蹄，前蹄变为从蹄，但整个制动器的制动效能还是同前进时制动一样，这个特点称为制动器的制动效能"对称"。

领从蹄式制动器存在两个问题：其一是在两蹄摩擦片工作面积相等的情况下，由于领蹄与从蹄所受法向反力不等，领蹄摩擦片上的单位压力较大，因而磨损严重，两蹄寿命不等。其二是由于制动蹄对制动鼓施加的法向反力不相平衡，两蹄法向反力之和只能由车轮轮毂轴承的反力来平衡，这就对轮毂轴承造成了径向载荷，使其寿命缩短。凡制动鼓所受来自两蹄的法向力不能互相平衡的制动器称为非平衡式制动器。

3. 鼓式制动器的类型

按制动蹄装置的不同，鼓式制动器可分为轮缸式、凸轮式和楔块式三种，如图 12-10 所示。根据制动过程中两制动蹄产生制动力矩的不同，鼓式制动器可分为领从蹄式、双领蹄式、双向双领蹄式、双从蹄式、单向自增力式和双向自增力式，如图 12-11 所示。

在汽车前进制动过程时，两蹄均为领蹄的制动器称为双领蹄式制动器，如图 12-11（b）所示，其结构特点是两个制动蹄各用一个单活塞的轮缸，且两套制动蹄、制动轮缸、偏心支承销制动底板和调整凸轮等在制动底板上的布置是中心对称的。

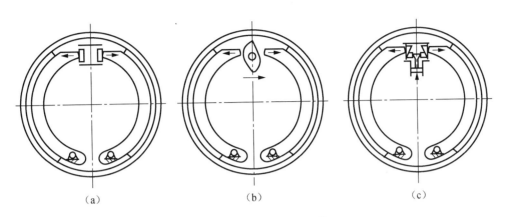

图 12-10　鼓式制动器的分类 1

（a）轮缸式；（b）凸轮式；（c）楔块式

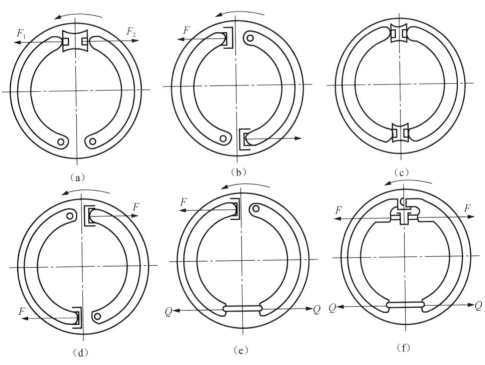

图 12-11　鼓式制动器的分类 2

（a）领从蹄式；（b）双领蹄式；（c）双向双领蹄式；（d）双从蹄式；（e）单向自增力式；（f）双向自增力式

前进制动时两制动蹄均为从蹄的制动器称为双从蹄式制动器，如图 12-11（d）所示，其结构与双领蹄式制动器类似，二者的差异只在于固定元件与旋转元件的相对运动方向不同。

双领蹄式、双向双领蹄式、双从蹄式制动器的固定元件布置都是对称的。如果间隙调整正确，则制动鼓所受两蹄施加的两个法向合力互相平衡，不会对轮毂轴承造成额外载荷。因此，这三种制动器都属于平衡式制动器。

自增力式制动器可分为单向式和双向式，如图 12-11（e）和（f）所示。单向自增力式制动器只在前进方向上起增力作用，而在倒车制动时制动效能不及双从蹄式制动器，已很少采用。双向自增力式制动器在车轮正向和反向旋转时均能借助制动蹄与制动鼓的摩擦起自动增力作用。

就制动效能而言，在基本结构参数和轮缸工作压力相同的条件下，自增力式制动器对摩擦助势作用利用得最充分，其后依次为双向双领蹄式、双领蹄式、领从蹄式。但蹄鼓之间的摩擦因数本身为一个不稳定因素，随制动鼓和摩擦片的材料、温度和表面状况（如是否沾水、沾油，是否有烧结现象等）的不同，可在大范围内变化。自增力式制动器的效能对摩擦因数的依赖性最大，因而其效能的热稳定性最差，其后依次是双向双领蹄式、双领蹄式、领从蹄式。

4．轮缸鼓式制动器的检修

1）制动蹄应无裂纹或变形，否则应更换新件。利用制动底板上的观察孔检查摩擦片的厚度，看其是否符合要求，有无被制动液或油脂污损，如有，应更换新件。

更换摩擦片时，可连制动蹄一起更换，也可以仅更换摩擦片。如只更换摩擦片，应先去掉旧蹄片上的铆钉和孔中的毛刺；铆接新摩擦片时，应从中间向两端逐渐铆合，在同一后轴上必须安装型号、质量等级相同的摩擦片。

2）检查制动鼓有无裂纹，如有，则更换新件。更换新摩擦片时应检查制动鼓的尺寸及各处技术参数是否符合标准，如不符合，必须更换制动鼓。

3）检查橡胶皮碗是否良好、制动轮缸有无泄漏。如果制动轮缸出现划痕或锈蚀，应更换整个制动轮缸。

12.2.6 盘式制动器

盘式制动器由摩擦片从两侧夹紧与车轮共同旋转的制动盘后产生制动。目前，盘式制动器广泛应用于轿车和小客车的前轮（有的轿车前、后轮均采用），另外，有些载货汽车也采用了盘式制动器。

1．盘式制动器的结构

盘式制动器一般由制动钳、制动盘、活塞、制动钳安装支架等组成，如图 12-12 所示。

2．盘式制动器的类型

根据固定元件的结构形式不同，盘式制动器大致可分为钳盘式和全盘式两种。钳盘式制动器的固定元件为制动钳，制动钳中的制动块由工作面积不大的摩擦块与金属背板组成，每个制动器中有 2～4 个制动块。这些制动块及其促动装置都装在横跨制动盘两侧的夹钳形支架中。全盘式制动器的固定元件的金属背板和摩擦片都做成圆盘形，因而其制动盘的全部工作面可同时与摩擦片接触。钳盘式制动器目前应用于各级轿车和轻型货车，全盘式制动器只用于重型汽车。

钳盘式制动器可分为固定钳盘式和浮钳盘式两种，如图 12-13 所示。

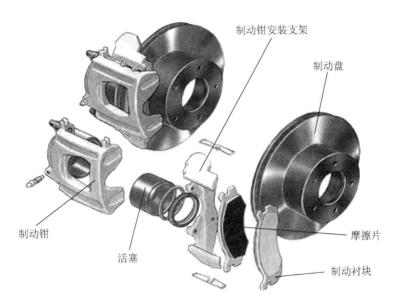

图 12-12　盘式制动器的结构

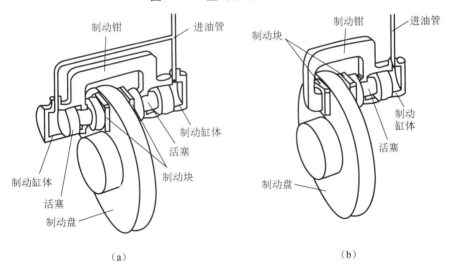

（a）　　　　　　　　　　　　　（b）

图 12-13　钳盘式制动器

（a）固定钳盘式；（b）浮钳盘式

（1）固定钳盘式制动器

如图 12-13（a）所示，制动钳体由两侧钳体和外侧钳体通过螺钉连接。制动盘深入制动钳的两个制动块之间。由摩擦块和钢质背板铆合或黏结而成的制动块通过两根导向销悬装在钳体上，并可沿导向销移动。

固定钳盘式制动器的工作原理如图 12-14 所示。制动时，制动液被压入内、外两侧油缸中，两活塞在液压作用下移向制动盘，并将制动块压靠到制动盘上。油缸活塞与制动块之间通过消声片来传力，可以减小制动时产生的噪声。

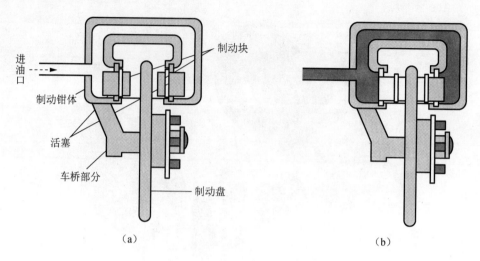

图 12-14　固定钳盘式制动器的工作原理

（a）固定钳盘式制动器不制动时；（b）固定钳盘式制动器制动时

（2）浮钳盘式制动器

如图 12-13（b）所示，制动钳体通过导向销与车桥相连，可以相对于制动盘轴向移动。制动钳体只在制动盘的内侧设置油缸，而外侧的制动块附装在钳体上。

浮钳盘式制动器的工作原理如图 12-15 所示。制动时，来自制动主缸的液压油通过进油口进入制动油缸，推动活塞及其上的制动块向右移动，并压到制动盘上，制动盘给施加活塞一个向左的反作用力，使活塞连同制动钳体整体沿导向销向左移动，直到将制动盘右侧的制动块也压紧在制动盘上。此时，两侧的制动块都压在制动盘上，夹住制动盘使其制动。

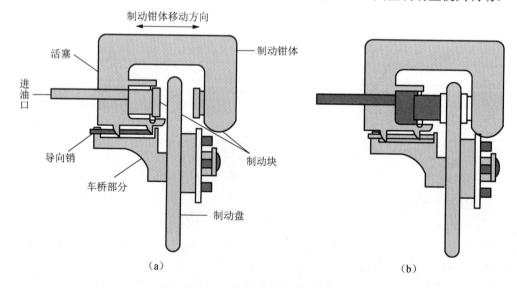

图 12-15　浮钳盘式制动器的工作原理

（a）浮钳盘式制动器不制动时；（b）浮钳盘式制动器制动时

　　这种浮钳盘式制动器具有热稳定性和水稳定性好的优点，此外其结构简单、造价低廉，浮钳的结构还有利于整个制动器靠近车轮轮辐布置，使转向主销的下端外移，实现负的偏移距（指主销延长线接地点在车轮接地点的外侧），提高汽车抗制动跑偏能力。

　　3．盘式制动器的检修

　　1）制动盘不应有裂纹或凹凸不平的现象，制动盘端面的跳动应不大于技术标准；如果跳动超标或有凹凸不平的现象，可进行车削加工，但加工后的厚度应符合要求，如图 12-16 所示。

　　2）制动盘厚度的检查。检查制动盘的厚度时，可用游标卡尺或千分尺直接测量。测量位置应在制动衬片与制动盘接触面的中心部位。如果磨损量超过标准，或端面圆跳动超过标准，应更换制动盘。更换制动盘时，同一轴的两个制动盘必须同时更换，以确保左、右两轮的制动力相等，如图 12-17 所示。

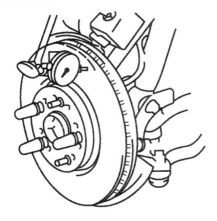

图 12-16　制动盘端面圆跳动的检查

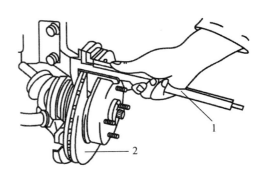

图 12-17　制动盘厚度的检查

1—制动盘；2—游标卡尺

　　3）当汽车行驶约 25000km，或制动块厚度（包括底板）小于一定值时，说明制动块已磨损到极限，必须更换新的制动块。方法：检查活塞与缸筒的间隙，如果间隙过大或缸筒壁有较深的划痕，应更换制动钳总成。

　　4．拆装制动器的注意事项

　　1）更换制动摩擦衬片后，在汽车静止时，用力将制动踏板踩下数次，以保证衬片就位；从制动液罐中抽取制动液时，应使用专用排放瓶，制动液有毒，决不可用嘴通过软管吸出；车轮螺栓拧紧力矩为120N·m。

　　2）拆卸制动器时，如要重新使用制动摩擦衬片，拆卸前应做上标记，重新安装时，应装在原位置，否则制动会不平稳。

　　3）安装制动器时，如安装新的摩擦衬片，安装前用复位工具将活塞压入分泵，压入活塞前，应将制动液罐的制动液抽到排放瓶中，否则，如同时补加制动液，制动液就会溢出，从而造成损坏。

12.3　真空液压制动系统

在普通液压制动系统中，加装真空加力装置，可以减轻驾驶员施加于制动踏板上的力，增加车轮的制动力，达到操作轻便、制动可靠的目的。真空加力装置是以发动机工作时在进气管中形成的真空度（或利用真空泵）为力源的动力制动装置。它可分为增压式和助力式两种形式。增压式通过增压器将制动主缸的液压进一步增加，增压器装在主缸之后；助力式通过助力器来帮助制动踏板对制动主缸产生推力，助力器装在踏板和主缸之间。

12.3.1　真空增压式液压制动传动装置

1．组成

图 12-18 为跃进 NJ1061A 型汽车的真空增压式液压制动传动装置。它比普通液压制动传动装置多装了一套真空增压系统，其中包括由发动机进气歧管（真空源）、真空单向阀、真空筒组成的供能装置，作为控制装置的控制阀，以及传动装置的加力气室及辅助缸。

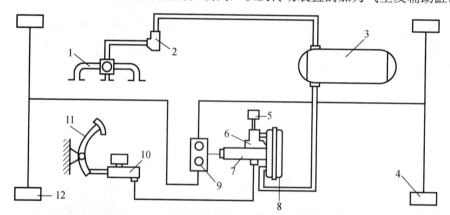

图 12-18　跃进 NJ1061A 型汽车的真空增压式液压制动传动装置

1—发动机进气歧管；2—真空单向阀；3—真空筒；4—后制动轮缸；5—进气滤清器；6—控制阀；
7—辅助缸；8—加力气室；9—安全缸；10—制动主缸；11—制动踏板；12—前制动轮缸

发动机工作时，在进气歧管的真空度作用下，真空筒中的空气经真空单向阀被吸入发动机，因而筒中也具有一定的真空度，作为制动加力的力源（柴油发动机因进气管的真空度不高，需另装一真空泵作为真空源）。真空单向阀被吸开，将真空筒及加力气室内的空气抽出；当发动机熄火或因工况变化使进气歧管的真空度低于真空筒的真空度时，真空单向阀即关闭，以保证真空筒及加力气室的真空度。

2．工作原理

踩下制动踏板时，制动主缸输出的制动油液先进入辅助缸，再一方面传入前、后制动轮缸，另一方面作为控制压力输入控制阀，控制阀使真空加力气室起作用，这样气室输出的力与主缸传来的液压一同作用于辅助缸的活塞，使辅助缸输送至轮缸的液压变得远高于主缸液压。

图 12-19 为真空增压器示意图。它由加力气室、辅助缸和控制阀三部分组成。

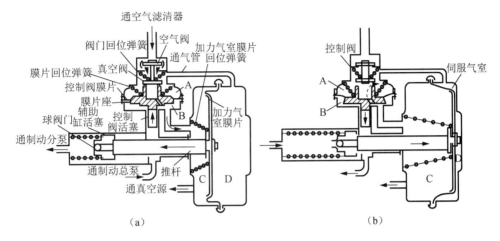

图 12-19　真空增压器示意图

（a）踩下制动踏板时；（b）制动踏板回升时

加力气室：把进气管（或真空泵）产生的真空度与大气压力的压力差，转变为机械推力的总成。壳体是钢板冲压件，加力气室前壳用螺钉与辅助缸体的后端相连，其间有连接块和密封垫圈。膜片的外缘装在用卡箍夹紧的壳体之间，中部经托盘等件与推杆紧固在一起，不制动时膜片在回位弹簧作用下处于最右端位置。膜片左腔 C 经单向阀与发动机进气歧管相通，经辅助缸体中的孔道与控制阀下气室 B 相通；其右腔经通气管与空气阀上腔 A 相通。

辅助缸：把低压油变为高压油的装置。装有皮圈的活塞把辅助缸体分成左右两部分，左腔经出油管接头通向前、后制动分泵，右腔经进油接头通向制动主缸的出油口。活塞的中部有小孔，从而保持左、右腔在不制动时连通，加力气室不工作时回位弹簧使活塞靠在活塞限位座的右极限位置。前端嵌装球阀的推杆用于推动活塞移动，杆的后端与加力气室膜片连接。密封圈起密封和导向作用。

控制阀：控制加力气室起作用的随动控制机构。膜片的中部紧固在膜片座上，装有皮圈的控制活塞与座固装在一起，活塞处于与辅助缸右腔相通的孔中。真空阀和空气阀刚性地连接在一起，阀门弹簧在不制动时使空气阀关闭，加力气室膜片回位弹簧使膜片保持在真空阀开启的下方位置。膜片座中央有孔道使气室 A 和气室 B 相通，因此，不制动时四个气室 A、B、C 和 D 相通且真空度相等。

踩下制动踏板时，如图 12-19（a）所示，主缸中的制动液即被压入辅助缸，因此时球阀门还是开启的，故液压油经活塞上的孔进入各制动轮缸，轮缸液压即等于主缸液压。与此同时，液压还作用于控制阀活塞，并通过膜片座压缩弹簧，使真空阀的开度逐渐减小，直至关闭，气室 A 和 B 隔绝，这时的控制液压还不足以使空气阀开启，膜片还未开始工作，即所谓的增压滞后。

随着控制液压升高，液压使膜片座继续升起，压缩阀门弹簧打开空气阀，由空气滤清器进入的空气即进入气室 A 和 D。此时，气室 B 和 C 的真空度仍保持原值不变，在 D、C 两气室压力差的作用下，膜片带动推杆左移，使球阀关闭。这样，制动主缸与辅助缸左腔隔绝，辅助缸内的油液随即增加了一个由加力气室膜片两侧气压差造成的经推杆传来的推动力。所以，辅助缸左腔及各轮缸中的压力远高于主缸中的压力。

制动踏板在某一位置不动（即维持制动状态）时，随着进入气室空气量的增加，A 和 B 气室的压力差加大，对膜片产生向下的压力，膜片座及活塞下移，使空气阀的开度逐渐减小，直至落座关闭，此时处于真空阀、空气阀都关闭的"双阀关闭"状态。油压对活塞向上的压力与气室 A、B 压力差造成的向下压力相平衡。辅助缸活塞即保持相对稳定状态。这一稳定值的大小取决于控制活塞下面的液压（主缸液压），即取决于踏板力和踏板行程。

抬起制动踏板时，控制油压下降，控制阀活塞连同膜片座下移，而真空阀开启，如图 12-19（b）所示，于是 D、A 两气室的空气经 B、C 两气室被吸出，使 A、B、C 和 D 各气室又互相连通，都具有一定的真空度，以备下次制动之用。此时，所有运动部件都在各自回位弹簧的作用下回位。

当真空增压器失效或真空管路无真空度（发动机熄火）时，推杆及活塞不会动作，辅助缸中的球阀将永远开启，保持制动总泵和分泵之间的油路畅通，此时，整个系统的工作原理与普通液压制动传动机构相同，但所需的踏板力要大得多。

12.3.2 真空助力式液压制动传动装置

图 12-20 为双管路真空助力式液压制动传动装置。串联双腔制动主缸的前腔通向左前轮制动器的轮缸 10，并经感载比例阀 9 通向右后轮制动器的轮缸 13。主缸的后腔通向右前轮制动器的轮缸 12，并经感载比例阀 9 通向左后轮制动器的轮缸 11。加力气室 3 和控制阀 2 组成一个整体部件，称为真空助力器。制动主缸直接装在加力气室的前端，真空单向阀 7 装在加力气室上，真空加力气室工作时产生的推力，也同踏板力一样直接作用在制动主缸 4 的活塞推杆上。

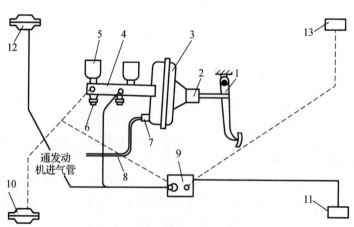

图 12-20　双管路真空助力式液压制动传动装置

1—制动踏板机构；2—控制阀；3—加力气室；4—制动主缸；5—储液罐；6—制动信号灯液压开关；7—真空单向阀；
8—真空供能管路；9—感载比例阀；10—左前轮缸；11—左后轮缸；12—右前轮缸；13—右后轮缸

　　真空助力器固定在制动踏板的前方。踏板推杆与制动踏板杠杆相连接，后端以螺栓与制动主缸相连接，真空助力器中心的推杆在制动主缸第一活塞杆上。因此，真空助力器在制动踏板与制动主缸之间起助力作用。其结构如图 12-21 所示。

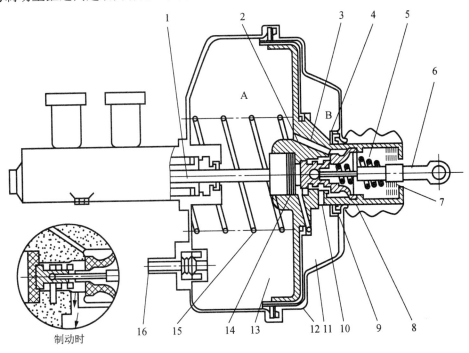

图 12-21　真空助力器的结构

1—推杆；2—空气阀；3—真空通道；4—真空阀座；5—回位弹簧；6—制动踏板推杆；7—空气滤芯；8—橡胶阀门；
9—空气阀座；10—通气道；11—加力气室后腔；12—膜片座；13—加力气室前腔；14—橡胶反作用盘；
15—膜片回位弹簧；16—真空口和单向阀

12.4　驻车制动器

　　驻车制动装置的作用是防止汽车停驶后滑溜，便于上坡起步，行车制动失效后临时使用或配合行车制动进行紧急制动。

　　驻车制动器按其安装位置不同可分为中央制动器式和车轮制动式。前者安装在变速器或分动器后面，制动力矩作用在传动轴上；后者与车轮制动器共用一个制动器总成，但传动机构是互相独立的。驻车制动器按控制制动器结构形式的不同可分为鼓式、盘式、带式和弹簧作用式。鼓式驻车制动器可采用高制动效能的自增力式制动器（称为自动增力鼓式驻车制动器），且外廓尺寸小，易于调整，防泥沙性能好，停车后没有制动热负荷，因此得到了广泛应用。

12.4.1 自动增力鼓式驻车制动器

图 12-22 为自动增力鼓式驻车制动器。

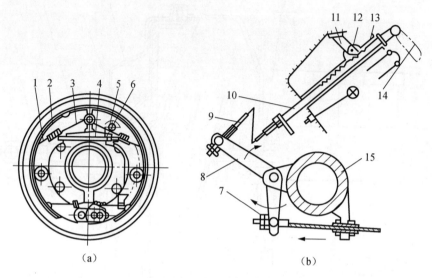

图 12-22　自动增力鼓式驻车制动器

（a）制动器；（b）驻车制动

1—制动底板；2—驻车制动蹄；3—拉簧；4—推板；5—销轴；6—驻车制动臂；7—调整螺母；8—摇臂；
9—钢丝绳；10—棘齿拉杆；11—支座；12—棘爪；13—导管；14—制动手柄；15—前桥

1. 基本构造

它主要由制动鼓（图 12-22 中未标）、制动底板、驻车制动蹄、驻车制动臂、棘齿拉杆、摇臂和制动手柄等组成。制动鼓用螺栓紧固在变速器第二轴的凸缘盘上，制动底板和驻车支承销用螺栓紧固在变速器壳体的后端部，两驻车制动蹄和调整机构通过拉簧浮动地挂在支承销上，并用压簧轴向定位。

2. 工作过程

驻车制动时，如图 12-22（b）所示，将制动手柄拉出，该手柄拉动棘齿拉杆带动摇臂使整套制动传动装置沿图 12-22（b）所示箭头方向运动，驻车制动臂绕销轴顺时针转动。通过推板将左制动蹄压向制动鼓，随后驻车制动臂的上端右移，使右蹄也压向制动鼓，从而产生制动力。

放松制动时，应将手柄和棘齿拉杆顺时针转动一个角度，使棘爪脱离啮合，再将制动手柄推回不制动位置，并转回一定角度，以便下次制动。

12.4.2 电子驻车制动系统

电子驻车制动（electric park brake，EPB）系统是近几年来新型的制动系统，有驻车制动和动态制动两种基本功能。

1．作用

发动机运转或汽车移动时，驻车制动器通过电子稳定液压系统作用在前桥和后桥的盘式制动器上。

发动机关闭且汽车静止时，驻车制动器通过电动机械伺服单元操纵拉索作用在后桥制动器上。

2．组成

图 12-23 为一汽奥迪 A6 驻车制动器的结构。

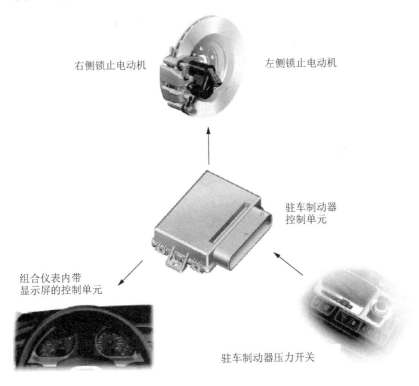

图 12-23　一汽奥迪 A6 驻车制动器的结构

（1）控制单元 J540

该控制单元安装在行李箱右侧蓄电池的下方。从蓄电池开始，驻车制动左、右电动机 V282/V283 是单独控制的。在这个控制单元内装有两个处理器，驻车制动器松开的命令要由这两个处理器共同执行。数据的传输是通过驱动 CAN 总线进行的。

（2）驻车制动左、右电动机 V282/V283

制动摩擦衬块是通过一根螺杆的带动来实现的。这根螺杆上的螺纹是可以自锁的，其由斜轴轮盘机构来驱动。斜轴轮盘机构通过一个直流电动机来驱动。斜轴轮盘机构和直流电动机固定在制动钳上。

12.5 ABS

ABS 是一种安全控制制动系统，目前已经成为轿车的标准配置。ABS 的作用就是在各种路面和行驶状态紧急制动时，保持滑移率在 15%～30%，从而保证最佳制动状态，使制动方向稳定性和操纵性得到改善。

12.5.1 ABS 的基本理论

在汽车的行驶过程中，车轮在路面上的纵向运动可以分为两种形式：滚动和滑动。在汽车的制动过程中，随着制动强度的增加，车轮的运动状态逐渐从滚动向抱死拖滑变化，车轮滚动成分逐渐减小，而滑动成分逐渐增加。制动过程中，车轮的这种滑动称为滑移。ABS 的控制参数是滑移率。

滑移率是指车轮在制动过程中滑移成分在车轮纵向运动中所占的比例，计算公式如下：

$$S = (v - \omega r) / v \times 100\%$$

式中 S ——车轮的滑移率；

r ——车轮的滚动半径；

ω ——车轮的转动角速度；

v ——车轮中心的纵向速度。

当车轮在路面上自由滚动时，$S = 0$；当车轮被完全制动抱死在路面上做纯滑移时，$S = 100\%$，当车轮在路面上一边滚动一边滑动时，$0 < S < 100\%$。在汽车制动过程中，车轮与路面间的附着系数与滑移率的关系如图 12-24 所示。

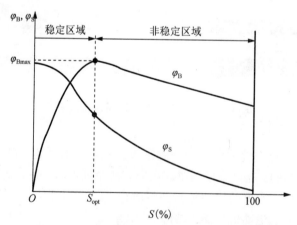

图 12-24 车轮与路面间的附着系数与滑移率的关系

由图 12-24 可见，纵向附着系数 φ 在滑移率处于 15%～30% 时出现峰值，纵向附着系数在滑移率在 20% 左右时达到最大，制动时可获得最大的地面制动力，改善制动效果。要使汽车具有良好的制动效能，则汽车制动时车轮与路面的滑移率应保持在 15%～30%。

12.5.2 ABS 的基本组成

一般来说，带有 ABS 的汽车制动系统由基本制动系统和制动力调节系统两部分组成，前者是制动主缸、制动轮缸和制动管路等构成的普通制动系统，用来实现汽车常规制动，而后者是由 ECU、液压控制单元（压力调节器）和车轮速度传感器等组成的压力调节控制系统，如图 12-25 所示，在制动过程中用来确保车轮始终不抱死，车轮的滑移率处于合理范围内。

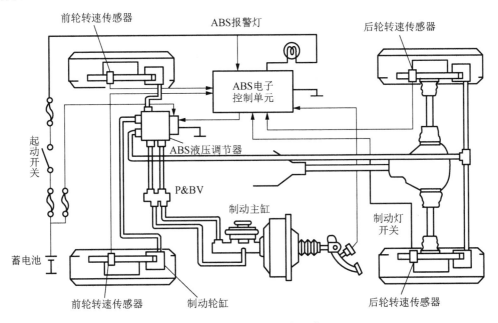

图 12-25 典型 ABS 的组成

12.5.3 ABS 的类型

1. 按布置形式的不同分类

ABS 的布置形式是指车轮转速传感器的数量、制动压力调节器控制的通道数和对各车轮制动器制动压力的控制方式。按布置形式 ABS 可分为以下七种类型。

1）四传感器、四通道、四轮独立控制。这种类型的 ABS 适用于双制动管路为前、后轮独立布置形式的汽车，如图 12-26 所示。它具有四个车轮转速传感器和四个控制通道，系统根据各车轮转速传感器的信号分别对各车轮进行单独控制。

这种控制方式的特点是制动效能和制动时的操纵性好，但在左、右车轮所处的路面条件不同时，汽车制动时的方向稳定性较差，易出现汽车制动跑偏现象。

2）四传感器、四通道、前轮独立-后轮低选控制。这种类型的 ABS 适用于双制动管路为交叉形式布置的汽车，如图 12-27 所示。它具有四个轮速传感器和四个控制通道，系统根据各车轮转速传感器的信号分别对两前轮进行单独控制，而对两后轮按选择方式控制，且一般采用低选择控制，即以易抱死的后轮为标准对两后轮进行控制。

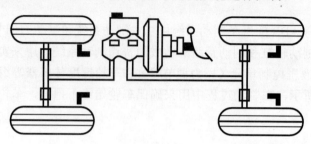

图 12-26　四传感器、四通道、四轮独立控制

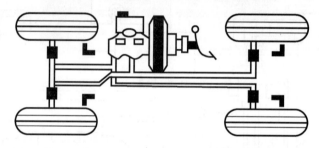

图 12-27　四传感器、四通道、前轮独立-后轮低选择控制

这种控制方式的特点是制动时的操纵性和方向稳定性均较好，但制动效能稍差。汽车制动时，两后轮获得相等的制动力，但制动力的大小以易抱死车轮为标准，则另一侧车轮将不能获得最大的制动力。

3）四传感器、三通道、前轮独汽车独立-后轮低选择控制。这种类型的 ABS 适用于双制动管路且前、后轮为独立布置形式的汽车，如图 12-28 所示。它具有四个车轮转速传感器。这种控制方式的特点是制动时的操纵稳定性和方向稳定性较好，但制动效能稍差。

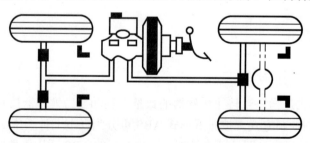

图 12-28　四传感器、三通道、前轮独立-后轮低选择控制

4）三传感器、三通道、前轮独立-后轮低选择控制。这种类型的 ABS 仅适用于双制动管路为前、后轮独立布置形式且采用后轮驱动的汽车，如图 12-29 所示。这种类型的 ABS 后轮的速度信号由装在差速器上的一个转速传感器检测，按低选择方式对两后轮进行制动控制。

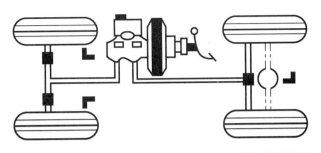

图 12-29 三传感器、三通道、前轮独立-后轮低选择控制

这种控制方式的特点是操纵稳定性和方向稳定性较好，结构较简单，但制动效能稍差。

5）四传感器、两通道、前轮独立控制。这种类型的 ABS 是一种简易的防抱死制动系统，如图 12-30 所示。这种类型的 ABS 两前轮独立控制，通过 PV 阀（比例阀）按一定比例将制动压力传递至后轮。它一般用于双制动管路为交叉形式布置的汽车上。

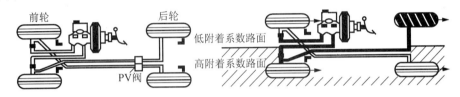

图 12-30 四传感器、两通道、前轮独立控制

这种控制方式的特点是若制动汽车的左、右车轮所处地面附着系数不同，处于附着系数较高的路面一侧的前轮制动压力较高，与其对角的后轮也将获得较高的制动压力，但该侧后轮处于附着系数低的路面一侧，但该侧后轮易抱死，处于另一对角上的前、后轮则与此相反，这样对保持汽车制动时的方向稳定有利，但与前述三通道和四通道的 ABS 相比，后轮的制动力有所降低，汽车的制动效能稍有下降。

6）四传感器、两通道、前轮独立-后轮低选择控制。这种类型的 ABS 的布置形式与类型五基本相同，如图 12-31 所示，只是用 SLV 阀（低选择阀）代替类型五中的 PV 阀，这样可使汽车在不对称路面上制动时，通过 SLV 阀传递至处于低附着系数路面一侧的后轮的制动压力只升至与低附着系数路面一侧的前轮相同，从而防止处于低附着系数路面一侧的后轮抱死，其效果更接近三通道或四通道控制的 ABS。

图 12-31 四传感器、两通道、前轮独立-后轮低选择控制

7）一传感器、一通道、后轮近似低选择控制。这种类型的 ABS 适用于制动管路为前、后轮独立布置形式且采用后轮驱动的汽车，如图 12-32 所示，通过一个装在差速器上的轮速传感器和一个通道，只对两后轮进行近似低选择控制，此类 ABS 不对前轮进行制动控制，其制动效能和制动时的操纵性均较差。

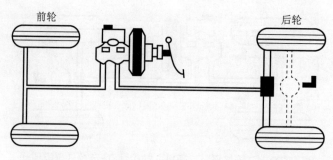

图 12-32　一传感器、一通道、后轮近似低选择控制

2. 按结构原理的不同分类

按 ABS 的结构原理不同可分为液压制动、气压制动和气顶液制动三种类型。

1）液压制动 ABS（图 12-33）。液压制动系统广泛应用于轿车和轻型载货汽车上，目前液压制动系统中装用的 ABS，按其液压控制部分的结构原理不同主要可分为整体式、分离式和 ABS-Ⅵ共三种类型，其主要区别是整体式 ABS 中，制动压力调节器与制动主缸结合为一个整体，其结构更为紧凑。

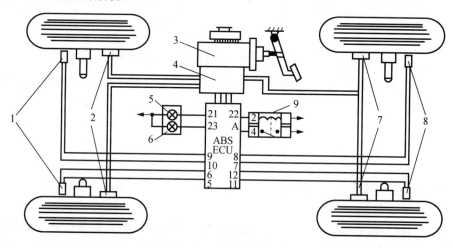

图 12-33　液压制动 ABS

1—前轮速传感器；2—前轮制动轮；3—制动总缸；4—制动压力调节器；5—制动指示灯；
6—ABS 警报灯；7—后轮制动轮缸；8—后轮速传感器；9—发动机和变速器 ECU

2）气压制动 ABS。气压制动系统主要用于中、重型载货汽车上，所装用的 ABS 按其结构原理主要分为两种类型，即用于四轮后驱动气压制动汽车上的 ABS 和用于汽车挂车上的 ABS。

3）气顶液制动 ABS。气顶液制动 ABS 兼有气压和液压两种制动系统的特点，应用于部分中型、重型汽车上。

3. 按控制参数的不同分类

根据控制参数不同，ABS 可分为以下四种类型。

1）以车轮减速度为控制参数的 ABS。这种形式的 ABS 通过车轮转速传感器检测轮速，并对其进行微分计算求得车轮减速度，然后与 ABS 计算机中预先设定的车轮减速度限定值进行比较，根据比较结果向执行机构发出指令，以增加或减小制动压力，对制动过程进行控制。

2）以车轮的滑移率为控制参数的 ABS。这种形式的 ABS 通过传感器检测的车速和轮速计算求得车轮的滑移率，然后与 ABS 计算机中预先设定的滑移率限定值进行比较，根据比较结果向执行机构发出指令，以增加或减小制动压力，对制动过程进行控制。转速传感器可准确检测轮速，而准确检测车速比较困难，目前，ABS 中应用最多的检测车速的方法是根据车轮速度近似计算车速。

3）以车轮减速度和加速度为控制参数的 ABS。这种形式的 ABS 通过车轮转速传感器检测轮速，并计算求得车轮减速度和加速度，在 ABS 计算机中预先设定有车轮减速度门限值和加速度门限值，ABS 计算机对车轮减速度或加速度与设定值进行比较，对制动过程进行控制。当车轮减速度超过其设定值时，ABS 计算机向执行机构发出指令减小制动压力，此后车轮将加速旋转，当车轮加速度超过其设定值时，ABS 计算机向执行机构发出指令增加制动压力，此后车轮将减速旋转；如此反复实现 ABS 控制。

4）以车轮减速度、加速度和滑移率为控制参数的 ABS。这种控制方式的 ABS 采用多参数控制，综合了上述三种控制方式的优点，对制动过程的控制更准确，目前多数 ABS 均采用这种控制方式。

12.5.4　ABS 的基本工作原理

ABS 的电子控制装置 ECU 将各传感器传来的信号进行检测和判定，并形成相应的控制指令，使制动压力调节器对各制动轮缸的制动液压进行调节，而使制动性能得到最大的发挥，防止车轮抱死。

ABS 的制动过程分为常规制动和 ABS 调节制动两部分，在 ABS 检测认定制动车轮未发生抱死的情况下，汽车制动系统执行常规制动过程，而当 ABS 认定车轮有抱死趋势时，便开始进行制动压力的调节。两种制动过程的系统元件工作情况如下。

1．常规制动

ABS 不介入控制，各进液调压电磁阀断电导通，各回液电磁阀断电关闭，电动液压泵不通电运转，各制动轮缸与储液器隔绝，系统处于正常制动状态。

2．ABS 调节制动

制动压力调节过程由制动保压、制动减压和制动增压组成。

（1）制动保压

当传感器告知 ECU 右前轮趋于抱死时，右前轮进液调压电磁阀通电关闭，右前轮回液调压电磁阀仍断电关闭，实现制动保压；其他车轮仍随制动主缸增压。

（2）制动减压

当传感器告知 ECU 右前轮抱死趋势无改善时，右前轮回液调压电磁阀通电导通，轮缸制动液回流储液器，实现制动减压。

（3）制动增压

当传感器告知右前轮抱死趋势已消失时，右前轮进液调压电磁阀和回液调压电磁阀均断电，进液调压阀导通，回液调压阀关闭，电动液压泵运转，与主缸一起向右前轮轮缸送液，实现制动增压。

12.5.5　ABS 的主要部件

1. 车轮转速传感器

车轮转速传感器又称轮速传感器，它是感受汽车运动参数的元件，目前用于 ABS 的车轮转速传感器有电磁式和霍尔式两种。

（1）电磁式车轮转速传感器

该传感器由传感器头和齿圈两部分组成。其齿圈一般安装在轮毂或轴座上，对于后驱动且采用同时控制的汽车，齿圈也可安装在差速器或传动轴上，如图 12-34 和图 12-35 所示。

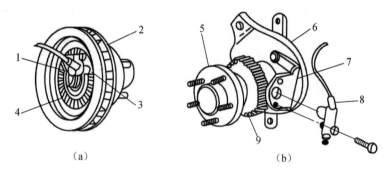

（a）　　　　　　　　　　　　　　（b）

图 12-34　车轮转速传感器的安装

（a）前轮；（b）后轮

1、8—传感器头；2—轮毂和组件；3—定位螺钉；4、9—传感器齿圈；5—半轴；6—后制动器连接装置；7—传感器支架

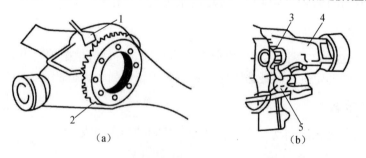

（a）　　　　　　　　　　　　　　（b）

图 12-35　车轮转速传感器在传动系统中的安装位置

（a）主减速器；（b）变速器

1、5—传感器头；2—主减速器从动齿轮；3—齿圈；4—变速器输出部位

（2）霍尔式车轮转速传感器

霍尔式车轮转速传感器也是由传感头和齿圈组成的。其齿圈的结构及安装方式与电磁式车轮转速传感器的齿圈相同，传感器头由永磁铁、霍尔元件和电子电路等组成，如图 12-36 所示。

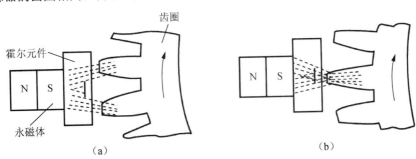

图 12-36　霍尔式车轮转速传感器

(a) 霍尔元件磁场较弱；(b) 霍尔元件磁场较强

当齿圈位于图 12-36（a）位置时，穿过霍尔元件的磁力线分散，磁场相对较弱；而当齿圈位于图 12-36（b）所示位置时，穿过霍尔元件的磁力线集中，磁场相对较强，齿圈转动时，穿过霍尔元件的磁力线密度发生变化，引起霍尔电压的变化，霍尔元件输出一个毫伏级的准正弦电压，由电子线路转换成标准脉冲电压信号后输入 ECU。

2．车轮减速度传感器

车轮减速度传感器的作用是测出车轮制动时的减速度，识别是否是雪路、冰路等易滑路面。

3．制动压力调节器

制动压力调节器的作用是接收 ECU 的指令，快速、准确地施加、保持、释放及再施加制动器制动压力，实现车轮制动器制动压力的自动调节。制动压力调节器主要由电动液压泵总成、调节电磁阀总成、储能器和指示开关等组成。目前，多数汽车的液压制动系统均采用循环式制动压力调节器。它串联在制动主缸与制动轮缸之间，如图 12-37 所示。

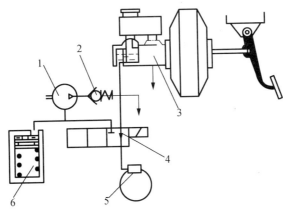

图 12-37　循环式制动压力调节器

1—电动液压泵；2—单向阀；3—制动主缸；4—电磁阀；5—制动轮缸；6—储油器

12.6 ASR

ASR（acceleration slip regulation，驱动防滑控制系统），又称牵引力控制系统（traction control system，TCS），是继 ABS 之后应用于车轮防滑的电子控制系统。ASR 的作用是防止汽车在起步、加速和在湿滑路面行驶过程中驱动打滑，特别是防止汽车在非对称路面或在转向时驱动轮的滑转，以保持汽车行驶方向的操纵稳定性，维持汽车的最佳驱动力及提高汽车行驶的平顺性。

12.6.1 ASR 的基本理论

在汽车车身不动而车轮转动，或汽车的移动速度低于转动车轮的轮缘速度时，车轮胎面与地面之间会有相对的滑动，这种滑动称为滑转。ASR 的控制参数就是滑转率。

滑转率是指驱动过程中，驱动车轮可能相对于路面发生滑转时，滑转成分所占的比例，计算公式如下：

$$S_Z = (\omega r - v) / \omega r \times 100\%$$

式中　S_Z ——车轮的滑转率；

　　　r ——车轮的滚动半径；

　　　ω ——车轮的转动角速度；

　　　v ——车轮中心的纵向速度。

当车轮在路面上自由滚动时，$S_Z = 0$；当车轮在路面上完全滑转时，$S_Z = 100\%$，当车轮在路面上一边滚动一边滑动时，$0 < S_Z < 100\%$。车轮与路面间的附着系数与车轮滑转率的关系如图 12-38 所示。ASR 通常将驱动轮的滑转率控制在 5%～15% 的范围内。

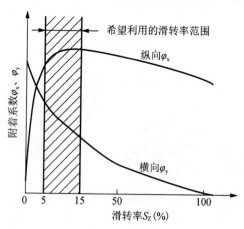

图 12-38　车轮与路面间的附着系数与车轮滑转率的关系

12.6.2　ASR 的基本组成

ASR 的基本组成如图 12-39 所示。

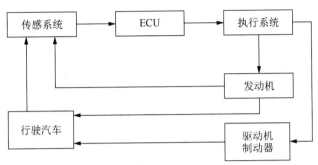

图 12-39　ASR 的基本组成

1. 传感系统

ABS 的传感系统提供减速度、轮速等运动状况信息,作为 ECU 的输入信号。另外,ASR 传感系统必须向 ECU 提供车轮是处于控制状态还是驱动状态的信息。

2. ECU

ABS 与 ASR 可各自采用单独 ECU。对于采用集成控制系统的汽车,ABS 与 ASR 可共用一个 ECU,或采用单独的 ECU 实行并行单独处理,并通过 ECU 间的通信交互。

3. 执行系统

1)发动机转矩控制执行系统:主要采用的方法是进气量控制,具体手段是在发动机主节气门的前段设置一个副节气门。正常状况或制动工况时,副节气门全开;防滑转工况时,调节副节气门开度。

2)驱动轮控制执行系统:在 ABS 压力调节装置上增设 ASR 的控制通道,实现对驱动轮的制动控制。ABS 工作时,ASR 自动退出工作。

3)差速器锁止控制。当驱动车轮单边滑转时,控制器输出控制信号,使差速制动机构动作,对滑转驱动轮进行制动,不滑转的驱动轮与路面间的附着力大,滑转车轮只有带着另一边车轮一起转动才能滑转,限制了滑转车轮的滑转。这种控制方式类似差速锁,当差速器所连接的两根半轴锁止为一根轴时,使差速器暂时失去差速作用。

12.6.3　ASR 的工作原理

车轮转速传感器将行驶汽车的驱动车轮转速及非驱动车轮转速转变为电信号,输送给 ECU。ECU 根据车轮转速传感器的信号计算驱动车轮的滑转率,若滑转率超限,控制器再综合考虑节气门开度信号、发动机转速信号、转向信号等因素,确定控制方法,输出控制信号,使相应的执行器动作,使驱动车轮的滑转率控制在目标范围内。

ASR 根据驱动轮运动状况自动调节发动机的输出转矩、传动系统的传动比和驱动车轮制动力矩，实现对驱动车轮驱动力矩的控制，将驱动车轮的滑动率控制在 5%～15% 的范围内，此时，驱动轮纵向附着系数、侧向附着系数都较大。

本 章 小 结

本章对汽车制动系统的作用、组成及工作原理做了详细的介绍，学习了液压制动系统、真空液压制动系统、驻车制动系统、ABS、ASR 的结构、工作原理等知识。

复习思考题

1) 制动系统的作用是什么？
2) 真空助力器的功能是什么？
3) 怎样排除液压制动系统中的空气？
4) 驻车制动器的作用是什么？
5) 汽车上为什么要安装 ABS？
6) 简述 ABS 的组成及工作过程。

实训项目 驻车制动器的拆装与检修

一、实训内容

1) 驻车制动器的拆装。
2) 驻车制动器的检修。

二、实训目的与要求

1) 掌握驻车制动器的拆装步骤及技术要求。
2) 熟悉驻车制动器主要零部件的名称、作用。
3) 了解驻车制动器的常见故障及其排除方法。

三、实训设备及工具、量具

1) 东风 EQ1090E 型汽车、大众桑塔纳轿车。
2) 设备手册。
3) 百分表及表座、深度游标卡尺。

4）常用拆装工具、扭力扳手。

四、学时及分组人数

2 学时，各种传动轴总成轮换进行。具体分组视学生人数和设备情况确定。

五、实训步骤及操作方法

1．驻车制动器的拆卸

东风 EQ1090E 型汽车驻车制动器的分解如图 12-40 所示。

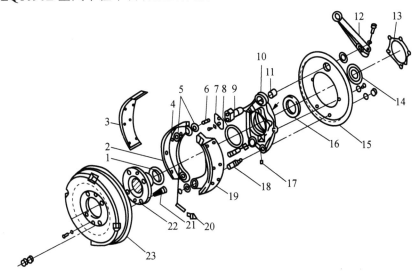

图 12-40　东风 EQ1090E 型汽车驻车制动器的分解

1、14—甩油环；2—制动蹄；3—摩擦片；4—挡圈；5—滚轮；6—滚轮轴；7—限位片；8—挡油盘；9—凸轮轴；
10—支座；11—衬套；12—凸轮摆臂；13—支座衬垫；15—制动底板；16—油封；17—泄油塞；18—制动蹄轴；
19—制动蹄总成；20—回位弹簧；21—定位螺栓；22—凸缘；23—驻车制动鼓

该驻车制动器的拆卸步骤如下：

1）拧下传动轴总成与驻车制动鼓的连接螺母，取下传动轴总成。拧下驻车制动鼓上的两个定位螺栓，取下驻车制动鼓。

2）拧下固定在变速器输出轴上的凸缘锁紧螺母，取下止推垫圈。将凸缘从变速器输出轴的键端拔出，同时带出甩油环。拆卸凸缘锁紧螺母时可使驻车制动器起制动作用，以限制输出轴的转动。

3）拆下凸轮轴的限位片，再拆下蹄片回位弹簧。从制动底板的背面拧下偏心支承销的锁紧螺母，将制动蹄与制动蹄轴从支座上取下。

4）拆下支承销轴前端的挡圈，从蹄片上取下支承销。

5）拧下变速器输出轴轴承座上固定底板支座总成的五个螺栓，支座总成连同制动底板可同时拆下。

6）拆下摆臂上的固定螺钉，从凸轮轴上拆下摆臂。从底板的背面拆下凸轮轴上的挡圈，拔出凸轮轴。

2．驻车制动器的检修

1）检查连接机构有无变形、松旷。

2）驻车制动器的摩擦片铆钉距表面 0.50mm 时应更换。

3）驻车制动鼓表面磨损，槽深超过 0.50mm 时可对驻车制动鼓进行修磨，其内径加大不超过 4mm。

4）驻车制动鼓内径及圆度（圆柱度）的检修。

5）制动蹄及支承销的检查。

6）蹄片回位弹簧的检查。

3．驻车制动器的装配

1）在滚轮与滚轮轴、凸轮轴、偏心支承销表面涂抹润滑脂。

2）将油封、挡油盘压入支座内，装上泄油塞。把支座总成与底板用螺栓紧固在一起，将偏心支承销插入支座总成的轴孔中，放上弹簧垫圈，拧上锁紧螺母，但不要拧紧。

3）安装凸轮轴及挡圈。

4）将组装好的蹄片套在偏心支承销上，并用挡圈锁好。

5）在两蹄片之间挂上蹄片回位弹簧。

6）将摆臂装在凸轮轴上，使它与底板对称面的夹角大致为 105°，并用螺栓将摆臂紧固。

7）在轴承座及支座的接合面涂上密封胶，放上支座衬垫，把已分装完的底板总成装配在轴承座上。

8）将甩油环套在凸缘轴颈的外缘，用工具压住甩油环的外缘，使凸缘的内花键与变速器输出轴的外花键对正，并将其安装到输出轴上，务必装配到位。在输出轴上装碟形垫圈，并使它们方向一致（凹面向内），用锁紧螺母锁紧。

9）把驻车制动鼓套入凸缘的四个定位螺栓并用两个紧固螺钉固定在凸缘上。

10）装驻车制动杆、摇臂、传动杆等。

4．驻车制动器的调整

驻车制动器的调整如图 12-41 所示。

（1）拉杆长度的调整

当驻车制动器蹄鼓间隙过大时，可以将拉杆上的锁紧螺母松开，将拉杆放松到最前端，然后拧动拉杆上的调整螺母，即可实现制动蹄鼓间隙的调整。将调整螺母拧紧，蹄鼓间隙减小；反之，间隙增大。调整完毕后，将锁紧螺母锁紧。

（2）摇臂与凸轮相互位置的调整

通过拉杆长度的调整后，若操纵杆自由行程仍然偏大，应调整摇臂与凸轮的相互位置。

1）将驻车制动杆向前放松至极限位置。

2）将摇臂从凸轮轴上取下，逆时针方向错开一个或数个齿后，再将摇臂装于凸轮轴上，并将夹紧螺栓紧固。

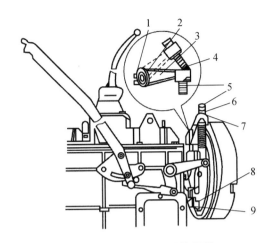

图 12-41 驻车制动器的调整

1—夹紧螺栓；2—凸轮轴；3—摇臂；4—拉杆；5—调整垫；6—调整螺母；7、9—锁紧螺母；8—驻车制动蹄支承销

3）重新调整拉杆上的调整螺母，直到有合适的驻车制动拉杆行程为止。调好后，制动蹄鼓间隙应为 0.2～0.4mm。

4）驻车制动器调好后，完全放松驻车制动杆时，制动器蹄鼓间隙为 0.2～0.4mm。向后拉驻车制动杆时，应有两声"咔嗒"的自由行程，从第三声"咔嗒"时应开始产生制动，第五声"咔嗒"时汽车应能在规定的坡道上停住。

（3）驻车制动器的全面调整

先拧松偏心支承轴的锁紧螺母，用扳手转动偏心支承轴。当在摆臂末端用力转动摆臂张开凸轮时，两个制动蹄的中部同时与制动鼓接触。用扳手固定偏心支承销，同时拧紧偏心支承销的锁紧螺母。在拧紧锁紧螺母时，偏心支承销不得转动。

5. 驻车制动器性能的检查

汽车每行驶 12000km 左右时，应对驻车制动器的性能进行检查。驻车制动器应满足以下性能要求：

1）空载状态下，驻车制动器应能保证汽车在坡度为 20%（总质量为装备质量 1.2 倍以下的汽车为 15%），且轮胎与路面间的附着系数不小于 0.7 的坡道上正、反两个方向，保持固定不动的时间大于或等于 5min。

2）拉紧驻车制动器，空车在平地用二挡不能起步。

3）驻车制动器操纵杆的工作行程不能超过全行程的 3/4。

4）放松驻车制动操纵杆，变速器处于空挡，支起一只驱动轮，制动鼓应能用手转动且无摩擦声。

参 考 文 献

[1] 郑劲，张子成. 汽车底盘构造与维修 [M]. 北京：化学工业出版社，2009.

[2] 贺大松. 汽车底盘构造与维修 [M]. 北京：机械工业出版社，2009.

[3] 金加龙. 汽车底盘构造与维修 [M]. 4 版. 北京：电子工业出版社，2016.

[4] 孙永科，李子路. 汽车底盘构造与维修 [M]. 成都：西南交通大学出版社，2016.

[5] 王永浩，祝政杰，邹仁萍. 汽车底盘构造与维修 [M]. 北京：北京理工大学出版社，2013.